De Baudelaire au surréalisme
par
Marcel Raymond
©José Corti, 1940

从波德莱尔到超现实主义

马塞尔·雷蒙 著

邓丽丹 译

河南大学出版社

图书在版编目(CIP)数据

从波德莱尔到超现实主义/(法)雷蒙著;邓丽丹译.
开封:河南大学出版社,2008.4(2010.6 重印)
(新世纪经典译丛)
ISBN 978-7-81091-796-4

Ⅰ.从… Ⅱ.①雷…②邓… Ⅲ.浪漫主义—诗歌—文学评论—世界 Ⅳ.I106.2

中国版本图书馆 CIP 数据核字(2008)第 039216 号

责任编辑 张 珊 王宝童
装帧设计 凤文传媒

出版发行 河南大学出版社
　　　　　地址:河南省开封市明伦街 85 号　邮编:475001
　　　　　电话:0378-2825001(营销部)　网址:www.hupress.com
排　版　郑州市今日文教印制有限公司
印　刷　河南郑印印务有限公司
版　次　2008 年 4 月第 1 版　　印　次　2010 年 6 月第 2 次印刷
开　本　787mm×1092mm　1/16　印　张　19.25
字　数　305 千字　　　　　　　　印　数　1501—3500 册
定　价　38.00 元

(本书如有印装质量问题,请与河南大学出版社营销部联系调换)

献给　柯蕾尔

前　言

我感到自浪漫主义以来,有一条强有力的路线在指挥着诗的运动,其轮廓将逐步勾勒于此。本书章节根据现代人欲从本质上把握诗的博大雄心来布局。在这本书里找不到关于我们这一世纪产生的作品的完整图表,也找不到任何类似于某种肖像陈列室的东西。我谨向那些我尊敬并且未尝不想在本书中引用的诗人们表示歉意。

假若有人指责我在评判中有失偏颇,那么我将如此为自己辩护:我试图在任何情况下站在诗的一边。

目　　录

前言 ……………………………………………………（Ⅰ）
导言 ……………………………………………………（1）
第一编　落潮 …………………………………………（29）
　　第一章　对象征主义的评论 ………………………（31）
　　第二章　罗曼主义与本然主义 ……………………（38）
　　第三章　年轻时代的诗歌 …………………………（50）
　　第四章　南方诗歌的苏醒 …………………………（64）
　　第五章　在戴盔形帽的密涅瓦的影响下 …………（72）
第二编　寻找法兰西新秩序 …………………………（87）
　　第六章　新象征主义 ………………………………（89）
　　第七章　新旧美学的联姻 …………………………（102）
　　第八章　保尔·瓦莱里或象征派的古典主义者 …（123）
　　第九章　保尔·克洛代尔，整体世界的颂扬者 …（138）
　　第十章　善意之人的诗篇 …………………………（158）
第三编　探索与反抗 …………………………………（177）
　　第十一章　新诗的渊源　纪尧姆·阿波利奈尔 …（179）
　　第十二章　争取行动与现代生活的诗 ……………（197）
　　第十三章　自由精神的游戏 ………………………（207）
　　第十四章　达达主义 ………………………………（221）
　　第十五章　超现实主义 ……………………………（233）
　　第十六章　超现实主义诗人 ………………………（248）
　　第十七章　在超现实主义之外 ……………………（263）
诗歌的现代神话 ………………………………………（281）
结语 ……………………………………………………（291）

导　言

一

如今人们一致同意把《恶之花》(Fleurs du Mal)视为当代诗歌运动极具活力的源头之一。第一条线路,即艺术家组合,从波德莱尔(Baudelaire)到马拉美(Mallarmé),再到瓦莱里(Valéry);另一条是通灵者的线路,从波德莱尔到兰波(Rimbaud),再到寻找奇遇的后来的探索者。这种看法尽管模糊笼统,尚可接受。通过他们近于绝望的大胆追求,通过他们若干首熠熠生辉的美妙诗篇——更不用说他们独具魅力的人格了——19世纪后半叶的伟大抒情诗人仍然释放出一种令人难于摆脱的魔力。然而,谁若想寻找我们时代诗的本原并指出它所作的尝试的深刻含义,却必须追溯到波德莱尔、雨果、拉马丁之前,直至欧洲浪漫主义前期。

此前,在反改革①以及巴罗克艺术时代的无理性的爆发时期,教会不太费周折便引导了神秘主义的扩张。两个世纪之后,遭到了"启蒙学者"的批判,教会已无此能量。满足人性的某些要求的任务落到了艺术(它并非单枪匹马)的身上,而这些要求直至那时一直是被教会涤除净尽的。

此后,诗便趋于成为一种伦理或形而上学认知的某种不规则的手段,一种"改变生活"的需要成为诗的动力,就像兰波所希望的那样,去

---

①　这里的改革指的是16世纪欧洲发生的宗教改革。由德国马丁·路德发起的这场运动很快蔓延到欧洲其他国家,产生了新教。随后便有天主教会发起的反改革运动,企图恢复因新教的诞生而有所暗淡的教会的形象。——译者注

改变人并使之触及存在的本质。在此，新鲜之处并不在于逐渐摆脱了无意识而重新抓住深藏的力量并企图克服自我和宇宙的二元性的事实，而是这种意向。至于想要知道为何这一觉醒发生在18世纪末历史进程中相当明确的一个时刻，我想，要回答这个问题，必须考察作家和诗人在现代文明中的境况。难道这个文明——它从多方面看是对于在《百科全书》中第一次加以通俗表达的各类学说的应用——与浪漫主义恰好是同一时代的产物是出于偶然？自此，这种文明越来越牢固地建立在理性和实证的宇宙观和生命观之上，它对人类精神的制约，对无意识的一种拒绝，以日趋强暴的方式付诸实施，因为它把人和天地分离，也把人和他的一部分分离开来，这个部分受着不屈从于理性的力量的支配（而这正发生在基督教失去其对于灵魂的控制而停止向他们指出个人灵魂得救的道路之时），它把精神的全部要求和人类的有限生存之间所自然存在的不协调夸大到难以容忍的程度。

于是，仿佛从这一时代开始，随着诗人们努力把作诗变成一种生命攸关的行为，他们便在我们的社会里履行着补偿性的职能。如果说诗是献给我们、使我们得以和歌德所称的"母亲"沟通的手段之一，那么，诗作为这样一种手段，显示了永恒的人性使命。然而，在人们只以认知"现实"为业、上述使命不断遭到干扰的时期，从无意识到有意识的过渡将以不同往常的方式进行，而对于全面存在的需要将带上形而上学索求的色彩。

这些运动是在德国——人们清楚地知道，在法国，自从阿尔贝·贝甘（Albert Béguin）的大作①出版后，在怎样的条件之下，又以怎样的规模——首先以反 Aufklarung② 的理性主义的面目出现的，一系列个人的、相互区别然而方向一致的探索孕育了奇特而可资赞赏、署名诺瓦利斯（Novalis）、让-保尔（Jean-Paul）、霍夫曼（Hoffmann）、阿尔南（Arnim）等的著作，并且在欧洲的上空组成了德国浪漫主义的神话的画面。让我们将英国诗人，从幻觉主义者布莱克（Blake）到科尔律治（Coleridge），到雪莱，到爱伦·坡（Edgar Allan Poe），置于一个平行的视角中，以备考。

不过，我们这里的意图不在于历史方面。我们无意限定因果关系，

---

① 阿尔贝·贝甘于1937年发表《浪漫主义灵魂与梦幻》（*l'Ame romantique et le rêve*）。——译者注。

② 德国18世纪的一场思想解放运动。

也不确定前后联系和影响。对我们来说,问题在于审视一种探索或悲剧的基本资料,一定数量的幸运者曾经参加或正在参与这些探索和悲剧;问题在于记录一种辩证法的前提,这种辩证法贯穿历史而发展,它向人类的延续借来可赖以自我实现的地点和可能性,为的是在精神平面图上描绘出一个理想的周期、一整套步骤与憧憬,而在两者之间揭示出一种神秘的协调。

如果说我们现在转向法国的卢梭,目的并不在于把他指定为当代诗人的先驱和导师。让-雅克无疑并非占星家或打天下的玄学家,然而,却在他身上首先显露出一种十分特别的道德和神秘主义的气息,正是这种氛围将推动思想上的努力,以打破精神的枷锁并使诗成为一种生死攸关的行动。

对自然的感受剥离了几乎一切斑斓色彩而达到最高的强度,正如《孤独的漫步者的遐想》(*Rêverie d'un promeneur solitaire*)第五章所描述的那样——自我因为领会了种种事物,又反过来将梦幻者的"感官固定下来",从而占有了自身无意识的威力——这种感受仿佛来自精神和天地之间亦步亦趋的交融。主观的感受与客观的感受之间的界限消失了,宇宙重新回到精神的掌握之中,思维参与①一切形式和一切存在,自然景色的一切变化被捕捉,甚至从内心深处被感受:"波涛声响、水的躁动"、潮水的涨落产生一种节奏,这种节奏不再区别于心脏的跳动或者血液的流淌。然而,曾几何时,那咯索斯②封门闭户,以自我为中心蜷缩成团,甚至连自我审视的欲望也没有了;在他心醉神迷的状态中,幸存的唯有对于生存的朦胧而又甜蜜的感觉。"处于这样一种情境中,何乐之有?自身以外没有任何乐趣,若说有,它只来自自身以及自身的生命;只要这种状态延续不断,人们便完全自我满足,一如上帝"。这是因为人们已预先放弃对抗世界,自我感觉和对于万物的感觉已不再能够分辨。自然的神秘的经历,这个卢梭继续称之为上帝的"伟大的存在"是普遍的、内在的生命,他感觉到它在他身上就像是上涨的潮水(确实如此,如果说他愿意隐没其中,那是因为这个无限之所有经脉在他看来都通向他的心灵)。

这种"完满而充实"的幸福状态本身不可名状,同时也是昙花一现的。它的消失使人更加强烈地意识到自身的局限,及其脆弱的生命所

---

① 我们这里采用的是列维-布鲁赫在其著作中给予该词的含义。
② 希腊神话中爱上自己水中倒影的美男子。——译者注

处的环境。它若不再次强行推开天堂的大门，或者不从这些新发现中得到好处，它就无法安宁。处于心醉神迷的状态期间，词语潜逃得无影无踪，但是对于痴迷状态的回忆又把它们召回来；画面发出光彩，犹如一片浪花、灵之游戏。不过心灵渴望高于游戏的活动，哪怕这个游戏多么高尚，它渴望通过语言再造失乐园。至于其组成部分借自无数有形物的这些意象，其功能不在于描绘外部事物，而在于延长和重现内心的活动。"处于这种幻觉中"诺瓦利说道，"与其说是主体感知客体，还不如反过来说是客体来到主体中进而感知自身"。一切意象都悄悄地组合成为象征，词语不再是符号，而参与事物本身，参与它们所提及的心理现实。

如此，当渴望自我认识的古典作家相信内省，并把他们的观察结果移植到推论性智慧的层面上时，浪漫主义诗人抛弃那种并非同时也是自我感知和享受——还有被体验为一种存在的对于宇宙的感觉——的认知，令其想象力在其变形中勾画他本人的隐喻的、象征的肖像。这就是卢梭和夏多布里昂（Chateaubriand）提供了榜样的新的表达方式。不管表象如何，这是一个自然的、甚至是直截了当的表达方式，与分析表达相比，它的长处在于归还给语言它所持有的几个最古老的特性——正是这些特性将被波德莱尔试图用来把诗改造成一种"启发性魔术"。

"释放灵魂"，恢复"天然状态"，这个愿望究竟是什么，如果不是远古梦想的后果？这个梦想半淹没在无意识中，这是对一个魔幻世界的梦想，在这个世界里，人并不感到自己区别于事物，在那里，精神在没有中介、在任何理性道路之外驾驭着现象。

我们知道，19世纪20年代和30年代的诗人的浪漫主义诞生于承袭古典主义的思维和写作方式与卢梭业已回应的来自内心深处的召唤之间的妥协。然后，在路易-菲力普时代的资产阶级与工业界中，人们处处提防那些拒绝效劳的人。最杰出的人想对人类有用处。与此同时，原始浪漫主义的另一种转化为巴纳斯派的描绘文学铺垫道路。这种诗/图画，比如竭力达到客观的戈蒂耶的现实主义作品，与建立在自然和精神相互渗透的感觉之上、卢梭和夏多布里昂为之开拓了道路的诗之间，距离非常遥远。不过，浪漫主义的这两种偏向在若干方面还是有相似之处的：第二帝国的巴纳斯派和1840年的社会诗人一样，背离了奥林匹欧(Olympio)①所说的"内心深渊";他们的目光投向意识被照亮了的区域,后者赞颂普遍的、可与最大多数的人相通的情感,前者对抗外部世界,为的是更好地、更加无动于衷地观察形式与色彩。此外,既然他们都想描绘物体或传授真理,两者都相当适应于说教语气和推论的习惯。唯有聂瓦尔(Nerval)迈向一旦进入便无法脱身的国度。他是带着日益增长的勇气如此行动的,让人不由得想起诺瓦利来。一往无前走到底,强行进入象牙门或角门,将自己的命运交给诗——凡此种种直至疯狂——这一切构成没有先例的行动,是在法国地盘中心的一种极限。诗人在梦幻与生活之间寻找他的道路,而仿佛一种既自然而又正常的新的平衡,寻找黑夜和白天、不可见和可见,因为它们同样有权得到诗人的关怀,也因为它们构成两个互补的世界,两个基本现实的调和的模式。"我想人类的想象力没有发明任何不真实的东西",固然是至关重要的断言;然而,看得见的世界也是真实的,一种第二真实,接近于梦的真实。我乐于看到安德烈·布雷东(André Breton)在这些年里越来越紧迫地探索梦幻与生活这组符号相互回应的双重画面,并且流连忘返于聂瓦尔早在他之前就已造访的精神领域。

至于雨果,他在1860年左右尽管名声大噪,却在相当程度上不被人所理解。人们欢呼多姿多彩的雨果、多愁善感的雨果,人们珍爱自由、人道、"英勇的国民卫士"的雨果。然而,对于幻觉主义者、预言家、原始派,人们却不甚了了,而是本能地避开他——今天仍然如此,他绝大多数的崇拜者对此一无所知。波德莱尔觉察到这是一个"最有天赋、显然最善于表达生命之奥秘"的诗人。兰波承认:雨果"在其后期的作品中目光敏锐",有多少人却拒绝设想,写下了《阴影巨嘴》(Bouche d'ombre)的启示的诗人可能在刹那间对他的隐喻深信不疑,而他在想象世界的信马由缰对他来说是比一种赢得盛名的游戏更为重要的东西。在《静观集》(les Contemplations)和《历史传说集》(la Légende)之后,遗作《撒旦之末日》(La fin de Satan)、《上帝》(Dieu)等伟大的神话诗篇的发表终于事后在这个先是桂冠诗人、后又遭放逐(因为他暂时的胜利)的诗人生涯中,揭示了长期被挖掘、扩大直至深渊的裂纹。在那里,梦幻者进行他"永恒的探索",在那里,永不疲倦的眼睛从克洛代尔(Paul Claudel)所说的"上帝的缺席造成的阴影"中摄取如此丰厚的东西。今天,在我们看来,雨果的一生是围绕着这最后的启示来安排

---

① 维克多·雨果在几首诗中以此自称。——译者注。

的。当我们知道他期待的只是听任神灵的牵引时,我们更被他的才智所吸引。而他的天才证实了他的志向,即让自然的力量发出声音,这是"庄严的声音"(着魔的,即自我异化的诗人的声音)……

> 当它响起便自知,
> 不再是任何人的声音
> 却是浪涛和树林!①

然而,我重申,这个雨果几乎还没有走出云雾。20世纪末,那些爱挑剔的人翻着他的诗集,评论说其修辞笨拙,虽然他曾声称对它们进行了清理,然而修辞本身进行了报复,给他引来无节制的批评。学者以为了解这个被过分吹捧的诗人,逐渐疏远他,而权威性评论家(法盖(Faguet)是其中之一)充满着天真,同时也由于对诗的本质的误解,责备他缺乏理念,或者即便有,也不外乎是凡夫俗子的念头。

波德莱尔身上所体现的异常复杂的"人的灵魂",以及他对于浪漫主义最强烈的要求的关注首先为他何以如此影响深远做出了解释。既想高高矗立以至觊觎"王位和权力",又需要享受罪恶的烈性烧酒,轮换着、有时同时被两个极端所吸引和抛弃——爱情呼唤仇恨并以仇恨为养料——受到这种残酷的双重感情的煎熬,人最终禁锢在自我中心,心醉神迷以致不能自拔。"绝对坦诚,新颖独特的手法",或许如此。然而在成为一种艺术手段之前,这种"坦诚"回应了波德莱尔身上一种迫切的需要,即彻底尝试自身可能承受的一切,并且以一种极端的意志力培植他特殊的内心世界。"所有的哀歌作者都是恶棍"他说道。在他看来,这只不过是些忙忙碌碌地干着自欺欺人的营生的人。他既是唯灵论者,同时又是唯物论者,在某种意义上,没有人比他更成为其躯体及其"模糊感知"的奴隶了。再者,由于与传统的道德和精神决裂,他把肉体和精神之间紧密的关系作为一种明显的事实接受下来,他在其后的诗歌创作中极善于开发这个事实所导致的最初后果。充满慵懒气息的香味能够支配其所有能量以至"改变灵魂"。对于最高与最低、潜意识的需求与高级的向往之间这种长期以来不为人所知的关系的深切感知,一言以蔽之,这种对于心理生活的统一性的感悟,这就是波德莱尔

---

① 保尔·瓦莱里(Paul Valéry),女预言家(La Pythie)。

的诗章最重要的启示之一。

然而——这就是我们刚才所谈论的情感的双重性的征象——诗人却憎恨这个"肉体和心灵",虽然他同时又近乎痴迷地依恋它们;"生的恐惧,生的沉醉",他以了不起的敏锐的洞察力写道。因此,他注定永远感到不满足,被迫一再消耗他那业已伤痕累累的体质,并且无止境地寻找新的办法为的是不再感觉"时光的可怕的负载"。从此以往,尘世间生活的"正常"环境给他带来的享乐没有一个不即刻转化为痛苦,而唯有对此有限的世界的忘却可以十分可悲地使他在某一瞬间高踞于这块无聊的灰色的土地之上。他的故事可以通过《旅行》(Voyage)的头几行诗和最后表达愿望的诗句"探究未知以寻找新事物"来窥见其梗概。

不过,这里所涉及的悲剧并不仅仅牵涉一个病人、一个与众不同的奇人。通过他"在世界之外的任何地方靠岸"的狂热的欲望,波德莱尔将叛逆和逃世这种浪漫主义的主题发挥至极,达到悲剧的最高境界。以至于他的书本对于现代感受性产生影响的秘密必须在这个感情和憧憬之间的根本协调中寻找,这种被他赋予了外形和他那一世纪隐晦而又充满欲望的灵魂①的感情和憧憬之间的协调,人们花费了很长时间才领悟到。"低级浪漫主义",有人如此评论他。可以保留修饰语,意即深层,直抵生命的精髓本身。因此,《恶之花》不能仅仅被看成为艺术而

---

① 我禁不住在此引用罗贝尔·维伟耶的一段话(《Ch. 波德莱尔的独创性》(L'Originalité de Ch. Baudelaire),巴黎,书籍复兴出版社,1926,第314页):[波德莱尔]将从浪漫主义流产了的流派中起用在文学上尚未臻于成熟的一些要素。那就是十八世纪帕尔尼(Parny)和贝聃(Bertin)隐约表现出来的某种具有异国情调、充满懒洋洋的快感的梦幻;那就是戈蒂耶(Gautier)、圣-贝夫(Sainte-Beuve)、欧内迪(O'Neddy)所预感到的忧郁;也是这类波德莱尔巧妙地加以利用而使得博雷尔(Borel)那种过于简单化的叛逆变得冰冷和强硬的反叛性的讽刺挖苦;那就是这种日常而又深沉的氛围,在此氛围中任何渺小的事物都揭示出永恒的悲剧,这是"巴黎图景"的氛围,是约瑟夫·德罗默在其诗中体现了某些预兆的氛围;那就是对于死亡的这种狂热而不顾一切的渴望,自阴风黑雨的英国浪漫主义初期以来,这种渴望因夏多布里昂和拉马丁式的忧郁的大肆发挥而酝酿多时之后,于1830年到1840年期间,支配着众多默默无闻的人。波德莱尔在其作品中集上述种种素材之大成,并根据他的灵感需求给它们分配了各自的位置和重要程度。对我来说,我更倾向于认为,这些梦幻、这份哀愁、这些"素材",波德莱尔首先从自身那儿找到。

艺术的诗风的例证①,也不能被解释为这种冷静清醒的意图:从事不同于拉马丁、缪塞(Musset)、维尼(Vigny)、雨果所完成的事业。② 这本诗集的道德和哲学(取其广泛含义)内涵不容忽略。如果说在波德莱尔身上存在着游戏的成分,那么这并非无知而简单的游戏。

然而,道学家诗人只有在构成他半个灵魂的艺术家诗人的帮助下才能一时从惴惴不安中解脱出来。"狂热地执着于其激情而又冷静地决定寻找表达它的手段……"波德莱尔如此形容德拉克洛瓦(Delacroix)的同时道出了自身的特点。这就是为什么这么多的声明,不管其是否受到爱伦·坡的启示,都把匠人敏锐的意志置于诗的诞生的首要位置。因此,如今存在着建立在《恶之花》基础之上的美学传统(后被马拉美继承和发扬光大);一些诗人归附了这一美学传统,对他们来说,波德莱尔所经历过的人性探索大概仍然是一种纯粹的"奇品"。

二

这种源自波德莱尔的艺术传统给我们当代人提供了思考的问题,我们认为有必要再次列出这些问题中的几个方面。

首先是关于净化诗歌、排除糟粕的重要性这一理念。糟粕这个累赘在以往大部分作品中使诗暗淡无光或者使其步履蹒跚,以至只剩下一种类似于心灵流体或高压电流的东西,能够以最大的成功几率施展人们可以求助于诗的启示功能。我们知道波德莱尔的一段闻名遐迩的言论③,在这段话里,波德莱尔继爱伦·坡之后,区分激情诗和真理诗,前者"是心灵的陶醉",后者"是理性的食粮"。他对于"教育上的异端"、教育训诫的一套起而攻之,他认为它们所产生的效果是把诗歌和土地、散文捆绑在一起,是使我们的精神关注一成不变,并阻止"灵魂的夺取"、"人性对于高级美的憧憬",而这种高级的美才是诗的目的和准则。或许概念和情感可以作为不可或缺的原始要素进入作品中,但它们只

---

① 我不能不再一次引用无可辩驳的这篇文字:"在这本残酷的书中,我摆进了我整颗心、我全部柔情、我全部(改头换面)的宗教、我全部的恨。确实,我将会写相反的东西,我要发誓说这是一部纯粹的艺术作品……"

② 如始终在别人身上看到预谋和算计的保尔·瓦莱里不久前所声称的那样。

③ 《浪漫主义艺术》(Art romatique)一书中论戈蒂耶的文章。

有在经受一次真正的质变并且听任使它们变形的心理"冲动"的渗透，才能成为诗流的良好导体。

这个理论赋予艺术完成神秘的净化工程的职能。我们知道最近博尔蒙神甫(l'abbé Bremond)①雄辩地对它作了陈述，列举了许多大部来自盎格鲁-萨克逊的例证。实际上，作为审美学家的波德莱尔②既是爱伦·坡的门徒，也是柯尔律治(Samuel Taylor Coleridge)和英国初期浪漫派的门徒。不过，有必要对理论和实践作个区分。爱伦·坡和他众多同胞一样，是一个柏拉图学派的天使般的诗人，而《恶之花》(起初取名为《边缘地带》(Les Limbes))的作者营造更富有人性的美，它并不总能摆脱情欲，而且有时坠入一种更近于地狱而非天堂的氛围。构成其气质基础的道德情结无疑阻止他完全实现"纯"诗人的愿望。再说，不管人们是否接受博尔蒙神甫的唯灵论解释，与初期浪漫派的诗篇相比，波德莱尔的诗感伤色彩少得多，而"心理"色彩更为浓厚；所针对的与其说是"情感"，毋宁说是"灵魂"，或者说是"深层的自我"；他的诗旨在越过我们的敏感点而在精神更为隐秘的地方掀起波澜。

此外，波德莱尔面对外部的自然界采取了引人瞩目的态度。他在大自然身上看到的并非因自身并为自身存在的实体，而是一座巨大的相似物的储存库，同时也是一种刺激想象的兴奋剂。他写道："整个可见的宇宙只是一个图像和符号的仓库，想象力给予它们一个相对的位置和价值，这是想象力必须消化和转换的食粮。"③于是，创造应该被视为一个有待解读的符号整体——就像人们根据拉瓦特(Lavater)的理论，从分析人的面部线条着手，解读此人的个性；或如神秘的讽喻——波德莱尔说："一座象征之林"——因而必须发现其深藏的含义。④ 认知事物的这个真正的、唯一真实的含义，虽然只是认知事物所包含的意义的一部分，却能使若干得天独厚之人——在这里是命定的诗人——进入与可感知的世界毗邻的心灵彼界，并在其中自由自在地行动。"因为所有可见物"诺瓦利说道，"都以不可见的本质为基础，有听觉的以无

---

① 尤其参阅《祈祷与诗歌》(Prière et Poésie)，格拉塞出版社，1926。
② 参阅安德烈·费兰(André Ferran)的论文：《波德莱尔的审美观》(L'esthétique de Baudelaire)，阿塞特出版社，1933。
③ 《浪漫主义艺术》(Art romantique)，关于德拉克瓦的论著。
④ 参阅M.J.珀米耶(M.J. Pommier)的新作：《波德莱尔的神秘性》(La Mystique de Baudelaire)，斯特拉斯堡文学院出版。

听觉的为基础,可触摸的以不可触摸的为基础"。涉及知觉,最重要的在于它们在某些情况下能引导我们和无影无形的神秘物沟通。波德莱尔在此参照的是施韦登博格(Swedenborg)使之焕然一新的神秘学传统,霍夫曼、拉瓦特、聂瓦尔、巴尔扎克、傅立叶亦依附此传统,正是他们引导他设计了这套神秘哲学,这种奇异的诸说混合;对于这种(哲学和宗教上的)学说的混合,他似乎曾经相信过,但并不曾为它牺牲了自己作为诗人的自由。

请看这个自由如何恣意发挥:波德莱尔告诉我们,该由想象力来给予意象与符号"一个相对的位置和价值"——相对于人的精神、相对于他决定完成的著作。借助于他的知觉或记忆给他提供的杂乱无章的素材,诗人将创造相对于一定的时刻和状态、"当前的境况"(如果能够达到这样一个理想的话)而言,一个准确无误地表达其灵魂的秩序。① 而这个表达,虽然其组成似乎与自然界的事物相关,却基本上并不因此而减少其超自然的性质,因为,灵魂出于其根源及天命,只能在自然深入其腹地的精神彼界找到真正的家园。诗的使命就是打开一扇面对这个彼界——实际上是我们的世界——的窗子,使自我能够摆脱其局限进而膨胀直至无限。这种扩张使精神对于谐和的复归初露端倪或者得到完成。

为了了解波德莱尔如何着手,以便在相似物世界为自己开辟一条道路、组织并整理自然给予他的素材,让我们再读一下《感应》(Correspondances)这首十四行诗:

感　　应②

> 自然是一座神殿,那里有活的柱子
> 不时发出一丝含糊不清的语音;
> 行人经过该处,穿过象征的森林,
> 森林露出亲切的眼光对人注视。

---

① "在优秀的诗人那里,没有隐喻、比喻或者修饰语不是对当前情况的数学般精确的适应,因为这些比喻、这些隐喻和这些修饰语都是从普遍相似物取之不尽的基地深处挖掘出来的,而且它们不可能从别的地方取得"。(《浪漫主义艺术》,评论维克多·雨果的文章)

② 钱春绮译。

> 仿佛远远传来一些悠长的回音,
> 互相混成幽昧而深邃的统一体,
> 像黑夜又像光明一样茫无边际,
> 芬芳、色彩、音响全在互相感应。
>
> 有些芬芳新鲜得像儿童肌肤一样,
> 柔和得像双簧管,绿油油像牧场,
> ——另外一些,腐朽、丰富、得意洋洋,
>
> 具有一种无限物的扩展力量,
> 仿佛琥珀、麝香、安息香和乳香,
> 在歌唱着精神和感官的热狂。①

因此诗人的职责就是跟随其身上具有的预见官能,去洞察相似物、感应物,它们给文学面貌增添隐喻、象征、比喻抑或寓意。这些感应,通过上述十四行诗,似乎可以从以下三个方面来发挥:

1. 在香味、颜色、声音等不同感觉之间存在着通感。波德莱尔在此暗示联觉现象,这种现象最有名的大概是"有色听觉"。这种组合能够在不属于同一类的感觉之间自然而然地产生。之所以如此,大概要归功于不同感觉之间形成的情感色调的一个共同体,对此,在大部分情况下,逻辑是无法做出任何分析的。在诗人面前展现一片宽广的领域,他从此不再认为自己必须把一个形式和另一个形式区别开来,把一种声音和另一种声音区别开来,而是大胆地接受其词语涉及不同类的感觉的隐喻。此外,人们隐约看到一个后果,事实已多次阐明了这个后果,而波德莱尔本人对此则这样写道:"艺术所期盼的,如果不是相互补充的话,至少是相互汲取新的力量。"

2. 从感觉能够拥有"无限事物的扩张"这一点得出:一种欲望、一种遗憾、一种想法——精神范畴的东西——能够在形象世界(反之亦然)中唤起某种感应。在《邀游》(*Invitation au voyage*,散文体)中描写了一个迷人的国度之后,诗人转向他的伴侣,问她道:"难道你不是被你

---

① 也提请注意与"感应理论"有关的下面一段话:"再说,施韦登博格……早已教导我们……一切事物,形态、运动、数量、颜色、香味,在心灵如同在自然中,都是深有含义的、相互的、转化的、应和的……"(《浪漫主义艺术》,论雨果的文章)

的相似物所环绕，难道你不能，让我们按照神秘主义者的说法，在你自己的应和物中看到你自己吗？"下面他说得更清楚："这些宝贝、这些用具、这份奢华，这个范畴、这些香味、这些神奇的花朵——这就是你。"在这种"精神景观"的组成中，他先于其他东西放进去的是我们已谈到过的"对自然的感觉"。诗人向感性世界索取的是供他锻造他自己的象征视觉或他的梦幻视觉的元素；他向感性世界索要表达他的灵魂的手段。

（波德莱尔的伟大贡献之一就是把城市景观、房屋、房间、"室内"作为他关注的对象，并且在带着自身矛盾的情况下，对于隐秘相似物的感知深入到它们的丑陋和不协调。在人群"这个广漠的人的荒原"中，在一副砖石面孔的大都市的街道上，"孤独的漫步者"①迷惘失落在变了形的、人工制造的、面目全非的自然中，看来是他第一个得以投入他称之为一场"灵魂的圣洁的贩卖"的行为，并达到主体和客体相互消融的那种"普遍一致"的状态。）

3. 存在，也就是事物——这就是十四行诗的第一节所断定的——我们能看清的只是其反面，唯有被赋予某种第二视觉的心灵通过变换为符号和象征的表象分辨出一个超感觉的世界的映像。不过，如果我们上头说的是对的，需要立即指出的是，建立起万应的这第三层面和第二点靠拢，直至相互混同。因为对于灵魂来说，它有办法和这个隐秘的彼界沟通；在其本质都是精神的小宇宙和大宇宙之间，存在着一种媒介、一种共同的语言，使得它们能够互相揭示，互相辨认，这是象征的、隐喻的、相似物的语言。自然能起什么作用，如果不是赋予灵魂看见自身的可能，赋予超自然的东西显示自己的可能的话？沉思的尽头，展现在诗人面前的是"奥秘、深邃的同一性"；对于万物互相参合、它们的相互呼应以及它们之间彻底谐和的模糊的预感充满了他的心田。这些有时显得如此怪异的相似物以其无可争辩的明确性使他不能不加以接受，他把它们看成是这种原始同一性的明证。面对每一个存在，他都认为窥见了一种信号，证实了各个存在之间的亲缘关系，这个信号就像是原始话语的秘密印痕。

"您是秋天美丽的天空，晴朗而粉红……"千万别弄错了，在这里包含的大概不仅仅是一个简单的比喻、简单的文学鉴别。如何断定，诗人

---

① 见散文诗中的《人群》（*Les Foules*）。我们知道波德莱尔起初曾想将他的诗集命名为《孤独的漫步者》。

未曾在霎时间得到某种普遍本质、某种神奇的同一性的启示？① 如果说他倾注于其心灵就像他在镜子里凝视一样，如果说他试图以任何代价——甚至使用一些花招——增加心灵的可塑性，它的"灵活性"，它的透明性，那是因为在他身上有某种东西暗暗地希望有朝一日从中发现、解读出一个完整的天地万物的图像。

这样，波德莱尔的面孔似乎被从最遥远的神秘主义策源地汲取的光源所照亮。对他来说，问题似乎在于恢复和旧联盟的关系。在此谈论新柏拉图主义并且在各种不同的神秘传统之中兜圈子似乎有点简单化。要紧的是让人顷刻感觉到这条隐蔽的河流的存在，它是浪漫主义释放出来的、在我们身上比我们的思想和情感还要深的地方流动的一整套信仰、梦想、未满足的期望，在并不总是自觉的情况下，我们当今多少诗歌正是去那里寻找血液和食粮。

这样一种企图（即便充分估计到其含义只是渐渐地而且模糊地显现这一事实）几乎是引导人们蔑视感性的表象以及模仿自然的准则；它鼓励自由运用字眼和形象，并且根据它们的心理反响以及普遍类同的神秘法则——而不是根据惯用法和纯逻辑——将它们组合在一起；它使得法国诗歌大大强化了神秘主义与形而上学的倾向，在这方面它的贡献比起同时代的《静观集》和《世纪传说》还要大，而且是通过另一种方式。诗人的艺术变成了并非所谓"巧合"，而是一种"呼风唤雨的魔法"，一种神圣的功能。

可是这种掺入某种癫狂成分的波德莱尔式艺术同时也是一个方法。这种自然地转向无理性和玄奥的精神是不会接受单一的本能的引导的。他乐于欢呼灵感，把它视为"日常努力的奖赏"。他把完成了的作品看成一种完美的综合，其中所有的心理和音乐要素都进入到一个其相互关系无限复杂而协调的体系中。这样一部作品让人想起一部交响乐，给人的印象是它一气呵成、来自一个音乐机制、由单一的声音大声发出，同时并不失其为一种耐心制作的成果。在这方面，波德莱尔与其说是浪漫派的信徒，不如说是喜欢顺从一切风向的古典主义的继承者；波德莱尔又是爱伦·坡的信徒——虽然在这一点上，他可视维尼为其最直接的先驱——他位居同一派系的艺术家（马拉美、瓦莱里及其他）的首席，这些艺术家可能产生在"肉感的森林里"（一如《幻美集》的

---

① 关于这些问题，请参阅 A. 当蒂厄的《马塞尔·普鲁斯特，他的心理启示》(A. Dandieu, *Marcel Proust, sa révélation psychologique*, F. Didot, 1930)

作者），或者在一个夜间无意识中"获取他们歌曲的初次收获"的欲望，但是他们将竭力在作品中表现精神所创造的秩序和同一性对于不协调性的胜利。波德莱尔本人把自己置于这样一种诗人的行列中，他们梦想着"发现引导他们创作的隐秘的法则，并从这种研究发现中得出一系列以诗歌创作的必然性为神圣目的的箴言"①。为了寻找这个必然性，为了获取这种对于"偶然"的支配，我们知道，马拉美贡献出了——我想说牺牲了——他的生命。十分危险的诱惑，它可以引向死胡同。确实，如何在同一个头脑中把下述两种东西协调一致：一方面是批判知性的自觉的努力；另一方面是波德莱尔所主张的诗歌实践要求诗人进行的神秘活动、超自然力的低回缠绕、在事物与生存之间存在着任何实证科学都看不见的联系的感觉。一言以蔽之，对于心理学家将称之为前逻辑或原始的意识状态的回归——又一个诱惑，它又能引向何方？在这两种要求之间，不难猜测存在着错综复杂的冲突的可能性。

至于波德莱尔，虽然不无困难，但却在某种程度上成功地确保了他天性中这两种倾向的互相兼容，而他的著作也因此而具有全面的典范价值。我们可以看见，他在令他厌倦愁闷的人间地狱的底层请上天作证，证明他履行了"作为一个尽善尽美的化学家和一个圣洁的灵魂"所担负的责任。

三

魏尔伦（Verlaine）整个儿是一种天然，此外十分细腻和复杂，善于利用各种影响，不过，这种天然一生成便显出其根本的独特性，而且就存在于生活之中。没有人比他更缺乏理论性，更不关心其同时代人的美学和哲学抱负，更缺少炼丹术士（一如马拉美）的味道，更称不上是幻觉者和先知（一如兰波）。他生来就是为了把马瑟琳·戴博德-瓦尔莫（Marceline Desbordes-Valmore）和拉马丁首创的个人的、多愁善感的抒情引向完美的境地，也是为了找到只属于他的这种口语诗歌的声调。这种声调也适合于毫不矫揉造作的祈祷和悄声叙述的知心话，适合于表达强烈的欲望或者温柔的情感抒发。在这种表达中，某种"微妙的声音的轮廓"最终总是像难于捕捉的阿拉伯乐音消失在有声的光晕中。他这部诗以无与伦比的强度展示的是日常的欢乐或痛苦的乐音，是生

---

① 《浪漫主义艺术》（*Art romantique*）中关于 R. 瓦格纳（Wagner）的文章。

命的感觉,这是赤裸裸的、生理意义上的生命,在那里,思维只是对于浇灌肉体的血液的梦想。

不过,想要从这部诗中得出教训并非易事,依据某个艺术理论或道德立场来加以利用同样不容易。在这对于绝对的追求——四分之三世纪的诗歌的演变表现了同样的追求——中,魏尔伦的名字并非进步、胜利或失败的象征;甚至《无言之歌》(*Romances sans paroles*)的"新意"也在人们开始更好地认识兰波之后失去了声誉。1900—1905年间魏尔伦获得巨大成功,后来逐渐下滑,直至1930年前后。

这个现象可以部分从精神状况以及许多诗人共同拥有的在情感、痛苦和心灵愉悦的过于人性化的天地之外去寻找灵感的意愿那里得到解释。然而,像几年前《法国新诗选》(*Anthologie de la nouvelle poésie française*)的作者那样断定说"魏尔伦代表一种终结……"是不公正的。想一想像弗朗斯·卡尔科(Francis Carco)、乔治·施奈维尔(Georges Chennevière)、纪尧姆·阿波利奈尔(Guillaume Apollinaire)这样风格迥异的诗人从他那儿受到的惠泽吧。也许只需在目前诗歌的趋向——我们难道不正看着它出现吗?——中做点微小的变更便能激发出新的魏尔伦旋风;清纯自然的代价是如此之高,这种风格与规律性毫不相干。不久的将来,对于在负载沉重的无意识的召唤和诗人的敏感的心智之间摇摆不定的魏尔伦,我们会更加欣赏他身上的某种质朴和总的说来始终(直至《智慧集》(*Sagesse*))维系着的平衡所产生的自如自在以及给予最易消逝的内心状态以生命的能力。

大约二十五年以来——通常始于伟大艺术家逝世之后经历的相对性遗忘和炼狱、随后成为不朽名士之前的这一段时期——马拉美的星辰不断冉冉上升,直至超越诗歌领域。他的"乐于显示他对绝对之外的任何别的事情一无所知"的纯诗人、文人的命运,他的略带讥讽的英雄主义不断地刺激想象,而他曾被人形容为贫乏的著作开花结果。

初看,他的诗显示出作者对其素材异乎寻常的把握技巧。"他的完成得十分巧妙的短小作品是完美的典型,字与字、句与句、节奏与节奏之间的衔接是多么天衣无缝;每一个衔接给人以几乎绝对的东西的感觉,这种感觉归因于内在力量的平衡,一种匪夷所思的互逆组合使它不致引起读者在阅读大部分文本时下意识地萌生的种种修改和变动的欲念"。① 可是瓦莱里在这里使用的词,其中包括绝对这个字眼,已经让人感到对马拉美来说,一部完成了的著作不仅仅是简单的技术上的成功,它还是名副其实的巴纳斯派诗人的成果。从自身那儿有意识地抽出一件不可更动的东西,这意味着梦想逃脱"不幸分配给人生的天数",逃脱人间的卑劣和不完善,逃脱偶然,梦想人们已经创造了一种绝对。

马拉美的诗、最近出版的《伊吉图尔》(*Igîtur*)的草稿(如瓦莱里针对列欧纳所说的是"伟大游戏的残片")、几封保存下来的信、片言只语使我们得以揣摸出马拉美悲剧的含义,想象他在何等冷酷的孤寂中创作、设计着关于他的拒绝接受局限并且想要不断扩大他的认知领域的纯诗人、预言家的夸张的形象。生活本身正是大敌:

> 我逃遁,抓牢所有窗扇
> 从那儿背向生活,
> 在永恒之露水清洗过
> 无限贞洁的晨曦染红的窗玻璃上
> 受祝福的我照见自己是天使!……②

天主教徒或许会在此揭露所谓"超凡入圣罪",凡人犯下的拒绝生存而且想与上帝相似的罪行。巨大的成功将是撰写出大写的书、独一无二的书,并为此战胜天数和世间的规范,以及思维所不能使之屈从于其权威的一切——偶然。马拉美念念不忘的这部书正是"对地球的俄耳甫斯主义的解释,这是诗人唯一的责任和绝妙的文学游戏"③。解释一件事意味着了解它,把它拉向自己一边。然而,俄耳甫斯教这个字眼在此出现是为了提醒我们,如果说诗人的职责是和学者的职责相类似的话,两者却并不混同;诗人与学者所寻找的相似不属于同一范畴,而他们所建立的世界也奠定在不同的基础上。此外,马拉美的崇拜俄耳甫斯教理值得探讨。真正的崇拜俄耳甫斯教理的立场④或许涉及一种

---

① 瓦莱里,《杂集》(*Variétés*)II,N.R.F.出版社,第224页。
② 《窗户》(*Les Fenêtres*)。
③ 《致魏尔伦的信》(*Lettre à Verlaine*,1855),转引自 J. 罗亚耶(Royère)所著的《马拉美》(*Mallarmé*),Chez Kra 出版社。
④ 参阅 Ch. 杜波,《近似》(*Ch. Dubos, Approximations*),第五系列,Coréa 出版社,第238页。

对于奥秘的信仰和顺从,甚至是一种被动,没有丝毫骄傲,面对与《爱罗狄亚德》(Hérodiade)的作者的超意识意志不甚协调的"感悟"。无论如何,在法国文学中恐怕从未有过怀有如此崇高的抱负的作家,也从未有过这样一个作家交给大写的艺术简述创造、同时在人类智慧面前为此创造作辩护的最崇高的任务。

马拉美对失败的隐晦而凄婉的承认流露在名叫《股子一掷永远取消不了偶然》(Un coup de dé jamais n'abolira le Hasard)的诗中。有人可能说,这是普罗米修斯式的失败。对于这个失败,那些令保尔·瓦莱里倾倒的、包含那么多美轮美奂的诗句的"小作品"(作者认为是简短的散文或近似的东西)也以它特有的方式有所体现。

从语言这个被滥用的、被玷污了的材料中借来词汇,加以组合,进而发扬推广直至绝对的层面,如此奇特的企图只有在充分估计诗人"以不同的分配为目的将话语的双重状态——原始的或直接的、基本的状态——加以分离"①的意图时,才可想象。"直接"的话语只能当作大众交流的工具,"那么还不如取一枚硬币,随后默默无言地把它放到别人的手里"。这种话语有利于人与人之间的沟通以及观念、想法的传播,然而一旦被领会,它便立即死亡,丝毫谈不上真实的存在。反之,"基本"的话语不同于两种思想之间的中介,它是功能手段。它的目标是感动——取该词最强之含义——和最深层地震撼灵魂,在灵魂深处引发"开放"的遐思的诞生和变化,这些遐想能够自由而无限地再生。"与其说它激励我们去理解,毋宁说它命令我们变化"(瓦莱里如是说)。它是一个存在,这个存在的意义对我们所起的作用比不上形式、颜色、回声、秘而不宣的亲和性以及仿佛香水般散发的心理启示的光晕所起的作用。"我说:一朵花!在我的声音未搁置任何轮廓的遗忘之外——音乐般升起的美妙的概念本身,不含任何花束的概念……"我们看到在这样一种关于言语的观念中多少含有神秘的成分。总之,问题在于试图充分还原言语的全部效果,因为高声说出来的词被推定有能力排开一切而自我孤立起来,有能力抛弃来自感性世界的一切视觉,从而展示——根据叔本华的说法,一如音乐——观念本身,纯净得如头一天,孤零零的,毫无用处。

因此在词汇的有声外衣底下,存在着一种真实的实质。马拉美说,"词汇由于接近生命的占有机体,在它的元音和二合元音中呈现出如肉

---

① 《东拉西扯》(Divagations),Charpentier 出版社,第 250 页。

体般的东西"①；不过赋予它生命的心灵分享的不是我们的感官传达给我们的堕落的世界，而是理想世界，我们的梦"在先前的天空下"预感到的业已失落的美。若说马拉美在此力图接受神奇言语的某些特性，这并不过分；如果说他并非在一张白纸上（从零开始）进行创造的话，至少他竭力通过他的具有"咒语"功效的话语使变质和歪曲了的东西恢复它们的纯正和最初的清白。他自己就认定，"在魔术的陈旧手法和诗这个永恒的巫术之间，存在着一种秘而不宣的相同之处"。这样，波德莱尔早已为之倾注心血的这种引发联想的富于魔力的作品便延续了下来。这种创作，除了词汇的表达功能和创造功能之间至少在原则上的截然区分外，只有一种真正的语言艺术使它成为可能。这里指的是关于字眼的诗意价值和内涵、它们之间的相互关系和反作用的一种带有实验和直觉性质的科学，是使原始意象和存在于这些意象中的神话残留获得新生，同时又是在瞬间唤醒一个时代的一种方式，在那个时代，为颂扬上帝或消除仇恨，词语在人们双唇间喷涌而出。

此外，不言而喻，在这种情况下谈不上全面的革新，而马拉美的"发现"尤其在于给本能带来意识之光，而在他之前，多数大诗人都下意识地顺应着本能。同样显而易见——人们常常注意到这一点——的是，有可能在诸如塞沃（Scève）、特里斯坦（Tristan）（仅以法国人为例）以往的雅士中，碰到这种小心翼翼地远离感性现实和外部事物，从而如第五元素般在与世隔绝的状态下炮制的诗的范例。

至于晦涩，不管人们是否乐于在文学上对它做先验的批判，不难看到，它在这样的诗里代表了一种不可或缺的要素。必须避免立即断定某种唯一的、无可争议的含义，在表达中必须要有"游戏"，在文字周围必须要有"空白"，使文字得以充分放射其光辉。当人们先对文字的含义犹疑不决时，它们才会呈现出这种"未曾见过"的奇异的面貌。不过，重要的也还要诗本身——马拉美（还有多少其他现代派诗人！）大概就是在这方面不止一次地失误的——相当引人入胜，足以抓住读者全部注意力，足以施展它"麻醉品"（根据P.瓦莱里的一个比喻）的作用，以至中断"自我"的正常活动，以某种咒语使之着魔。

再者，从逻辑的角度看，马拉美的全部诗学必然意味着对事实、客体始终采用暗示忽略法，以突出影射、泡沫、星辰、烟雾以及一切象征着星体的意象，因为"纯"诗歌本应是星体。纯诗歌将断断续续地发展，从

---

① 《英文词汇》(Les Mots anglais)。

而打破演说节奏;意象将以曲折迂回的方式插入诗中,它们从不铺展,而总是互相牵扯,忽而展示侧翼,顺便抛出一种颜色,迸出一丝火花,忽而消失在玫瑰色的云雾中;一个复合句于字里行间描绘着毫不明显的关系,这些关系在读者思考它们之前可以说一直处于潜在的状态。而诗将"在风格的内在力量的支持下"(福楼拜语)奇迹般地矗立着,犹如一座纸牌房子,总之是一种无目的的游戏,因为表达意义的需要比不上证明它的存在和改变生活的需要。

  呵,爱幻想的女子!为了我沉浸于
  无路可循的纯净欢乐,
  请用微妙的谎言,
  把我的翅膀握在你手里。

  翅膀每一煽动给你带来
  黄昏的一丝凉意,
  被束缚的拍击使地平线
  缓缓后退。

  头晕目眩!太空微微颤动
  仿佛深深的吻
  不为谁而生使其发疯,
  既不能喷涌又无法平息。

  你是否感到愤世的天堂
  一如隐匿的笑声
  从你嘴角悄悄流进
  一致的皱褶深处!

  玫瑰色海滨之权杖
  停滞在金黄的暮色中,静止不动,
  你把这个闭合的白色飞翔
  放在手镯的红光上。

  这便是能使爱伦·坡心醉的诗,不含任何激情的诗,因为素材几乎被完全剔除。扇子、头发、着色的瓷器、小摆设、托架，主题几乎化为乌有，诗的起点被无限制地超越，可是从这近乎静默的低语中诞生了狂热的梦幻。

随着马拉美对其美学的把握，他的诗显得越来越不涉及个人，越来越不抒情（抒情在这里取其通常的含义）；他所尝试的"从事实到理想的神妙的转换"换取的效果是越来越减弱环境、个别、个人，即偶然的重要性，而把一般性的因素摆到第一位，甚至加以阐发。我们没有忘记，这个诗人，尽管从许多角度看都是如此个人主义和印象主义，然而他却有着奇异的意愿，即创作非个人的客观的作品，撰写独一无二的大写的书和绝无仅有的大写的诗集，仿佛我们思想的结构打上了整个宇宙的印章，而"诗本能会把我们盲目引向真理"①。

实际上，马拉美所完成的题材的升华以及他对本质的狂热的追求导致一种超抒情；就在主观的根基本身，人们重又找到了一般和普遍性。诗篇于是以一幅图、一个数学函数②的简洁明了现出了轮廓，在某些情况下，可以对它提出多种合理的诠释——我尤其想到那首闻名遐迩的十四行诗《天鹅》（Cygne）。在不排除其他解读的情况下，这首诗可能广泛地表达了陷于两难境地的人的悲剧，即生存的需要和抵御生活以自保的愿望。在这里，象征手法是综合，自我的诗歌变成精神的诗歌。

正如《献给戴仙特之歌》（Prose pour des Esseintes）的第一个词汇提醒我们注意一样，那么多的苛求使诗成为一种夸张。因为绝对的纯诗只有在人世间以外的地方才可能想象。它只能是非存在。水果尽管缺乏，马拉美却从中找到让他满意的"均衡的滋味"。受着这个非存在的烦扰，他在生命的最后阶段，通过沉默和缺席梦想给予它们（水果）一个实际的价值。③ 如何着手，如果不是迫使读者对作品所蕴藏的只处于潜在层面的一切东西加以替代，将作品的一切魔力维持在潜在状态，不使作品具有客观实在性？对于诗来说，这种非存在的诱惑是十分可怕的危险，不过这是蓄意寻找的、大胆面对的危险，而且马拉美可能

---

① 瓦莱里，*A propos d'Euréka*（杂集 I）。

② 关于这一点，请参见勒内·维托（René Vittoz）所著《论纯诗的条件》（*Essai sur les conditions de la poésie pure*）（J. Budry）。

③ 可以阅读 A. 蒂博代的《马拉美》一书中关于此问题的一个有趣的章节（N.R.F. 版本）。

还希望它来得更厉害。总之,对他来说,问题难道不在于勾勒出从相对到绝对、从有限到无限的通道?教育、娱乐君子?这里涉及诗人的命运的问题,还有他的"(灵魂)得救"的问题。毫不奇怪,好多年之后他的继承者才得以利用他的经验,或者徒劳无功地试图作出修改,或者改变其条件,再或者决意反其道而行之,坚信诗赢得天使般纯净的同时,失去的是人情味和效率。

然而,真正的伟大远在任人衡量之前就作为一个出现激动人心。在19世纪末的灰色年代里,没有比马拉美的出现更高贵的了,人人都认为他是"矛盾符号",在某些人的眼中他却已是一个英雄。通过他,精神、稀罕战胜了数量、习惯、懒惰,"我看到在我们心中涌出名副其实的荣耀,这是奉献给他的、深藏着的、一点儿都不光芒四射的荣耀",他最狂热的信徒之一如此写道。①

四

在兰波的问题上,近年发表的最好的研究著作也只不过拿出了一些似是而非的方案。面对着一个近乎神话般的、投入一个绝无仅有的"精神追逐"的人物,人们也只能致力于极具诱惑力、然而却令人失望的假设的游戏,并且试图想象着这个脱离一切常轨的灵魂所经历的轨迹。设想一部书会使世界的存在合法化的绝不会是他。诗——"我的疯狂之一"——在他眼中首先是激扬生活和超越人的一种手段。这个坏男孩,躺在沟渠里,喝着农庄仆人的汤,受到魔鬼的驱使;9月的晨露给他滋润,他说"我的星辰",并看到一条光明之路从星星下来直通到他那儿,他将朝前"走到鸟群和源泉那儿",一直朝"世界末日"走去。"穿着风鞋底的人",魏尔伦说道,对这个流浪汉兼征服者来说,在旅行结束时需要获得的唯有绝对。

兰波的魔鬼是主管背叛和破坏的魔鬼。对他来说,"杀人犯的时代"开始了。兰波梦想着如猛兽般首先扑击的正是人们称之为文明和西方人的东西。国家、公共秩序和约束、"已确立的幸福"、爱情与婚姻的传统习俗、基督教、道德,总之,人类精神的一切产物,他都一概否定并对它们极尽讽刺挖苦之能事。剩下的就是铲除恶的根源,即年复一年慢慢形成的人类的思想本身。这个思想意识,除了把它看成被截取、

---

① 瓦莱里,《新法兰西杂志》,1932年5月1日。

被控制的源头之外,还能是别的东西吗?为了有效地行动,他同意给自己设定范围、约束和限制——某种形式、某种逻辑——同意切断将他与普遍生活联系在一起的绳索,同意过隔离性的生活,同意日趋衰亡。至少作为对他所失去的全部的抵换,他不是献身给了这个人们一致称之为现实的世界吗?说得那么贴切的"外部"世界风雨飘摇的现实!这个现实与我们同一时间,通过我们,由于我们的过错而酝酿,而形成。事物在我们眼前僵化了,它们在我们心中已不复存在,它们被疏远,被分裂成碎块,被抹掉,为的是让位于它们所具有的、受到科学承认的多种属性。只是当我们要利用它们的时候,才会看见它们,获取它们。"我们苍白无力的理由把无限给我们遮盖了"。而兰波对这个理由只有讥讽:这是"良知的一座天使般的阶梯"。他对人类参与的骗局也只有讽刺和挖苦:在这场骗局中,人类"为自己证明明摆着的事,重复着他们的证据而乐此不疲,并且只为此而活着"。

　　柏拉图谈到他的神话时说:"大概,甚至可以肯定,这不是真的,但是有种多少有点相似的东西却是真的。"同样,可以把这些观念归于兰波。然而,难道他有过观念这种僵化的东西吗?任什么都无法阻止他的思想的勃勃生机,而他也不是重复证据的人。

　　这样一种态度使人预见到当今这种"反理智主义"的主张以及心理玄学的研究和假设,这足以引人注目。不过这种态度的根子深植于秘传学说的传统之中,这是更为重要的问题。我们应该又一次把我们的目光投向这同一个方向。这是否意味着兰波追根溯源一直上溯到毕达格拉斯和印度教学说,最终成功地把他的命运和瑜伽信奉者的命运等同起来,更新他们的神秘经验,把东方智者的信仰和神话变成他自己的信仰和神话呢?洛朗·德勒内维勒(Rolland de Renéville)先生在他那本值得重视的书①中正是如此断定的。至于我,我不会走得那么远;我认为兰波自始至终都是绝对的反因循守旧者,他要么砸碎制度,要么越过它。远离"教理大全",超越各种程式,一股不可克制的冲击力推动他去赢得一种原始状态,在这种状态中,个人灵魂因为得以避开自身的局限,从而在神秘的陶醉中恢复了普遍性的力量。"太阳的儿子、大自然之光芒的金色火花……"随着音乐节奏飘扬,他为这些异乎寻常的探索而活着。在这类历险中,宇宙终于恢复其本来面貌,自身内部感觉像是一块难于估量的炭火,从炭火中源源不绝地喷发出火焰。从这狄俄尼

---

① 《通灵者兰波》(*Rimbaud le Voyant*)(Au Sans-Pareil, 1929)。

索斯式的舞蹈中产生即刻占有一切——如神圣的精华顷刻被吸收净尽——的愉悦。

这是否占星家所觊觎的全能、全知之路？抑或是失去全部意识的虚无之路？这两种情况相互对立而又相互补充。兰波似乎都经历过，都为他所向往；他从英雄主义和创世神活动的狂热转而在一个纯净的天堂里体会到涅槃的喜悦。不过毫无疑问，他曾经相信他担负着先知的使命。"啊！未来的上帝是我"，《爱之罪》（*Crimen amoris*）里的魔鬼叫道。魏尔伦把他那个流亡中的伙伴的特征给了这个魔鬼。他想成为魔术师，他的高傲把他引到这上头；还有他永不满足的、不顾一切的需要：终于被人们所认可、所爱，就像人们热爱一个上帝一样。作为回报，他会付出无限的爱。

那么多剧烈行为不可能不伴之以暂时的休憩和遗忘。奇怪的慈善活动把兰波带到并非不体面和肮脏但却真是"世俗"的、永远逃离人间地狱的东西那边。正在此时，人们似乎在他身上看到少年的偏执和理想主义发展到极致的离群索居状态，因为当这个少年猛然发现现实，发现人类在大家一致赞同下使自身和事物所变成的样子时，骤然产生了厌恶之感，从此便竭力抛弃一切，而不愿意与其他人认同，不愿意生活在他人的世界上，不愿意自我放弃，不愿意放弃对他来说代表真理的自身的信仰和梦想。

兰波给诗人确定的任务是"使自己成为通灵者"，即是说唤醒诗人精神中沉睡着的能够使他与名副其实的真实接触的官能。他在著名的1871年5月15日的信中所主张的"长期、无限、深思熟虑地使所有感觉错位"，以及他关于穷尽"全部爱、痛苦和疯狂之形式"的诗人的义务，将赋予他抵达未知的一切手段。对于他、对于所有听信他的人来说，问题始终在于超越似乎赋予人类的种种可能性，实际上这些可能性只不过是他们的习惯和惰性的可怜的果实。问题始终在于"培育自己的灵魂"，然而这种内省必定要求自身首先从所谓文化中解脱出来。如此，诗，即"所有官能都可以掌握的语言"、"发自灵魂并为了灵魂，概述一切：香味、颜色、声音，孕育自勤奋的思索"，这种诗将具有一场感悟的一切征兆。无须提醒说这样一种抱负部分源自波德莱尔（"头号通灵者，名副其实的神"），波德莱尔为自己实施了一套同类的"体操"，目的在于无限扩大感觉的范围以及这些感觉的对应网络，移开禁锢他的四堵墙。

至于兰波进行的并让人联想起神秘主义者的心灵修炼的这个方法、这个"灵魂的训练"的自觉自愿，或者说人为的性质，我不认为根据这一事实就认定，《灵光集》(les Illuminations)中的诗篇所用的词语和意象都因此性质作了审慎安排。在此提出诗人的幻象的可塑和有机性，把它作为决定性的论据来强调诗人的自觉意愿，无疑是错误的。幻觉往往以其清晰和立体感令人感到非此不可，而这种清晰和立体感是正常情况下观看的景色中所不曾见的。梦的制造本身所涉及的自觉意识甚少，它们并非总是不定型和无条理的。在这种情况下，最深思熟虑的方法似乎是以精神达到"通灵"的状态为目的，这正是理性的状态，那时，诗将可能与这些异乎寻常的状态同时存在并且自发地诞生自内心深处，或者传达给我们对这些经历的回忆。

　　无论如何，关于文学的一种新理念——人们只是在今日才清清楚楚地分辨出来——诞生了：成为神秘和先知意识的近亲的诗的意识不再是表达手段，而是发现手段。这是一种十分微妙的工具，仿佛精神最犀利的尖顶，能够把它的触角伸向无意识的深处。不过，真正的神秘主义者除了上帝随意通过他实施的影响之外，拒绝承认在他身上存在别的影响。与此相反，作为魔术师和魔鬼附身之人，兰波之献身是为了恢复自制力，为了享受他的强大的意志力并试图吸引超自然的力量为己效劳。他更多的是魔术师而不是神秘主义者，他的利己主义，超越性的利己主义，只是间断性地被他遗忘。

　　如果把与他关于预言家的使命的理念直接相关的诗（寓意童话、寓言、象征）搁置一边，我们可以把《灵光集》中相当数量的诗篇放在一起，它们就是预言家的视野，它们还给我们带来了兰波世界的反映和回声。然而，如果说能够①在里面偶尔认出一些感觉和熟悉的东西——一朵花、一道瀑布、一股灰烬的味道、壁炉炉膛里发出的木柴的味道——如果说千真万确，这些物体通常以构成感性世界之特征的实在性呈现在我们面前，它们之间建立的关系以及驱动它们的节奏，尤其是整体结构却即刻以绝对奇特的面貌使我们错愕。不稳定的、对自己的身份从来都不确定的事物自我逃避，同时砸碎了我们将它们禁锢其中的框架。在诗人将它们引进的每一种情境中，它们的立体感、它们的密度并未阻止它们从一种形态变换成另一种形态，一如万花筒里瞬息即逝的结构。时而，威胁层层积累于一种宇宙大消亡的氛围中，而事物仿佛吓坏了似

---

① 如雅克·利维尔（Jacques Rivière）在其《兰波》一书中所指。

的,屈服于某种并不统一的引力;时而,人们见证了非凡的清新至极的仙境的诞生:

> 星星、苍穹及其余轻柔徐缓地降落到对面的斜坡上,仿佛一只篮子,挨着我们的脸,并在下面形成芬芳湛蓝的海洋。①

无论如何,人们进入了这样一个世界:与平衡法则背道而驰但却来源于具有极大可塑性的思想,这个世界看来摆脱了感性的逻辑和"范畴"。于是人们见证了波德莱尔的训诫中暗含的准则的胜利:艺术家要领会自然并在其中体现他的自我,而不是模仿自然。当兰波暗示他的"难于忍受的怀疑主义"时,他大概想指出他全盘质疑世界的表象、感觉和构成现代人的正常状态的固定信仰;他想指出一切存在都是绝对任意的,而且取决于最初一件本来可以不发生的事,取决于一个错误,这个错误是在我们同意只成为现今的我们而不是神的那一天犯下的。

初期的浪漫主义者如同古典派一样,普遍相信人的堕落,可是他们抗议说对于亚当的惩罚是不公正的,说原罪是不该承受的。兰波呢,则因其"纯真的广延性"而倍感骄傲;纯洁无瑕地处身于堕落的世间,他在那里始终"冷酷无情";任何东西对他来说都无所谓。"我们不是在世间!"《地狱一季》(Une saison en enfer)的呐喊仿佛"各自逃命吧!"的呼声响彻大地。而诗人重掌命运,试图为他自己重新实施创建者的行动,像造物主那样重新喊出一个世界来。这是否纯属疯狂?这是否荒诞的主观主义?然而,另一方面,"屈从于客体"难道不是一场骗局吗?被兰波为其倒的酒所陶醉的现代艺术家身上存在着某种东西,使他面对上述问题时如此回答道:他所努力把握的这些素材、他预感到的这些召唤,仿佛其秘诀已失传的某种字母表的要素,它们不能完全使他迷失,只有顺从它们,他才有机会接近生命的源头。

这是无法理性地破解的问题。如何衡量所谓感悟的客观价值?再说,我们仅仅试图勾勒兰波的相貌的若干特征——之所以如此,那是因为大多数颂扬的动因、纠缠着上一代诗人的心灵的诗学和形而上学的主题是由《灵光集》的作者以令人惊愕的胆量向他们提议的。他没有泄露他的秘密就去世了,而不止一个人想要使艺术、生活和超越生活的东西依附于他。战后作为至善而出现的"精神的完全自由",反抗生存的

---

① 《神秘》(Mystique)。

现实和环境本身,把一些人引向信仰神圣的超自然,把另一些人引向设计一个超现实的对感性表象的否定,另一方面,回应忠于感动和"灵感"之需求的散文诗的发展,这就是革命诗歌向前迈进的几条道路。在这些道路的入口处,兰波的形象在一明一暗中现出轮廓。直至他对写作和"改变生活"的放弃——对此,人们提出了颇不相同的解释——没有什么是不增添对其命运的种种疑问的。

五

在这种种不同的心灵探索之间,当人们从其记忆中短暂排除这些探索有过的不可调和性以及它们所依赖的全部历史情境,一种亲缘关系便显露出来了。每一次,精神都试图从事物中解脱出来,并期望与无限远的故土会合。操纵神秘主义者的全部活动的希望就在这儿。但是诗人不能从事物中解脱。不能这样做,如果他应该继续当诗人的话……唯有肉体的滋味以及对此快感的迷恋将使他培育他的记忆并且默默地准备收获将充满他的著作的意象。相反,真正的神秘主义者竭力弃绝感性,竭力自我弃绝,并在内在的、封闭的王国中激发灵感。

或许我们在这儿找到了诗人们、特别是兰波在神秘性领域失败的主要原因;通过名副其实的禁欲,通过奋力摆脱肉体和物质,精神才会跨越新生活的门槛,才会达到纯净。然而心醉神迷是不可言喻的。德国中世纪的神秘主义者苏索(Suso)说:"如何给予无形态的东西一个形态?任何比喻对我们都无所助益。然而,为了以意象猎取意象,我要通过一定的语言的辞格,在此尽可能地向你显示空无意象的这个意义本身。"[①]人们觉察到困难;除了例外,很可能诗人的"成功"和神秘主义者的"成功"在同一个人身上不可兼容。然而,诗人只能通过"内心道路"获得升华;他在这条道路上丰富宇宙感,这种感觉将负载着他,就像一条播下了神秘的鱼精的河流。

而且,现代诗人不认为他的流放是罪有应得(维尼早已说过:"这场大官司的证据烧掉了")。他宁肯接受关于他的无玷始胎的信条,他毋宁谴责上帝,或者人,人在宇宙中离群索居并且耽于贫乏的思想之中,因为他们"不晓得歌唱在那儿生活的地区"。我们想在此提一提诺瓦里

---

① 转引自让·巴鲁吉(Jean Baruzi),《基督教的圣·让与神秘经验的问题》(*Saint Jean de la Croix et le Problème de l'Expérience mystique*),第335页。

的《萨伊斯的信徒》(*Disciples à Saïs*)的主题：究竟是谁将揭开面纱，凝视伊西斯苍白的脸？这里涉及的始终是黄金时代，失却而又复得的天堂，但是却没有任何暗示唤起记忆。G. 恩加雷蒂（G. Ungaretti）说："19 世纪诗歌的贡献是未得到满足的无辜的希望。"从波德莱尔的"纯真的天堂、单纯的爱情"到兰波听见的"天使理智的歌声"，再到马拉美的"天鹅"，相同的灵感传播蔓延，虽几经变换，已使卢梭激动不已。

可是无辜与强大相辅而行，而神秘主义范畴的要求具有一种恶魔般的性质。人所需要的是他的天性与大自然的纯真与满足感。通过科学，人锻造了一个反自然，它以它机器人的重量压在他身上；人还把他的意识变成一座孤岛，在那里，接触到的只是渐渐衰弱的回声、从此无法企及的生命的毫无色彩的形象。然而希望依然存在。保尔·克洛代尔告诉我们，马拉美在事物面前向自己只提出一个问题："这是什么意思？"问题始终在于促进意象的产生、沿着相似物的源流直至明-暗的无限远，仿佛在这些奥秘中，世界的真实面貌会向自身显现。

这样一种意图实质上属于形而上学的范畴。可是真实、绝对，人们并不想经过概念的链接或者论证之后在这里与之邂逅，而是想在心理的具体性中发现它。一种新的、十分微妙的、指向属于"心理玄学"的现象的敏感性，这就是现代诗人特有的官能；正是这种官能能够帮助他在"自我"中重新找到宇宙，并想象这个宇宙的意义。

波德莱尔、马拉美、兰波，尤其是后两人，曾经梦想"战胜人"（在同一时间，尼采为此耗尽精力直至发狂）。所有的人都失败了，关于此，我们可以提到伊卡尔或者普罗米修斯。这里不是探寻下述问题的地方，即缘于何种情况，经过一个世纪的浪漫主义，经过永无休止的焦虑不安之后，形而上学永恒的奢望竟发展到如此程度——在哲学家们相反地在实证科学面前自惭形秽的时代 ——为何人胆敢向诗歌讨教解决其命运问题的答案。

我把这三位诗人并列一起，因为他们当今宛如三盏"塔灯"，这里取波德莱尔赋予该词的含义，他们的光芒横扫一整片处女地，别的诗人在他们之后也朝这片领域挺进。如果问题在于研究本意上的象征主义运动，我们就会安排另一种背景，即把魏尔伦置于万丈光辉之下，而且对今天已模糊不清的波德莱尔的某些方面加以阐述。然而，复杂而且确实新颖的作品可以为不止一代人提供养料。人们对波德莱尔、马拉美和兰波的发现是逐步的。

第一编

落 潮

第一章　对象征主义的评论

人们曾有趣地把象征主义运动比之于①出现在企鹅岛（l'Ile des Pingouins）②第二编的阿尔卡龙，所有声称看见它的人都说不出它是什么样子。或许有一个办法可以把数量如此繁多的不同的倾向和独特的尝试归于一统，那就是在本原上把它们视为对现代社会存在和世界实证观的对抗。精神对深层的生命的感觉、对于各种现象的神秘性和彼界氛围的某种直觉、一种新的——至少在法国——抓住诗的本质并为此把诗从教训和多愁善感的模式中解放出来的意志，以上就是人们最常观察到的促使1885年的这一代诗人活跃诗坛的因素。

至于象征这个术语——吉祥词之一，它们因为负载着复杂而难以表述的含义而更具暗示性——在与今昔诗歌相关的基本点上，必须避免对于这个词汇的误解，象征主义的思维与表达模式并不属于历史某一确定的时代。

似乎人的心灵在做梦、遐想或者甚至醒着的时候，具有一种自主创造的能力，它随意地想象着一些寓言、图形、意象，"自我"的深层的易感性则投射其中。这种自发的象征在文明人那里受着理性或各种监控机制的制约，但是在"原始人"那里或梦中却几乎不受控制地进行。于是诞生了神话和其他传奇性的结构，良知揭发其为非现实，然而从心理的角度看却是真实的③，既然在想象层面上，它们与孕育它们的心理现象是应和的。这个关系在主体的心灵里导致如下感觉：意象神秘地参

---

① M.G. 波诺（Bonneau），《法国当代诗中的象征主义》（*Le symbolisme dans la poésie française contemporaine*），Bovin 出版社，1930。
② 法国作家阿纳托尔·法郎士（1844—1924）的小说。——译者注。
③ 从别的角度看也可能是真实的。

与它所象征的心理现实。

然而，这种"感应"、同等的概念，我们很熟悉。它恰恰应用在交给形象表达、体现精神状态的使命的诗人身上。在他进行的制作工作和我们上面指明其特性的基本与直接的程序之间，某种关系自动建立起来了。当诗人放弃思维和建造，毫无抵抗地顺着梦幻往下滑的时候，这个关系可能转换成一种同一性。只靠自身单一的力量构建一篇实为自身故事的叙事的这种精神活动向我们揭示处于原始状态、实施任何布局和美学意图之前的想象力的创作现象。

可是，如果说人们可以声称意识上浮现的一切寓言、一切意象组合趋于构成象征的话，那么在个别情况下，却不能谈论被主体清晰地感知的深层的心理和他投射其中的意象这两个术语之间的关系。确实如此，真正的象征来自头脑对自然而然地形象化的思维形式的直接参与；"（象征）绝不是一种表达，它也绝不能被表达"①。这个基本的事实往往不被人所知，于是，未受到控制的梦中或遐想中的象征根据不同的心理学家其性能也各不相同，也就是说呈现出复杂的状态而且正处于变形之中。这样一些象征本身是一种存在，它们因而一般具有多种"价值"，而且还因情感范畴的联系而互相关联，不可能将它们封闭在各自的格式里。许多读者和评论者正是在这方面出现相同的错误，他们面对着某些现代诗时，非给它们找出一种逻辑含义不可，而排除任何别的解读。毫无疑问，在过去五十年间，其素材形成于意识的一个不甚明晰的区域的许多作品具有多面性。②

如果有人说象征这种概念可以应用在与 19 世纪末的"象征主义者"不甚相似的诗人身上，我们会很乐意地接受这一观点；如果他们补充说此概念对于上述象征主义者亦不太合适，因为后者大多刻意运用一种间接表达法，明明白白地把他们赋予相当明确（至少于他们看来）的含义的意象集合一起，我们将回答说，我们从未想过否认智力能够意识到我们所描绘的自然程序，又转过来能够把表现和诸如感受、情感、理念的心理现实结合起来。象征派千真万确往往如此行事。不妨因此论断，正因为一般来说他们作为知识分子和艺术家，并非天真幼稚，同

---

① 见让·巴路基（Jean Baruzi），《圣-让·德拉克鲁瓦与神秘经验的问题》（*Saint Jean de la Croix et le Problème de l'expérience mystique*）。

② G. 帕里西耶（G. Pelissier）先生 1901 年就已在 *Revue des Revues* 中发表了相近的见解。

时又极有教养，因而他们以诊断、分析和综合的工作代替非逻辑思维的自然活动。（难道我们不是常常观察到，人对自己认识得越清楚，他就越少行动；一旦他明白了心理功能的机制，他对这种功能的运用便更加困难吗？）人们若想以象征的手法进行表达，就会冒着抽掉象征本身的许多真实性的危险；象征于是面目全非，成为间接的表达方式，因为能指客体通过选择之后上升为所指客体。

　　眼下让我们抹去这些评论含有的过多的简单化的成分。实际上存在着许多介于无意识与有意识之间的居间位置，思维与象征之间的一系列关系。原先人们面对的是一种精神的自由活动，这种活动伴随着形象中现实的神秘存在的感觉，而人们最终在心智方面获得象征，如朱勒·勒迈特（Jules Lemaître）所界定的那种象征（并非其他，只是寓意而已）："一种延伸的比较，让我们知道的只是它的第二个词项，一种连贯的隐喻体系。"

　　若相信保尔·瓦莱里的说法，"被命名为象征主义的潮流可以简单地概括为几个诗人派别（再说还是互相敌对的派别呢）要从音乐那里收回他们的财富的共同愿望……"①，事情竟如此简单，诗人们——从龙沙到拉辛、谢尼埃、雨果——曾经失去这财富，音乐家的音乐能够如此等同于诗人的音乐：这一切似乎不大可能。不过，象征主义美学的基本要点之一确实是把语言的音乐资源加以深思熟虑的运用。

　　但是，诗的音乐性——取该词的最广的含义——和散文的音乐性一样，不能以近乎数学的方式来和词语——这些词语被整体地视为一个纯粹的声音体系——或多或少丰富而多样化的音响组合相衡量。有多少非常悦耳和谐的诗句，但其回声随着最后一个音节而消失，并不在脑子里产生逐渐深入的音响效果！这个最起码的认识足以否定这些审美学家的论点，即用单纯的音响关系，不顾词汇的心理暗示的潜能来解释一行诗句的音乐性的奥秘。事实上，这个现象要复杂得多，而诗人"音乐家"必须感觉到哪种相似性把声音世界和思维领域连接在一起。这一次，问题仍然在于使人对神秘的"感应"敏感起来；某些音节得益于与其组成的词的含义之间无限微妙的谐和——这种谐和与其说来自音色的魔力，毋宁说来自该词所唤醒的模糊记忆——而真正"感动"心灵，

---

　　① 吕西安·法波尔（Lucien Fabre）为《认知女神》（*Connaissance de la Déesse*）所写的前言（再版于《杂集》I）。

把心灵吸引到一个特殊的方向；可是每一次词汇的心理价值及其包含的意象与联想的潜在宝库都不能撇开词汇音质而加以估量。因此，把词语的"音乐性"与它们的意义——取该词最广泛的含义——区别开来的做法只能是独断专行的，而且人们始终偏爱的应该是某种"内在音乐"，而不是近乎物质的、只取悦于耳朵的和谐。

象征派最大的功绩之一便是意识到了这一复杂的现象。"在写作上，我如音乐家般的运作，我把词汇置于配器谱表之上：这儿是弦乐器和木管乐器，那儿是铜管乐器和打击乐器……"圣-波尔-鲁（Saint-Pol-Roux）这番别致的言论让我们看到，一种功效若被推向极端能够如何反过来损及自身。看来系统运用导致了新的桎梏和两项主要错误。

首先，象征主义者过多地为了单纯的音响游戏而牺牲内心和谐，而这又导致对于"弦乐器"和"铜管乐器"的滥用。

此外，正因为他们忧虑声音和思维之间的关系，他们就错误地——至少他们中的若干人，我尤其想到勒内·吉尔（René Ghil）——忽略了人与人之间的分歧，而满足于提出只具空幻价值的法规、原则、秘诀。这是相当明显的错误，他们的继承者从中得到的教训就是谨慎。事实上，三十多年以来，"艺术融会"之梦不再怎么困扰我们当代人的想象力；再说，年轻一代的派别的代表与画家的结盟多于和音乐家的结盟。

至于自由诗①，它的诞生一方面似乎是出于"不走样"地表达思想的心志——这是拉佛格（Laforgue）的意愿，它更多地体现"颓废"精神——而另一方面则是出于对音乐性的关注，这则是 G. 坎（G. Kahn）和象征派的倾向。就其起源来说，它属于上个世纪，今日的诗人为了时而对它加以改造和破坏，只不过承继了他们的先驱锻造的一种工具。长期以来自由诗引发的激情平静下来了，许多幻想或许已经烟消云散。自由诗既未能消灭格律诗，又未能彻底区别于有节律的散文。那么多机械性在窥伺着作家，而其种类又如此繁多，以至于断然接受的约束终于在一些人眼中看来不失为有利于实践诗的思维的条件。

然而从另一方面来说，人们意识到法语并不缺乏抑扬的发音，而所有散文，首先是所有口语都自然而然地分成有节奏的音步，即一个重读

---

① 参阅 ED·杜亚聘（ED. Dujardin）的《自由诗的初期诗人》（Les premiers poètes du vers libre），法兰西信使出版社，1922。

的音节之前有几个非重读的音节。① 归根结底,自由诗之有别于其他,仅仅在于它的每一个音步的音节数量很小,而且其节奏之紧凑确实取得了大大改变话语的声调的效果。此外,我们将看到在许多当代诗人眼中,语言节奏趋向于和心理节奏混同,而抑扬顿挫的程度非常弱的"诗"只是一个句子,一个思想单位。再加上本世纪的演变,渐渐地在韵律学领域树立了绝对的个人主义:象征派的"解放了的"诗、无韵诗、自由诗(必须界定几种方式)、一段经文、截断的和分行排列的散文、连续的散文等诸如此类的"形式"并不能阻止最严谨的格律诗继续生存。如此千变万化的形式几近无政府主义,要指出其危险性显然易如反掌,然而对于那些考虑到诗人们心志各异的人来说,这种现象看来很难避免。

"象征主义流派是一个误会。"贝尔纳·法伊(Bernard Fäy)②先生写道,"这些年轻人为魏尔伦着迷,因兰波(?)和马拉美而激情洋溢,根本没有看到他们的老师实际上给他们推荐一种十字军的征战、一种'精神狩猎'。他们做了些不切实际的事,还寻求建立社团,而应该做的却是自省……"评语十分严厉,加之毫不留情地率直道来,甚至可以说是不公正的。1885和1890年的象征主义者整体上并非"巧取豪夺者",而是别的。毕竟应该记住这个基本点:波德莱尔、马拉美、兰波大胆地把诗歌提高到生死攸关的高度,他们把诗歌变成一种超越性的活动;而他们的大多数弟子往往在不知不觉中把它拉回到文学层面上。我认为,他们向文学要求它所能给予的东西而回避了那些难以解决的问题,从这一点来说,应该承认他们还是明智的。不过,为什么这些问题在某些人看来是唯一仍然值得提出来的呢?持有这种看法的人之中就包含尼采称之为"精神赎罪者"的诗人。

作为文学家、艺术家,象征主义者为了形式本身而思考形式的问题。由此,导致他们追求暗示性的象征,求助于神话故事以及传说和民俗,趋于把象征设想为被人们随后披上"外在相似性的华丽长袍"③的

---

① 尤其参阅皮尤·瑟维昂(Pius Servien)先生的专著,《节奏,审美与抒情诗及音响结构的具体入门》(*Les Rythmes comme introduction physique à Esthétique et Lyrisme et Structures sonores*),Boivin 出版社,1930。

② 见他写的《当代法国文学概况》(*Panorama de la Littérature française contemporaine*),Chez Kra 出版社。

③ 莫雷亚斯(Moréas),见《象征主义的初期武器》,(*Les premières armes du symbolisme*)Vanier 出版社,1889。

理念,即设想为向寓意或象征倾斜的两个词语之间的关系。诚然,农牧神、美人鱼、天鹅和梦中人的形象在这方面充满人性和美学内涵,非常适合想象力的游戏,虽然还必须相当深地潜入自己内心,才能接近这些梦幻的发源地,通过梦幻体现自己生命的某种东西。由此,也产生(对巴纳斯派的另一项传承)滞留于"细节美"的需要,结果是形成这种珠光宝气、呆板而又考究的"闪光"风格,于今已完全过时。

　　对于美的崇拜导致唯美主义。波德莱尔不是已经断言"对艺术的排他性激情是吞噬其余一切的毒瘤"①吗?有时候,艺术为了自保必须自我放弃。至于文化,我们深知它可以成为不生存和抵制一切观念、情感以及自我暴露的手段。然而嫁接到一个广博的文化上的对美的崇拜却是大多数象征主义者的特性,还要再补充上极端灵活而清醒的才情。这样我们就会更加明白,雅克·利维尔(Jacques Rivière)在他外表自相矛盾的声明里所包含的真实性。雅克·利维尔冒着抽象地界定象征派诗人的思想的风险这样写道:"这种才智一竿子插到底,在她发明的东西里毫无阻力,而是即刻穿越这些东西而流动,她是如此流畅,如此巧妙地逐步渗透,如此敏锐,因而霎时就达到主题的顶峰。象征主义著作里的一切都刻着过于清醒的创作者的印记。"②

　　对这一切该做何结论?在许多情况下,这些诗人给自己确定的目标和他们所受的教育、他们精细的敏感性、他们的判断力以及他们运用的艺术手段之间存在着某种不协调,除此之外,还能是什么呢?人们看到一种诗试图表达事物的"灵魂",看到内心生活的演变诞生于耐心细致的分析,看到想"启发神秘感"的一个诗人背离真正的奥秘,而出于兴趣以及对珍稀和神秘的东西的偏好去发明其他奥秘。再看看拉佛格,他思索过哈特曼(Hartmann)关于无意识的著作,并且声称让其理性停止活动,他发出这样的呼声:"顺其自然地生活,无需过问其余。"实际上,在《悲歌》(Complaintes)这个集子中,没有什么比结构松散和生活的"原汁原味"更得到精心策划的了,而词语之间"稀奇古怪的结合"毋宁说更具有实验室产物的迹象。真正的、动人心弦的拉佛格在别处。在此类章节里,人们似乎窥见一种过于精妙的头脑在模仿无意识的活动之中被白白耗费。

---

　　① 出自关于《异教学派》(Ecole païenne)的文章。
　　② 《惊险小说》(Le roman d'aventure),发表于 1913 年的《新法兰西杂志》上的论文。

对象征主义提出这些看法,其目的根本不在于对1885年的学派的积极贡献作出评价。只是需要指出这个流派为何只停留在大师们的榜样和抱负的范围内,目的在于使人们更加清楚,1900年前后的诗如何首先通过回归源头和更久远的典范(浪漫主义)来自我更新,然后再从波德莱尔、马拉美和兰波的著作中,以及与我们时代的天才更密切的接触中汲取培育叛逆和探索精神的养料,正是这种精神再次改变了诗的发展进程。

第二章　罗曼主义与本然主义

一

之所以需要强调反象征主义的两个主要潮流的意义，主要在于它们揭示了从一个世纪过渡到另一个世纪时精神世界完成的深沉而隐秘的工作，而不在于这些潮流本身所代表的价值。罗曼主义、自然崇拜，两者都是昙花一现的派别，然而它们的影响远远超过在同一时代及其后的年代里此起彼伏的诗学运动的范畴。

莫雷亚斯（Moréas）的一百八十度的大转弯确实足以使马拉美和兰波的崇拜者局促不安：在1891年2月12日《笔谈》举行的宴会上，人们刚刚欢呼莫雷亚斯使象征主义熠熠生辉；六个月之后他却发表了"罗曼"诗人宪章，声称"法国罗曼学派承认希腊-罗马本原，这是法国文学的主要源泉，它在11、12、13世纪随着我们的北方行吟诗人、在16世纪随着龙沙及其流派、在17世纪随着拉辛和拉封丹蓬勃兴盛。14和15世纪乃至18世纪希腊-罗马本原不再是灵感的活源，它只透过几个杰出诗人的声音得到表现，他们是纪尧姆·德·马绍（Guillaume de Machaut）、维庸（Villon）和安德烈·谢尼埃（André Chénier）。是浪漫主义在观念和风格上破坏了这个本原，从而剥夺了法国诗歌的合法传承。法国罗曼学派重新恢复被浪漫主义及其后继者巴纳斯派、自然主义和象征主义……切断的高卢链接"①。

很难想象更不合时宜的声明了，因为它倚重荷马以及品达罗斯（Pindaros）的希腊、罗马（因维吉尔而使其文学达到顶峰）、法国的中世

---

① 《费加罗报》，1891年9月14日。

纪、文艺复兴、古典主义,而唾弃19世纪的整个传统。对于法国上述各个时期的文学,莫雷亚斯毫不理会必要的区分,一律把它们视为对古代人文主义的直接传承。这样,这种"罗马文明"的早期范围便几乎从《罗兰之歌》一直延伸到谢尼埃。

实际上,罗曼派四大诗人——杜普列西(Du Plessys)、德拉台叶德(de La Tailhède)、埃奈斯特·雷诺(Ernest Raynaud)和莫雷亚斯——为满足他们拟古的狂热甚至到厄斯塔什·戴尚(Eustache Deschamps)那儿去挖掘词藻之后,有一段时间津津有味地模仿龙沙的风格作诗。雷蒙·德拉台叶德四处鼓吹品达罗斯风格以召唤阿格斯①的向导谭达里德斯,同时许愿要在维吉尔和龙沙的保护下重建

> 永恒的雅典和古老盛名
> 高卢之拉丁……②

这不是再现了旺多姆人及其手下掠夺"底比斯、普宜"的英雄时代吗?"书架上的七星诗人"蒂博代(Thibaudet)先生说道。如此矫揉造作的假博学看来前景有限。这般卖弄学问迎合了欲区别于不可救药地注定平庸的世界的现代需求。这些诗人在"和时代弄虚作假"的同时寻求的是一纸不在现场的证明(马拉美如是说),可比之以巴纳斯派从其对希腊的黄金时代的信仰中找到的托词,它也相当接近于象征主义者在瓦格纳传说的神秘地带为自己设置的"庇护所"。

然而,夏尔·莫拉(Charles Maurras)——他一开始就是该团体在《笔谈》以及《百科全书》杂志的评论家和理论家——的个人行动在审美方面和若干诱人的仿制品相比,有着另一番重要性。须知,直至1895年,罗曼学派的实际成果差不多就是这样的仿制品。他那些介于抨击与指控之间的最初的文章所依据的原则距离象征派活跃其中的观念和情感世界是如此之遥远,以至于在他们表达的愿望和波德莱尔或马拉美的教诲之间似乎绝不可能找到共同之处。

众所周知,莫拉谴责19世纪的人败坏了语言,降低了诗的风格,打破了传统的韵文。为了勾勒他们最微小的感觉的端倪,追踪他们思维

---

① 希腊神话中的百眼巨人。——译者注。
② 《笔谈》,1892年2月1日。

的幽灵直至虚无,他们锻造没有家族的词语,他们滥用过于疲塌的或者恣意扭曲的句型。他说,所有的人都放弃了风格;所谓风格并不在于使文字充满色彩与音乐性,不在于任凭文字随着逐渐消失的"心境"而互相吸引,而是如布丰①所主张的那样,让思维井然有序并处于不断变化之中,使思维服从于一种高级理性。如此,部分从属于整体、词汇从属于句子、句子从属于篇章、篇章从属于整部书这种紧密的关系便有了保证,而这正是任何美感的先决条件。与此同时,自我的物质条件,经过净化,精神之火使之如燃料般实现化学变化,从此,表现这些物质条件的,只是为迷惑知识分子的敏感而进行的固定的节奏和关系的游戏,因为美只能是和谐、形式、风格。浪漫主义者、象征主义者满足于外露,他们不懂得写作,他们不懂得艺术。相反,真正的诗人是"以自己的感觉做事的人……"②。

大家看到,这里回到了关于美的传统而又古老的观念。对此,人们至少可以说,这个观念几乎通盘与19世纪的思想背道而驰,有特色是后者对美的界定,或者自夏多布里昂以来就把美和诗意混同。然而,对于特色的追求则非强调差异而忽略和谐不可;而诗意,不管是否与《基督教真谛》(*Le Génie du Christianisme*)的作者所希望的那样"悲伤、朦胧、崇高",它基本上是精神方面的,它激发遐想,开启通往想象的道路,揭示神秘。总而言之,对莫拉来说,自我的要素本身是没有价值的,而心理经历,不管人们使它达到多么深远的程度,也不能含有对于生命的任何启示——一种难于掩盖其深深的怀疑论的看法。任何价值都存在于人的活动之中,存在于由理性引导并确定的活动之中。把整体感觉或朦胧的"精神状态"视为绝对的东西是一场骗局,因为"有着完美的人",而这个人是"会思考的动物……是理性使人有别于他,但并不因此而使人脱离自然"③。

---

① 布丰(1707—1788),法国著名博物学家,《风格论》的作者。——译者注

② 见夏尔·莫拉和雷蒙·德拉台叶德的《关于浪漫主义的争论》(*Un débat sur le romantisme*),Flammarion出版社,第248页。此书收入大量莫拉初期文章的节录。

③ 《关于浪漫主义的争论》,第226页(《百科全书》杂志,1896年12月26日)。有趣的是,1656年在裴里松(Pellisson)笔下(在他的《论撒拉逊人》中)读到下面几行字:"人,由于他的肉体部分有叫做手的万能工具……他的精神部分也有叫做理性的万能工具。"还有:那些不完全顺从理性的人"靠一种盲目的官能和唯一的想象力行动,而该想象力是我们与动物共同拥有的部分……"

至于"野蛮人",莫拉承认他有时能派上用场①:"他感觉强烈、凶猛……但他没有布局和谐的能力。"而唯一重要的是完美。阿道夫·雷铁因为赞美雾中图蕾岛(Thulé des Brumes),莫拉回应道:"您看见了初民……然而,您只停留在那儿。您没有看到地球和太空从普遍污泥的混合物中破壳而出的顺序。您无任何举动去加速光明与和谐的来临……任何开端都不美好,名副其实的美来自事物的终了。"②

不啻是反浪漫主义的粗暴的声明,而且意味深长,既然它明确表示莫拉反对19世纪末的抒情诗,这个抒情诗运动本意是要回归失去的幸福,试图上溯至众神之母,并捕捉她们的奥秘的最初回声。为了准备全面的论战,无疑应该点出一种有限的诗和哲学,使之与无限的诗和哲学相对,前者从根源上看属于古希腊和理性主义,后者属于现代和"唯灵论"③。须知,古典主义与浪漫主义的问题在19世纪初就已用相同的方式提了出来。勒内④日思夜想的便是他无法道出其所以然的"未知",依夏多布里昂之意,"生活中唯有神秘的事物才美丽、甜蜜和伟大";"人类所成就的最伟大的事应归功于对其命运的不完美而产生的痛苦",史达尔夫人(Mme de Staël)补充道。莫拉事实上使《论文学》(*De la littérature*)⑤一书中的立论具有一种新的现实性,该书多少有点含糊不清地区分北方的诗与南方的诗。从1891年7月开始,在他负责主编的、献给菲列布里什诗人⑥的《笔谈》的一期特刊上,他明显地标明极北方的蛮人和南方的罗曼人以及使后者与普罗旺斯文艺复兴诗人联姻的一切之间的距离。他断言:"人们根本想象不到地中海所引发的思想或梦幻……"几年之后他又对未开化的概念作进一步的阐述:"可以把与古典文学不相干的东西称之为不开化,它不仅与希腊拉丁的共

---

① 见夏尔·莫拉和雷蒙·德拉台叶德的《关于浪漫主义的争论》,第178页(《笔谈》,1891年7月1日)。

② 《幽室》(*L'Ermitage*),1892年1月1日,载于《哲学家通道》(Crès出版社,1924)。

③ 我从《捍卫罗曼诗人的体系》(《笔谈》,1895年7月1日)一文中节录这句话:"我在此提请注意一件事实。在巴黎存在着一个拥有六位作家的文学团体……我们在那里思考哲学问题;无一人运用'无限'这个名词。"

④ 夏多布里昂同名小说的主人公。——译者注。

⑤ 史达尔夫人的论著,发表于1810年。——译者注。

⑥ 法国主张复兴普罗旺斯文字和文学的诗人或作家。——译者注。

同宝藏不相干,也与高级人性毫不相干。"①这就是在雅典与巴黎之间搭起来的一座桥,莫拉通过这座桥输送他关于阿提咯语言风格的理念,这个语言风格在路易十四的法国,于1660年至1685年间,找到了它再生的地点与时代。"巴黎的品味恰好与雅典的趣味相符",拉辛在《伊芙琴尼亚》之后说道,"令我的观众感动的也是从前使最博学的希腊人民流泪的东西"。现在让那些想"征服法兰西种族"的比利时人——如维哈仁(Verhaeren)、梅特林克(Maeterlinck)、罗登巴赫(Rodenbach)、冯代纳(Fontainas)、莫凯尔(Mockel)之流——羞愧吧!

几年之内,莫拉的主张取得了这样一个成果:强有力地建立起针对浪漫主义及其后继者的完美观与古典教条。从1895年左右起,许多发表在杂志上的诗变得更合乎规范,风格不那么混杂了,新词亦随之减少;波德莱尔、魏尔伦、马拉美式的主题以神话意境来点缀或让位于仿古希腊风格的发挥。此外,《战利品》(*Trophées*)的声誉在当时有利于使简洁的技巧、更富于可塑性的艺术以及古希腊装饰成为时尚。为了反对这个伪古典主义日趋走向半死半活的巴纳斯派并陶醉在亚历山大城的魅力中——《彼里提司之歌》(*Chanson de Bilitis*)于1894年发表,接着《阿佛洛狄忒》(*Aphrodite*)两年之后出版——莫拉以雅典的名义发出抗议,谴责赫雷蒂亚(Hérédia)搞"野蛮"的多色彩并给死人的躯体抹上防腐香料。然而,这些折衷,在这样一个古典文化甚至在那些精通它的人那里都处处与现代的习俗和需要发生冲突的时代,实际上是不可避免的;它们不应有什么令莫拉惊异之处,因为他从来都对阿纳托尔·法郎士(Anatole France)和儒勒·泰利埃(Jules Tellier)的诗表现出强烈的欣赏,而这两人恰恰处于从巴纳斯通向浪漫主义的半山坡上。

至于稍后发生的象征派传统——更主要是马拉美的传统——和莫雷亚斯与莫拉的教诲两者之间的汇合,在1894年前后大概是难于预见到的。然而……。如今看来,保尔·瓦莱里年轻时候写的某些诗句体

---

① 《关于浪漫主义的争论》,第232页(《百科全书》杂志1896年12月26日)。自1892年以来,圣·安东尼(?)就在《幽室》中声称"人们似乎以古罗马文明一词同时指巴黎四诗人和菲列布里什派运动——诚然另有其重要性……"第二年,在相同的杂志上,斯图亚特·梅利尔谈论所谓"对抗北方众神的若干南方人的喧嚣杂乱的运动……"

现了稍微"罗马化"的马拉美风格是显而易见的事,人们从中体会到对于拉辛文风的遥远的共鸣。反之,又怎能不在杜普列西、德拉台叶德和甚至埃奈斯特·雷诺——在此且不提及艾玛纽尔·西诺雷(Emmanuel Signoret)——的罗曼体诗中发现令人想起《一个牧神的午后》中最巧妙的笔法的某种阿拉伯风或某种颤音、某种大胆的跨行或错格?且看摘自《题献阿波罗多尔》(*Dédicace à Appollodore*)的这段小插曲的开头:

就像那牧人,黑河之守卫,岁月的朋友,
夜色之下,噙着笛管,梦幻连连……①

还有德拉台叶德在他这首十四行诗中对否定词的运用:

然而,这并非你的手指……
亦非此无价之花,西坡里安之玫瑰
更非使我愿望升华的百年鸟……②

就这样,甚至在人们嘲笑罗曼"兵营"的时代,杜普列西、德拉台叶德这样的诗人似乎悄悄地指点"新罗曼派"诗人不久之后将踏上的道路的方向,后者在莫雷亚斯与马拉美中间支起他们的营帐。

二

虽然比罗曼主义诗人的异议来得晚,然而本然主义者更为模糊的批评言论并不因此而降低其意义;似乎甚至可以说它回应了更为急迫的需要,并且显示出一种与生理节奏同样基本的东西。这里所涉及的与其说是艺术和风格,不如说是行为、生活、"真实的生活"——值得去体验的生活。躲避于自我之中,将目光转向自身,为的是满足清纯的与消极完美的欲望,或者出于对生存的某种恐惧、厌倦、厌恶,在大多数情

---

① 莫里斯·杜普列西,《神圣之火》(*Le feu sacré*),Garnier 出版社,第 10 页。参阅马拉美的《幻景》(*Apparition*)开头的笔法。
② 《笔谈》,1893 年 1 月 1 日,再请参阅《信使报》第十一卷,第 134 页(1894)埃奈斯特·雷诺的献辞。

况下带着迎合自我的全部内在变化的几乎恋人般的欲望，这就是世纪末象征主义的典型态度。"那咯索斯完美无瑕——因此他是贞洁的，对仙女怀着鄙视——因为他爱上了他自己。任何微风都不能搅浑泉水，他静静地侧身于泉水边，日复一日凝视着自己的模样……"安德烈·纪德在其《论那咯索斯》(*Traité du Narcisse*)，1891 年 1 月)一文中如此写道。

大家争着以悲歌和连祷文的低沉声调吟唱偷食禁果的欢悦。于是亨利·雷涅（Henri Régnier)在《仿佛在梦中》(*Tel qu'en songe*)迷失在传说的森林中，为其灵魂缓缓地编织秘密的蛹壳和一座封闭的房子，然而在此网状结构中闪闪发光的金色花朵是只能在梦中采撷的。看不上仙女、爱上自己的那咯索斯，心理学家们不可能选择到更好的内倾的象征了。

不过人类将要出现，他们将把普赛克①投入不那么纯粹的心灵探索之中。新的潮流于 1895 年初露端倪。第二年，莫里斯·勒布龙（Maurice Le Blond）发表《论本然主义》（*Essai sur le naturisme*)②，一开头就以威胁性的语气写道："够了。人们欣赏波德莱尔和马拉美的时间够长了！"下面，他又写道："我们的前辈主张非现实之崇拜、梦之艺术，他们寻找新的刺激。他们喜欢有毒的花儿、黑暗和幽灵，他们是不严谨的唯灵论者。对我们来说，彼世不能使我们激动，我们相信博大而辉煌的泛神论。"最后，他发表了如下宣言："在宇宙的怀抱中，我们要使我们个人焕发青春。我们回归自然。我们寻找健康而崇高的激情。我们嘲笑为艺术而艺术……"总的来说，这种追求伦理的成分多于文学。

---

① 希腊神话中以少女形象出现的人类灵魂的化身。——译者注。

② 1897 年 1 月 10 日，费加罗报还插入了圣-乔治·德布厄烈的宣言。在图卢兹、埃克斯、布鲁塞尔，出现了一些小刊物（在图卢兹是由 M. 马格尔、J. 维欧里、马克·拉法格办的《努力》(*L'Effort*)；在巴黎，Ch.-L. 菲利普在《围墙》(*L'Enclos*)上发表文章；若雅金·加斯盖在埃克斯主持《金色岁月》(*Mois dorés*)；在布鲁塞尔出现由亨利·凡德普特和安德烈·鲁特尔主编的《年轻的艺术》(*L'Art jeune*))。这些刊物要求《本然主义杂志》(*Revue naturiste*)发口号；《笔谈》向勒布伦提供版面；安德烈·维欧里在《信使》上带着好感评论该运动；安德烈·纪德和亨利·盖翁主办的《幽室》(*L'Ermitage*)毫无恶意，而且它的一个专栏编辑爱德蒙·皮龙可以被视为该运动的一个早期工匠。关于回归自然派，可以参阅欧仁·孟弗（Eugène Montfort)主编的《法国文学二十五年》(*Vingt-cinq ans de Littérature française*)，尤其第二卷，第 200 页。

回归自然、个人的年轻化、激情与纯朴、全面的生活、人类之爱,这种种表达毫无新鲜感又有何妨?再重复一次,问题首先不在于艺术。听听夏尔-路易·菲利普(Charles-Louis Philipe)从另一个方面发出的声音:"如今需要一些未开化的人。需要如此生活过:紧挨着上帝而又从未在书本里研究过他,需要有一个自然生活的视野……今天是激情时代的开始。"这个年轻人的这番热烈心愿,安德烈·纪德在十二年之后菲利普逝世时合情合理地作了引述。① 拒绝过去的遗产,将希望寄托在新鲜感和发掘之中——走到这一步本来应该是合乎逻辑的。然而,本然主义的理论家们不够大胆,而他们对于历史价值却毕恭毕敬,竭力显示他们运动的崇高及其法兰西意义。"回归传统的净水势在必行",莫利斯·勒布龙写道。不过,十分遗憾,满腔热情的他没有足够的余力来明确界定这个传统的要素。亚的里安·米图阿(Adrien Mithouard)通过《西方》(l'Occident)这份刊物,莫拉和他那些年轻的弟子,巴雷斯(Barrès)和其他许多理论家不久之后通过严格的筛选,承担起勾勒法国往昔的优秀谱系,并预先精确界定可接受的筛选区域。

此外,对回归自然派来说,"思想并非供爱挑剔者使用的玩具,而诗歌亦非文人雅士的消遣。它们代表一些功能,它们具有实用目的"。人们四处听到关于诗人的社会责任话题的新旧变异,"快乐、美丽、智慧之大师"以及"公众健康的保证"②。这岂不是让功利主义的浪漫主义和圣-西蒙的传统复活吗? M. 马提诺(Martino)看得很准③:这些被社会行动的需要所吞噬的商业时代的诗人满可以抗议浪漫主义及其波德莱尔型的后继者,然而他们逃避现世和现实的渴望以及他们的人道梦想或许与乔治桑、米什莱(Michilet)、吉内(Quinet),更不用说雨果的向往并没有多大的不同。

这种种想法几乎显露不出某种审美观和诗学的雏形。布赫列(Bouhélier)乐于承认说:"人们称之为重返自然的流派与其说是一种艺术学说,不如说是一种道德观。"④我们已经说过,这是一种伦理,生

---

① 安德烈·纪德,《纪念夏尔-路易·菲利普的报告会》((Conférence sur Charles-Louis Philipe),Figuière,1911)。菲利普的话出现在 1897 年的一封信中。

② 见《论重返自然》(第 98 页)及其引用的发表在《笔谈》上的文章,1897,第 657 页。

③ 见马提诺,《巴纳斯与象征主义》(Parnasse et Symbolisme),Armand Colin 出版社,第 212 页。

④ 《费加罗宣言》(Manifeste du Figaro)。

活和激情、潜在的诗歌的母体,但所产生的作品可能是各不相同的。因此,所有那些属于正式的本然主义流派的人——如果不把欧仁·孟弗和夏尔-路易·菲利普那样的小说家算在内的话——所发表的东西在内容和意义方面没有不被其他独立作家的作品所大大超越的,这些独立作家是对"流派"的作为持同情或疑惑的态度的旁观者:在先驱者的行列上有从1895年开始就向马拉美开战①的阿道夫·雷泰(Adolphe Retté);弗朗西·维叶列-格里芬(Francis Viélé-Griffin),他在没有任何造反行为的情况下便在他第一批诗作中成功地把生活和梦幻糅合一道②;最后是弗朗西斯·詹姆斯(Francis Jammes),从他的《从晨三钟经到暮三钟经》(*De l'Angélus de l'Aube à l'Angélus du Soir*,1897年)发表之前,他的富于青春气息的小册子就已经散发出具有"野性"的新印象主义的味道。不久之后,保尔·弗尔(Paul Fort)挣脱焦虑和噩梦的氛围,维哈仁抱着驱除他思想中的幽灵的希望,敢于抬起他的目光朝向"生命的面孔"。再读读1897年以来发表的诗集的题目本身吧:马克·拉法格(Marc Lafargue)的《黄金时代》(*L'Age d'Or*)、亨利·盖翁(Henri Ghéon)的《黎明之歌》(*Les chansons d'Aube*)、米歇尔·阿巴蒂(Michel Abadie)的《高山的呼声》(*Les Voix de la Montagne*)、阿贝尔·莫凯尔(Albert Mockel)的《光明》(*Clartés*)、莫里斯·玛格尔(Maurice Magre)的《人类之歌》(*La Chanson des Hommes*)、费尔南·塞沃兰(Fernand Séverin)的《纯朴的诗》(*Les Poèmes ingénus*)、司徒亚·梅里尔(Stuart Merrill)的《四季》(*Les quatre saisons*)、安德烈·冯代纳的《光明岛的花园》(*Le Jardin des îles claires*),还有稍晚一些时候诺埃尔伯爵夫人(la comtesse de Noailles)发表的《无数的心》(*Le Coeur innombrable*)、《岁月的阴影》(*L'Ombre des jours*)以及《叹赏》(*Les Eblouissements*)。所有这些题目无一不涉及人性的歌唱,无一不被阳光所贯穿渗透。

然而我乐于认为19世纪末期的作品——在这些作品中欲望以最直接的方式受到歌颂,其手法丰富多样,它们不同的源泉融会在一起,产生出表面上最统一并且最不混杂的风格——从未来的观点看,这些作品将始终是安德烈·纪德称之为《人间食粮》(*Les Nourritures*

---

① 尤其参阅《笔谈》,1895,第64页。
② M.勒布龙在其《论重返自然》中把弗朗西·维叶列-格里芬视为"报喜者"。

terrestres)的身边必备的智慧书。作品中作为至善所追求的生命的陶醉是人重返其一无所有、从而被迫重新开始尝试一切的极乐境界的陶醉:"仅仅读到说海滩的沙子是柔和的对我来说不够,我要我的赤足感觉到这一点。未曾感受过的任何知识对我都是毫无用处的。"对生存的整个"社会"层面的彻底淡漠、摧毁一切的意志、抛弃既得经验和习俗的累赘以及生活的一般形态,为的是树立一种新人,不怎么依恋自身现状,但却随时准备顺应自身的变化;更想超越自我而不是自我实现。有一段时期人们喜欢把纪德看成本然主义者,这不过是暂时的分类而已。《人间食粮》属于超前的著作中的一部,它们先是隐匿、继而间断的影响只在其他著作训练好人的头脑使之接受这种影响时才得以有效地发挥。

这些新影响于1897至1914年前后融入一股大规模的征服运动的宏图之中,它们形式各异,数量庞大,其中最强的影响也许并非只从属于文学领域。我仅举三个人的名字,他们的名声如此之大,以至在此强调他们所象征的一切不啻为画蛇添足,这三个名字是:惠特曼、尼采、柏格森。

惠特曼的诗集先是从英文文本中读到,然后被部分翻译。从1889年起,逐首翻译。后来他遇到一个没有私心的弟子莱翁·巴扎盖特(Léon Bazagette 1875—1929),担负起全部翻译《草叶集》(*les Feuilles d'herbes*)(1908)的任务。然而此时,惠特曼诗里的某些东西和伦理观业已呈现在一些重要的作品中,如维叶列-格里芬、保尔·克洛代尔、维哈仁,极可能包含纪德的作品。从此,惠特曼的独特风格在许多诗人那儿——从瓦莱里·拉波(Valéry Larbaud)到杜阿梅尔(Duhamel)和维德拉克(Vildrac)、从安德烈·斯皮尔(André Spire)到阿波利奈尔(Apollinaire)——都可以察觉到。阳关道上的美国人将在不止一个读者的想象中和另一个漂泊者兰波会合。而一种质朴的美学将诞生于他的道德观,这是与其诗歌共存的、"不要求比真实生活更美好或更神奇的东西的人"①之道德,为的是上升到完美的满足状态。

往往被人所曲解的尼采之最大贡献恰恰不是这个或那个理念,而是对于生活以及人的力量的几乎有机的肯定,这一确认使得最矛盾的

---

① 惠特曼笔记(转引自瓦莱里·拉波,《惠特曼选集》(*Oeuvres choisies de Whiteman*)的前言,新法兰西杂志出版社)。

尝试合法化，只要这些尝试"曾被亲历过"①。在这种情况下，责备一个空论家背叛了大师的思想或许有些轻率。不过，这样一种训诫，其初衷是想令人信服，真理永远只存在于推动人去为了新生而自毁的行动中。这样一种教训不仅和对尘世与生活的爱——这种爱构成20世纪初的一部分人的特征——相吻合，而且同时为几个向往思想合成的人准备了调和他们的根本要求和对马拉美、尤其是对兰波的作品富于激情的思考的手段。于是面对着天地万物，一种"多重"态度的可能性便如此得以实现，它同时满足肯定和毁灭的需要，并且把这两种倾向统一到富于激情的泛神论之中。

　　至于柏格森，关于他对当代诗歌运动的影响——取该词的本义——的研究是最艰巨的事情。他的《创造进化论》(*L'Evolution créatrice*) 的哲学确实也是从这个"生机论"深深的潮流中汲取力量的，随后又在丰富这股潮流并加以指引方面作出了贡献。哲学家的著作和诗人们的作品之间表现出来的相似之处在大部分情况下证明了思辨和文学的亲缘关系，但并不能因此得出结论说这是一种因果关系。哲学家柏格森的运作方式，还有他在言语的观念和象征机制之外（或之内）对于具体现实的研究，接近于诗人的方法。1889和1907两个时期，在《论意识的直接材料》(*Essai sur les données immédiates de la conscience*)、《创造进化论》以及诗歌——某一种诗歌——的状态之间，建立起了对应；在转向世界之前先是自我倾听的柏格森主义似乎随着与同一时间内文学总的发展演变勾画出来的平行的曲线发展。

　　若检阅一下各种流派——大多数不具真实的重要性——20世纪初在巴黎相继出现的人文主义、奢华派、登峰造极派、整体主义，直至一致主义和未来派，则可以看出，尽管他们的初衷各异，却都或多或少地参与了这种生命冲动。在当时，这种生命冲动将法国思想如海底涌浪般引向"占有世界"。与此同时，在法国南方，一种有一定格律的但受泛神论影响的诗学将罗曼学派、夏尔·莫拉，间或米斯特拉尔的教诲加以利用，并尝试着对于传统和自然崇拜的综合运用。

　　此即提供了一个新的证据，说明一个时代的诗不能仅仅被作为一种有区别的、独立自主的行为来看待；它扎根于个人生活之中，并通过

---

①　在《借题发挥集》(*Prétextes*)中，安德烈·纪德写道："在我国，尼采的影响早于他的著作出现。著作落在条件成熟的地方，否则它可能会冒不成功的危险。如今，它不再令人惊异，它在进一步证实。"

这些个人扎根于社会群体的生活之中;它或许在某些场合下表达一些和本能一样基本的东西,或者和这些神秘的革命一样未经推敲的东西,人们正是通过这些革命,依次地,以类似于心灵活动的演变方式,钟情或者离弃他们的自我、其他人、整个宇宙。至于象征主义之后至1914年之间的一二十年期间,毫无疑问在法国内外,在欧洲年轻的几代人中产生并且不断增长了一种乐观主义,对生活的信仰,对前途的信心,直至对于文明及其战利品的顶礼膜拜。若论其强烈程度,这些心态可与1848年革命前夕鼓舞法国及外国浪漫主义者的激情相比拟。当时,在法国,种种事件的发生泯灭了这些希望。如今,在1914年8月前夕波涛破碎成浪花。生活、真实的世界,人们曾发誓蒙上眼睛去热情洋溢地拥抱它们,人们事先接受了为此所冒的风险。然而,战争,带着其可怕的新景象的战争迫使人们和诗人,大多数的诗人们,如象征主义时期一般,在精神和梦幻中去寻找内心的祖国。

第三章　年轻时代的诗歌

一

　　世纪在灰色的晨曦中开始。有一些出了名的诗人、一些流派、一些昙花一现的团体，然而没有明确的运动，没有新颖的诉求。1855 年一代人的领头人，从雷涅到维叶列·格里芬和维哈仁——他们各走各的路——渐渐告别他们的青年时代，重新接触感性世界，发现群居的人世间，并且使他们的诗作"简明清晰"以至于使之有时与本然主义派别和文学传统派的各种杂集相仿。最新也是最真实的"创新"发生在 1897 年弗朗西斯·詹姆斯发表他的《从晨三钟经到暮三钟经》的那一天。

　　出于对其导师的尊重，对其最初理想的忠贞不贰，三四十岁（1900 那一年）①的诗人继续将其诗作冠以象征主义的名号，仿佛大家都要在字眼和事情上协调一致。

　　首先，在非直接的抒情表达里，"自我"自觉地在形象——寓意、标志、神像、英雄面具——之前隐退，同时根据寓言、戏剧的需要，创造一些体现"我"的威力和欲望的人物。我在此主要指的是亨利·德·雷涅和维叶列-格里芬。

　　其次，人们又重新开始在自我最为人性化的部分挖掘一种情感启示，它丝毫不为了显示纯真的美或转变为神秘的冲动而自我克制，相反，它质朴地或者哀婉感人地自我认可。在保尔·弗尔的作品里，在司徒亚·梅里尔 1900 年之后的诗集里，在维叶列·格里芬的短诗里，在

---

① 下面只是一些近似数字：萨曼死于 1900 年，时年 42 岁；魏尔伦 1900 年 45 岁，保尔·弗尔只有 28 岁。

萨曼（Samain）、詹姆斯（Jammes）的作品中，充满了悲哀的倾诉、日常快乐和痛苦的吟唱。相反，维哈仁自从于1895年发表了《虚幻的乡村》（*Campagnes hallucinées*）和《触手般扩展的城市》（*Villes tentaculaires*）之后，给我们带来了现代生活和现代人史诗般的传奇的各种要素，社会和人道的诗人们不管是否受到了他的影响，却从此聚集在他的周围。

最后，在弗朗西斯·詹姆斯，有时也在保尔·弗尔和维叶列·格里芬的笔下，呈现出一种自然的诗歌，它因新鲜清纯的感性、对事物的印象主义的视觉而焕发了青春；而这个事实上是"回归自然"的诗作却是人们所能想象的对于1890年代唯美主义和迷信人造天堂的最不含糊的抗议。

这三支主要流派中，第一支只不过延续了某种象征主义的传统，该传统自身依附于巴纳斯派并乐于在历史或神话中寻找题材。比如，雷涅的诗断然转向被时间和传说——不管是克尔特或希腊传说——所诗化的过去，转向从梦中浮现的梦幻的往昔，以便萦绕在诗人的想象中的返祖性回忆反映在他身上，如同反映在"它们本身的感应中"一般。我们在这里看到了象征主义的那喀索斯所偏爱的立场之一。诚然，在《生翅膀的凉鞋》（*La Sandale ailée*）或《时光之镜子》（*Le Miroir des Heures*）里，自然将可能揭下他的面纱，而爱神将在一支悲哀的乐曲声中独自直立起来；不过，巴纳斯或古典式严谨的表象将过于经常地使人怀念《田园和神圣的游戏》（*Jeux rustiques et divins*）中和谐的音乐和对称。1900年后雷涅的作品，就其美妙的篇章而言，仍然和他初期作品一样，是从十分古老的文化中精炼出来的产品。由此使得他具有巨大魅力，不过可能同时也造成了他的弱点：因为梦幻往往只和美的形式周旋，并且对自己充满自得，这就含有固定不变、让步于预定的节奏、受缚于自己所构建的背景的危险，这个背景是梦幻自己触摸得到，华丽无比的复制品。更何况许多模仿者将此只看成是值得开发的一条脉络。

至于维叶列·格里芬的诗剧和轻快的史诗，人们在世纪初年首先领略到的大概就是它们的活力、它们完美的节律、自由诗节的艺术性。在这些诗节中，孤立的诗句放弃其自主性，以实现更加丰富的音韵，仿佛对人的动作和天然声音的变化的勾勒。这不仅仅是心理和直观的诗，也是上口的诗，因而是与巴纳斯风格背道而驰的。

我们轻而易举就可以上溯到魏尔伦、科比耶（Corbière）、拉佛格、梅特林克——且不说聂瓦尔和阿洛瓦修·贝特朗（Aloysius Bertrand)——以便清点《法兰西叙事诗》(*Ballades françaises*)中民间或中世纪影响的最新源头。果然,象征主义者,"灵魂诗人"的功劳之一就是继浪漫派之后,对于所谓原始的艺术形式发生兴趣,并试图复苏民间创作的精髓。在这股民间抒情诗的潮流中,一丝维庸式的疯狂使叙事小诗、悲歌、"历史歌曲"以及对骑士般谦恭(或对高卢式放纵)的梦幻芳香四溢的回忆增添色彩,多亏保尔·弗尔、维叶列·格里芬,还有法格(Fagus)、特里斯坦·柯灵索(Tristan Klingsor)的努力,这股潮流得以绵延持续,最后传给纪尧姆·阿波利奈尔。不过,甚至在自然崇拜者宣扬诗人和生活的和解之前,保尔·弗尔就已任其诗篇在阳光下绽放;在某种模糊的泛神论的支持下,心灵充满着生的陶醉,他,这个出口成章的叙述者,从此将即席吟咏苦和乐。

然而,在象征主义之后主要证明精神与事物之间的新联盟的却是詹姆斯和维哈仁,因为1900年前后,大多数尝试正以此为目的。波德莱尔和马拉美所梦寐以求的内心的祖国、兰波的"另一个世界",人们已经忘记经由哪条路可以通达,也许人们假装忘记,也许人们对它怀着戒备心理,仿佛它是一条能致人于死地的危险之路。存在着一个近在咫尺、完全看得见、纯真和热烈的祖国,在那里,一些血肉之躯来来往往,甚至阴影在那里也通身亮堂;在那里居住着一些人,其中有些人仿佛负有一种"幸福的使命"。波德莱尔和马拉美的弟子的诗篇由于对有形物苦苦思索,同时又对某种梦想紧追不舍,最终显得苍白无力。詹姆斯给它注入新的活力,维哈仁则给它掺入了血一般殷红的酒。

詹姆斯的意图似乎是使诗歌从"理想"和意识模糊的角落退回到单纯的事物与情感的世界里。在他清澈的目光前,象征、寓意统统消逝,事物离开了诗人的思维,重又开始为它们自己而生存;不过,与此同时它们也抛弃了自然主义小说家使它们具有的生硬、枯燥、伤感;新春使蓓蕾殷实丰满,清新、纯洁重新掌握了自然,仿佛晨露。这里涉及的还是自然主义,不过是一种并不排除诗意的自然主义,相反,它使诗歌到处涌现,从最蹩脚的表演、从最不幸的人中间涌现。因此,一切重又值得描绘,值得赞颂。1897到1917年之间,大概不止一个年轻作家会像阿兰·福尼埃(Alain-Fournier)那样说:"詹姆斯使我敢于说出许多本来不敢说的话……"[①]这些话并非一定是最隐秘的,而应说是最平凡的

---

① 见《雅克·利维叶和阿兰·福尼埃通信录》(*Correspondance de Jacques Rivière et d'Alain-Fournier*)(新法兰西杂志出版社,第一卷,第145页,1905)

或者被看做是最平凡的话。让诗跟随着感觉,让它再次成为"偶然带来的意外收获",就像魏尔伦所认定的那样;剩下的不过是虚文。

　　对于维哈仁,应把他看成一个在道德层面上从赞成过渡到对抗的诗人。自他抗拒萎靡消沉之日起,他的任务便是使自己逐渐习惯于这个现代世界的环境,而自从他不再认为自己是上帝的造物以后,他就对这个世界怀着一股仇恨。鲜有这样一种尝试"价值嬗变"、使快乐涌现于痛苦之中的不加掩饰的愿望的例子。如果说维哈仁从此拒绝舍弃现存的任何东西,那是为了更好地往前跃进并且拥抱"炽热而矛盾的生活"。不过,需要指出的是,这场广泛的外倾运动符合从象征主义时代到战争爆发时期精神上的普遍化演变。"大家在维哈仁身上感受到的是激情",马利尤斯-阿里·勒布隆(Marius-Ary Leblond)1904年如是说①。如此众多的读者、在法国国内外被《喧嚣的力量》(*Forces tumultueuses*)和《复合的光彩》(*Multiple splendeur*)的作者逐步激发起如此巨大的反响,如果只归因于维哈仁作品的美学价值,那是说不通的。灾难降临之前夕,20世纪骄傲的欧洲人的飘飘然、人的荣誉及其与物质订立的盟约:这就是维哈仁特别要向世人宣布的。

　　实际上,如果我们把比较年轻的詹姆斯和弗尔以及也许是所有他这一代人中唯一能够真正做到自我更新的维哈仁排除在外,那么似乎大多数后象征主义时期的诗人在1900年左右才动手把相对晦涩难懂的诗歌人性化、规范化,甚至可以说普及化——取该词最高尚的含义,而这种晦涩难懂的诗是他们十或十五年前为取悦于以少数有限的,简直可以说是具有同谋关系的读者而精心培制的。比如在萨曼身上这种倾向就非常明显,不过,《公主的花园》(*Jardin de l'infante*)的作者一开始就把一种混合型风格之优雅和魔力十分巧妙地融合一起,这种风格的形成纯粹为了迷惑从未停止过怀念哀怨的浪漫主义的想象力。不过,在其他诗人身上也一样,占上风的是一种使选集编者和大部分读者拍手称快的混合型艺术。这种艺术总是集合在象征主义的旗号下,混合着传承自巴纳斯派,甚至富于表现力的或多愁善感的浪漫主义的诗意元素和功效。

---

　　① 见《法兰西信使》。

二

阅读世纪初年创办的杂志纲目和宣言,看看人们小心翼翼地界定法兰西、拉丁价值,并且将古典和古典主义字眼颠来倒去,可以看出当时正大刮知识和文学民族主义之风。① 然而,诗人们的年轻学派更乐意认同莫里斯·勒布隆(Maurice Le Blond)及其朋友们的箴言:生活、自然、现实、人道。菲尔南·格列戈(Fernand Gregh)断言:"我们要一种道出人类生活和全部人类生活的艺术。"这个人道主义的信徒随后在《人性光辉》(*Clartés humaines*, 1904)的开篇这样称颂道:

> 轮到我时,我也至少领略了生活的炽热滋味;
> 在我的瞳孔里我将
> 看到光芒照射的瞬间,
> 永恒的伟大的光芒;
> 我至少在神圣的盛宴中品尝了欢乐;
> 我还要什么?
> 我已活过,
> 于是我将死去。

诞生于象征主义之后并对它持否定态度的两个流派继续滋养文化生活,不过两者却都改弦易辙:本然主义的初衷是接受现实和人类经验,后来却无休止地变更,直至成为一种单纯的生活乐观派;罗曼主义

---

① 比如,1901年12月,阿德利安·米图阿(Adiren Mithouard)发表《西方》(*l'Occident*)的首卷。他确定了西方古典主义的要点:在基督教影响下的既反对罗曼学派的理论又反对浪漫主义者"过分的自然主义和感伤主义"。创办于1902年春天的《智慧女神》(*Minerva*)的保守倾向十分明显,它立即接受了莫拉和本韦尔(Bainville)的文本。在《拉丁复兴》((*Renaissance latine*),其创刊号于1902年5月15日面世)杂志对于诗不甚在乎,但涉及地中海的一切都受到毫无保留的赞美。1903年,欧仁·孟富(Eugène Montfort)开始起草《边缘》(*Les Marges*),"回归自然"和几个借自莫拉的更为强硬的观点在里边和睦共处。因此,是成为《法兰西行动》(*L'Action française*)的理论的莫拉的学说或多或少直接孕育了大部分民族或审美的保守尝试,接着于1908年,在文学和政治方面,导致《观点和书籍的批评杂志》(*Revue Critique des Idées et des Livres*)的诞生。

则相反,它的立场逐渐明确,目标集中,最后净化成一种新古典主义。

初看,没有比新生代的诗篇更不协调的东西了,这一代人在1905年前后大约二三十岁。看来他们中有些人试图沿着象征主义大家的足迹前进。《夏娃之歌》(La Chanson d'Eve,1904)的产生似乎是要为他们的努力作一番辩解。封·莱贝格(Van Lerberghe)在一种拉斐尔前派①的气氛下,带着游移不定的、很快便淹没在一层薄雾中的清醒召来一个神秘的夏娃,随后渐渐制造出一个梦一般变化无常的世界。不过,亨利·德·雷涅、詹姆斯的近作和萨曼、夏尔·德·盖兰、诺埃尔夫人的新作宁愿鼓励年轻诗人放弃任何鲁莽的尝试,而去实现对于从拉马丁到雨果、柯贝(Copée)、魏尔伦的多愁善感的浪漫主义的各种传统的综合。1885年至1895年的突飞猛进之后,一股回流趋于把诗重新引向波德莱尔和兰波之前的思想根底上,哪怕在此基础之上写一些不事声张地利用象征主义的风格与"技术"的成果的作品。对于大多数新诗人来说,重要的并不在于通过某些醒目的新奇手法或者干脆通过大力表现某种气质来树立威望,而是培育自身的法兰西语言意识,并使用业已经受民族精神考验的形式。于是,在几种传统的汇合点上,便产生了一些很划算的折衷办法。此外,这类诗往往给予读者的"似曾相识"的感觉不会使人们对它的魅力、对尚且游移不定的心灵的"诚恳"的努力和企盼无动于衷。心灵之所以游移不定,是因为它徘徊于传承自浪漫主义的"世纪末"的忧郁和大胆的生存意志之间。

要在这些尝试——其中一部分很快夭折——之间做出选择很不容易,路易·梅歇(Louis Mercier),一个有分寸而又纯正的诗人,依附天主教浪漫主义和拉马丁;菲尔南·格列戈,起先以魏尔伦为典范,后来回到雨果的阵营中,更确切地说,回到1830至1840年之间逐渐推出的极富表现力的沉思录中;弗朗索瓦·珀歇(François Porché),我想他也不会否认他的浪漫主义的归属;而《原汁》(Sèves originaires,1908)的作者罗歇·弗雷纳(Roger Frêne),可以被视为本然主义最有才华的诗人之一;雷欧·拉吉野(Léo Larguier)的诗果断而有分寸,它从荷马、维吉尔到龙沙和雨果等"大师"那儿汲取养分,杰出的表达方法使其显得极其"纯真"。然而,毋庸置疑,新世纪的最引人注目的诗人,那些反映了一个时代——该时代并未因对于自身和对于埃菲尔铁塔的欣赏而

---

① 指19世纪维多利亚时代英国一些画家奉拉斐尔之前的画为典范。——译者注。

完全迷失——有点委婉而又怀旧(再说还有点土气)的心声的诗人,他们仿佛协商一致似的,都走上了一种末流的、哀怨的抒情之路。

哀歌的脉络贯穿埃米尔·戴帕克斯(Emile Despax)、夏尔·戴蕾纳(Charles Dérennes)、阿贝尔·伯纳(Abel Bonnard),甚至雷欧·拉吉野(仅列举几个名字)的作品,这条脉络派生自表达内心感情的诗歌的传统,《沉思集》(*Méditations*)①、《法兰西缪斯》(*Muse française*)②、马斯林·戴伯德-瓦尔莫的传统;还可以上溯至更早的帕尼、雷奥纳、谢尼埃对于18世纪末期黄金时代的遐想;从另一条线索则可追溯到费乃龙、拉辛。1825年之后,这股潮流激发了圣-佩夫的忧郁、莫里斯·德·盖兰的温柔。它滋养了《夜歌》(*les Nuits*)③和乔治·桑的狂热,而《格拉季耶拉》(*Graziella*)和《拉菲尔》(*Raphaël*)④使它变得淡而无味。然后,它分崩离析,人们会以为它已寿终正寝,如果它不是又出现在《佳曲》(*Bonne Chanson*)里,出现在魏尔伦的宗教和爱情的怨诗里的话。

然而,1900年的前夕使萨曼、詹姆斯和夏尔·盖兰如此迥然不同的人互相靠拢的是他们对于哀歌的感受性。可以把路易·勒卡多内尔(Louis Le Cardonnel),甚至亨利·巴塔伊(Henri Bataille)归入这个团体中。前者是个心怀不乱的基督徒,他的诗缓慢而明晰,几达经文的高度;相反,后者的诗滞留于某种深秋的云雾,充满了摇曳的阴影和模糊不清的絮语。夏尔·盖兰曾经是一个相当重要的哀歌作者,但也仅此而已,他有一段时间在年轻作家之间占据着一个长者和启蒙者的位置。他大约对传承自缪塞、维尼、波德莱尔的绝望情调怀着某种好感。不过,若非一场大病痛使他深受创伤,他不可能维持成为其诗歌特征的炽热的沉思格调,他的一切努力都无助于使他摆脱他孤独的圈子。再说,对于这种摧残病痛之肉体的浪漫派的焦虑,颓废派,甚至象征派体验过,并且培植过,而且本然主义者关于拥抱现实的乐观的意愿亦未能将它驱散。就拿在"破碎的东西"里找到"无限的甜蜜"的萨曼来说,他在生命垂危时比任何时候都更加着迷于这个世纪病、这个世纪末之病症:

---

① 指拉马丁的成名作。
② 1823年7月至1824年6月出现在法国文坛上的浪漫主义刊物。
③ 缪塞的长诗。
④ 作者为拉马丁。——以上均为译者注。

> 我听见升起孤寂的声音
> 在夜色中颤动仿佛美妙的小提琴;
> 我稍稍俯身,在一个典雅的沙龙
> 那里飘荡着埃罗阿和艾维尔的往事,
> 我看见,在蜡烛摇曳的亮光下,
> 一张冷漠的面孔,缠着厚厚的头带,
> 烛光下大大的眼睛闪着泪花。
> 焦虑不安,我听着……①

　　静默,夜色中的音乐,自我探询和询问阴影的诗人,迟迟得不到的回答,与神秘以及忧郁之间情意浓浓的共谋关系,等待到流泪——这种种由少年的最后时光的"伤感"所引发的气氛,重又出现在《紫藤之家》(*Maison des Glycines*)的一首诗中,几乎没有什么两样,几乎谈不上更为中肯:

> 随着试嗓子的歌声阴影轻柔地展开。
> 冉娜脸色苍白。看着她的手我一阵颤栗。
> 今晚我们是否更神化,还是更具人情味?
> 唯有贝多芬天上知晓。呵!孤独。
> 在人间,这个声音……别处,夜晚……
> 整个海洋在沉思,整个蓝天放射光芒。
> 陶醉和谐的播种者,女人的手指,
> 你们多么善于拴住我们的灵魂,只需玩弄
> 片言只语便足以断绝的甜美的关系。
> 一个天使俯身亲吻你美丽的手指;
> 刹那间你触到他金黄色的卷发。
> 静默……然而这些风、这大海、这些喧嚣……
> 啊!狂风,请敬重,深深的海洋,请敬重,
> 爱丽舍②之夜和这首濒死的歌……③

---

① 金色四轮车(《*Le Chariot d'or*》,法兰西信使出版社),第 16 页。
② 神话中的福地。——译者注。
③ 埃米尔·戴帕克斯《紫藤之家》(《*La Maison des Glycines*》,法兰西信使出版社,1905),第 213 页。

在萨曼和盖兰笔下,这种抒情的发展皆出自既哀婉而又悦耳的表达的需要;而戴帕克斯大概接受了詹姆斯的教诲,更多地打断节奏,甚至在诗行内增加停顿、延长号,使激情得以彰明较著,而诗得以避免演说般节奏的规律性。至于多愁善感的主题,它与1900至1905年的那个时代以及外省的哀诗是如此息息相关,以至在雷奥·拉吉野题为《子夜》(*Minuit*)①的诗中再次重现:

  当我沉睡时,难道你没有哭泣,
  我的心肝?你究竟想要什么?夏夜降临……
  远方小提琴倦怠的呜咽
  划破了寂静。啊!这古怪的声音
  痛苦的、执拗的、始终受伤害的!
  忽然我想到林中痛哭,
  光着头走在漫长的小路上……
  我颤抖着起身……

  这"优雅"的语气、某种"把心斜挂在身上"、将他的感情和印象一一指明并加以描绘——我想说:加以分析——的做法,而不是如象征主义者那般通过形象说明它们的性质,这里的一切,直至在这些诗句里颤动的琴弦,将我们逐渐引到《法兰西缪斯》时代和柔情蜜意的沙龙里,引到悲情浪漫主义那富于音乐感的活源。

  然而若借用莫拉的说法,该世纪头几年也是"女性浪漫主义"的时代。② 勒内·维维安(Renée Vivien)、露西·德拉吕-马德律夫人(Mme Lucie Delarue-Mardrus)、杰拉·杜威尔夫人(Mme Gérard d'Houville)、德诺埃伯爵夫人、马利·铎盖(Marie Dauguet),更晚一些、程度差一等的塞希尔·索瓦日(Cécile Sauvage)以及昔日的一些女诗人分别获得了"实现自我的声誉",体验到了往往以大调而不是小调形式、以前所未有的直言无讳赞颂她们本身最隐秘、最女性化的部分的

---

  ① 发表在《乐队》(*Orchestres*)上。
  ② 《才智的未来》(*L'Avenir de l'Intelligence*),后附《奥古斯特·孔德》(*Auguste Comte*)、《女性浪漫主义》(*Le Romantisme féminin*)、《蒙克小姐》(*Mademoiselle Monk*),新国家书店出版社。

全新的快乐。在此,理所当然地必须指出她们之间远非细微的区别。她们之中有些与其说肉感不如说多愁善感,尤其是露西·德拉吕-马德律夫人,在她们身上可以明显分辨出一种腼腆持重。作为艾列嘉(Hérédia)的女儿、皮埃尔·路易(Pierre Louys)的嫂嫂、《黏土奖章》(Médailles d'argile)作者的妻子,杰拉·杜威尔夫人仿佛出于家庭传统,承袭了某种带有人道主义色彩的装饰性象征主义。再说,莫拉本人看在与卡龙(Charon)①和斯蒂克斯河(Styx)②相关的一首优美的古风诗的分上,犹疑再三地未按照其学说的要求将这类诗歌一棍子打死。事后人们肯定了这种宽容,虽然杰拉·杜威尔夫人所善于塑造的塔纳格拉③式的柔弱无力的形象很明显属于亚历山大风格。此外,她还写了一些可以说其人情味和浪漫主义更具自发性但又朴实和轻快的诗篇,这些诗篇的内容涉及她的焦虑、她那么满足的希望,以及一个梦想认识自己的女人在内心深处发觉的不可捉摸和陌生的东西……

> 我想长眠在林中深处,让风
> 不时使活动的树叶飒飒颤动
> 使它在气流中摆动,仿佛晃动一束青丝
> 在我坟墓之上,随着天色或黑
> 或亮,阳光下树叶的阴影,
> 轻盈、墨黑,依次勾勒出
> 以神秘的文字,至高无上的阿拉伯式图案组成的
> 如我本人般多变的墓志铭。④

不过,这一组女诗人中,德诺埃伯爵夫人以其作品的铿锵有力、数量庞大及引起的反响之多而略胜一筹。然而,如果说她确实经历了炽热而悲怆的内心悲剧,使得她在最后几部诗集中流露出愤怒的反抗,今天甚至可以说导致她辞世,然而震撼了她的同时代人的却是她初期的诗作以及这些诗篇不按常规的技法,承受着感觉的重压的个性在这些诗歌中无所顾忌地倾诉衷肠。人们非常理解她的影响应该是与詹姆斯

---

① 希腊神话中冥河上引渡亡灵之神。——译者注。
② 希腊神话里地狱中最长的河。——译者注。
③ 纤细、优雅的女子。——译者注。
④ 《墓志铭》(Epitaphe),《诗集》(Poésies)的最后一首诗,格拉塞出版社。

的影响协调一致的。然而却有多大的距离把他们两人远远分开！詹姆斯从未被自己的感觉所吞没,他面对感觉保持着艺术家的超脱,并能够以一个远东诗人轻松的笔触,记下他印象里的阿拉伯式图案。德诺埃伯爵夫人则相反,她总是全方位地被外部世界所激动,她承受着这个世界就跟承受激情一样。在她身上响起了诸神的召唤,差一点她就在深切体验宇宙的行动中走到底了。不过,或许她缺乏想象力,也缺乏对精神生活的足够尖锐的意识。一旦超越了来自感觉沸点中的暴风雨式的感情,她便难于长久自恃。她的诗篇的命运以及她自身的命运始终与肉欲的尘世保持着近距离。

有时候,她成功地抵制世界,抗拒它的进逼,鼓足勇气怀着获得更多感觉的决心:

> 灰色的早晨,天空一片朦胧
> 如一堵墙昏暗而厚实!
> 泡沫状的懒洋洋的景色,
> 仿佛蓝色面孔的军队
> ....
> 在我的注视下跳跃。①

当她不迷失于雄辩欲或卖俏的本能时,德诺埃夫人懂得评选词语,并在将它们配合使用时巧妙地使它们成为表达感觉的模糊语言。她创造一些综合意象,令人回忆起兰波欲使用一个动词来表达一切含义的雄心。诚然,雨果在她的浪漫主义导师中始终占据首位,是她最乐于追随的榜样,不过,还是要着重看到她从现代印象派那儿获得的一切,并且把她归入波德莱尔的派系,列入那些把表达事物对人体的直接作用视为己任的诗人之中。正是因为这种联系,她才得以将与大自然交好的诗变成她的诗,这种诗如滋养之汁液滚滚沸腾,弥弥流淌。

这一代女诗人中的大部分——让我们也想到写散文的克莱特(Colette)——与众不同之处,就在于她们刻意接受她们的本性以及她们的感官所具有的条件,刻意"坚守她们的根本差异"并公开承认男人从未能在她们身上观察到的东西。她们之所以与众不同,还在于她们并非不"女性化"的风格,以及她们那选用词汇创造出柔媚动人的句子

---

① 《眼花缭乱》(*Les Eblouissements*),G. Lévy 出版社,第159页。

的手法。必要时,她们利用宽容的古希腊文化作为掩护,德诺埃伯爵夫人如此,杰拉·杜威尔夫人亦如此,此前,勒内·维维安也曾经为了别的目的——她想到处播种她女同性恋的情思——而如此行事。最常见的情况是她们满足于在世界上(而不再是世界之外,像《旅行》(*Voyage*)的作者那样)任何地方找到能够维系她们"感性、神秘和远见卓识的"狂热。事实上,在这个女性抒情诗里,男人、男人的爱和他引发的爱相对来说占据很小的位置。吸引内心的目光并使之目不转睛的是物质和感觉的世界,是"我"的快乐,这种目光是生存的意象绝不能长时间留住的。一种苛刻、自私的本性在寻求不断往远处延伸它的帝国,极力享受自身直至昏厥,它梦想着把它和地球上的各种威力结合的婚礼。亵渎,莫拉说道,他自问"是否其中有些是酒神巴科克斯的女祭司"。不过,总该给天才、给个人的守护神留些许自由吧。不可否认,德诺埃伯爵夫人有一个守护神,后者很快会使她摆脱《无数心》(*Coeur innombrable*)所体现的泛神论的狂热,同时在莫拉界定浪漫主义的道德观之后,向她披露新的天堂和地狱:生之激情添上爱之激情,而死亡出现在阳光的阴影下。也许,按照让·科克托(Jean Cocteau)那句深刻的话,一个为了不感到心灵的空虚——唯有绝对才可能充实这颗心——而拉紧生命之弓弦,直至使之绷断的女人"生是为了死"。

如果说女人能够在没有任何亵渎又丝毫不干巴巴地歌颂她自身最隐私的部分,难道先决条件不正是她放弃层层筑垒坚守其中的做法,以便让欲望和自我遗忘的热切需要占据整个身心吗?最直接的、不含任何裸露癖的表白存在于自然之中,一如塞希尔·索瓦日所表现的:

> 我在你身旁宛如一颗青杏
> 将乳状小杏仁关闭在匣中,
> 犹如布满毛茸茸皱褶的软荚
> 包着幼小而柔软的种子。

> 涌上眼眶的眼泪,你熟知它,
> 在你的唇上它带有我的血液的味道。
> ………………

> 听着,趁现在你还能听见我

将你稚气的嘴唇印在我的胸怀里……①

在这比任何思想都更深刻的低语、充满母性而又稚气的话语中,爱的现实胜过肉欲的现实。

(不过我希望人们给予卡特琳娜·珀吉(Catherine Pozzi)留下的几首诗②它们所应得的位置,即突出的位置,首先是题为《夏娃》(Ave)的那首颂歌。这首对于"十分崇高的爱情"的绝无仅有的高雅的赞歌包藏着爱火的热烈而纯净的光辉。)

这些新世纪的年轻诗人是否将为自己去重新体验浪漫主义的伟大探索和激情呢?那就需要极大的付出,以培育非同寻常的焦虑、绝望以及因在自身的牢笼里顿足和备受煎熬的心灵的哀伤——总之使缪塞式的狂想曲得以喷涌而出的所有精神潜质——要不就是找到一条出路,到达纯人性被超越的地点,往前迈进直至促成高雅诗歌的腾飞的前神秘状态。也许唯有德诺埃夫人身上具有勾勒英雄生活的元素。保尔·德鲁奥(Paul Drouot)也有时在他的散文诗《失去两次的欧里蒂斯》(Eurydice deux fois perdue)③那未完成的章节里给我们打开这些孤单寂寞的大门。然而,只是非同寻常之人才被允许在如此耗费精力的勾当里冒险。其他人,往往是一些最有教养的人则自然而然地远离悲剧,并首先要求诗给予他们更大的享受,轻柔细致地点缀他们的生活,但并不过于危险地暴露诗的深度。总而言之,20世纪初的新浪漫主义者在制作主题悲哀的诗方面很成功,因为浸润着美好的文学回忆、荡漾在音乐声中的脉脉温情自然应该在私密、动人而又具有音乐性的诗篇中得到表达。此外,它还推动了充斥着各种感受的女性抒情诗的发展。

"这种诗过于迎合折衷的腔调,因而难于激起愤怒"。雷米·顾孟(Rémy Gourmont),这个目光敏锐但用心不良的观察家于 1905 年这

---

① 《C.索瓦日文集》,法兰西信使出版社,第 46 页。
② 《诗集》(Poèmes),格律杂志(Mesures)出版社。
③ 欧里蒂斯(Eurydice),希腊神话中诗人兼音乐家奥菲尔的妻子。奥菲尔下地狱去寻找被蛇咬死的妻子,他的歌声使地狱的看守如此陶醉,以至后者答应奥菲尔将其妻子带回人间,但他不能在跨出地狱大门之前注视她。然而奥菲尔忍不住回头一望,致使其妻子永远不能脱离阴间。——译者注。

样说道。① 哀歌作者挣脱了唯美主义的羁绊,懂得保留小象征主义者风格上的方式和技巧。他们放任自己迷醉在"诗的氛围"和朦朦胧胧的情感之中,然而,他们却失去了源自波德莱尔的形而上学的抒情诗表达方式的钥匙。至于感觉诗人,世界对于他们来说已不再是精神的一种刺激物,相反,它不止一次把他们吸引到它的湖泊里,如捕鸟人一般把他们诱入圈套,使他们无法摆脱可触摸的事物和日常生活。另一些人则竭力恢复浪漫主义盛世时的传统,所取得的效果好坏不一。

---

① 见《法兰西信使》,1905,第46页。

第四章　南方诗歌的苏醒

人们不止一次地注意到，在过去的法国文学上鲜见南方派系的诗人——我指的是作诗的诗人。必须等到 16 世纪和马罗（Marot）的出现，才看到一位诞生自奥克语地域的大作家。此后，那些发扬人文和地中海思想的人，如谢尼埃、勒孔特·德·里尔（Leconte de Lisle）、艾列嘉以及近期的莫雷亚斯，都是出生在热带地区或爱琴海附近。浪漫主义大家，除戈蒂耶之外，都出自中部或北部地区；象征主义源自巴黎和弗朗德勒（带着些许美洲血液），然后它断然转向克尔特语西北地区和德语区东部，再延伸至斯堪的纳维亚和俄罗斯平原。我们记得于斯曼（Huysmans）在《那边》（Là-bas）是以多么蔑视的语气把奥克语省份划在法国之外；罗贝尔·德·苏扎（Robert de Souza）1905 年发表下述言词时，其傲慢程度亦不见得有所减弱："从某些方面来说，象征主义是在对抗南方可悲的控制过程中产生的法国北方真正的文学的复苏。"①德·苏扎先生想指责的大概是巴纳斯流派的灵感和审美观吧。

无论如何，奥克语各省，首先是普罗旺斯，在 1900 年前后的好几年间骤然成为某些抒情诗品质的优选地，同时人们见证了"南方真正的法国文学的苏醒"。这一切得归功于许多诗人的努力：从艾玛纽尔·西诺雷（Emmanuel Signoret）到若亚津·加斯盖（Joachim Gasquet）和利奥内尔·戴利厄（Lionel des Rieux），从马克·拉法格或皮埃尔·卡莫（Pierre Camo）到费尔南·马扎德（Fernand Mazade）。为何不也列举罗亚耶尔（Royère）、图雷（Toulet）、德雷默（Derême）、韦拉纳（Vérane）、阿里贝（Alibert），或者甚至瓦莱里、戴帕克斯和戴莱纳这些朗格多克地区的人和雷奥·拉吉野这个塞文地区的人，且不提被地中

---

① *Où nous en sommes*，发表在《诗与散文》（*Vers et prose*）第一卷（1905）。

海征服了的北方人,如保尔·卡斯焦(Paul Castiaux)、泰奥·瓦莱(Théo Valet)呢？不过,勉强地实施一种新的"地域论"是可笑和不合情理的。良知和事实要求人们只把已深深地被某种自然及其精神烙上印记并公然宣称这种从属性的诗歌和这种自然——这里指南方的土地——及其精神相联系。

这样一个运动开始时,米斯特拉尔和奥克语诗歌比莫雷亚斯及其巴黎的"罗曼学派"更为重要。诞生于奥克语故乡的一种新的民族意识激励诗人从一切把人与地中海地区的习俗、本质、福地的形式、思维和感觉方式相联系的感觉中汲取新鲜的活力。不过,必须立即指出的是,精神对于一种文明的环境和历史往昔的认同,莫里斯·勒布龙在提出"我"和外部世界和解的必要条件时,也向"本然主义者"做出同样的要求,只是形式稍有不同而已。此外,重新沐浴在地方发源地,以及与之相通的拉丁源头或甚至希腊源头之中,这便意味着采取一个必然导向某种古典主义的行动。这种古典主义或许比莫拉的古典主义更要灵活大度一些,但却在原则方面与他相当接近。如此,回归"自然"和回归人文传统的两种思想在南部法国找到了有利的环境,它们将在那里相互嫁接并且开花结果。与此同时,米斯特拉尔及其同道的榜样则是鼓励人们设想如何使文学广泛地向地方分散布局,使得如七星诗社的诗人依恋他们的旺多姆或他们的安茹般,依恋他们的故乡、生活在远离巴黎的时尚和感染源的"地方"诗人,在法国的外省交响曲中各有各的声部。空想,或许是的,但在巴雷斯(Barrès)向文人资产阶级提出他的乡土和逝者的诗学主张的时代,它还是很有诱惑力的。

马克·拉法格和皮埃尔·卡莫来自"图卢兹学派"——1900年左右人们如此笑称《努力》(*L'Effort*)的合作者。两人本质上各不相同,但开头都只做一些容易而又数量微弱的诗——本然主义倾向的有趣的杂集;随后《抒情诗章》(*Stances*)及新古典主义冉冉上升的威势使他们屈从于被认为是"罗曼化"的影响,对拉法格来说是龙沙和谢尼埃的影响[1],对卡莫来说则是马雷伯(Malherbe)和特里斯坦(Tristan)的影

---

[1] 主要见《美好的日子》(*La Belle Journée*),法兰西出版社,1908年撰写的集子,和一本身后出版的书《快乐和遗憾》(*Les Plaisirs et les Regrets*),加尼埃出版社,1928。

响。后者如今致力一种既是马拉美式又是"瓦莱里式"的更为复杂的诗。① 这种有趣的演变形成了堪称典范的价值。可以说拉法格留下了一个温柔的享乐主义者的回忆，他表现了一个充满快感和纤柔的愉悦的、沐浴在日光和阴影中的世界：

拥抱我用你美妙的双臂，呵，妙龄少女……

人们想到向马丽·德布格依发出寻欢作乐的邀请的龙沙。在此无一不是早已见识过的……不过，每一个春天的到来使青春再现，而拉法格的佳句恰恰具有青春年华动人的优雅。

生命的全部价值在于享乐

皮埃尔·卡莫也这样宣称。不过，他所喜爱的享受更为沉重和阴暗，它散发着异国情调的芬芳，远离穆斯林的萎靡不振。住在马达加斯加的卡莫是法国卡塔卢尼亚人，他使自己的热情掺上一丝冷漠、一丝傲慢、一丝西班牙味，他的梦幻来往于信风吹拂的温和的河畔和比利牛斯山杂技场那在蓝天和白雪下崎岖不平的、光秃秃的岩石之间。

只有普罗旺斯的天空才能使感情丰富的古典主义成熟起来，莫拉以这个感情奔放的古典主义为材料雕塑了他纤弱的仙女的侧影。然而这个显然命定要把威势引向这样一种潜在行为的人1900年冬天"因贫困与黑夜的窒息"而死去，时年28岁。淹没在几乎使徒般的纯真——人类不是已有足够的经历"以至人们称之为恶的东西对他不再是必要的了吗"？——之中的少年诗人艾马纽埃尔·西诺雷既是纯美的狂热信徒，又可能是法国文学所有诗人中唯一把品达罗斯风格的崇高变成其灵魂的惯常氛围的人。"狂热"的缠绕把多少伪古典主义者引向深渊——我想说引向反响最大、最令人痛惜的修辞学——他却在辞世之前夕，成功地制服了这种"狂热"，并与之友好相处。他逐个丢弃借自巴纳斯和邦维尔、充斥其初期作品的小饰件，他逐渐忘却填满了其脑

---

① 《美好的时日》（*Les Beaux Jours*），法兰西信使出版社，1913；《悔恨篇》（*Le Livre des Regrets*），加尼埃出版社，1920；《韵律》（*Cadences*），加尼埃出版社，1925。

海的艺术原理和他人的影响，最终找到了属于他自己的节奏，不断通往高处的永恒的跳跃：

> 雪中，深渊里弯曲的镜子里，
> 一个不育的仙女凝视着她深长的眼睛！
> 纯净沉默的山峰上忧郁的女王
> 你是否害怕下来靠在我这凡人的胸怀里？
> 无限的绝望使你的目光如此温柔！
> ○○○○○○○○○○○○○○○○
>
> 我出生的林边，你熟知的地方
> 风儿清纯的呻吟将激活你的声音；
> 爱神木与月桂树在那儿形成林木森森；
> 妻子在那儿采撷我岁月的精华；
> 我的儿子们将在那儿成长，众缪斯在那儿诞生！
>
> 住在山上的女子向我倾吐衷肠，
> 深色面孔被落叶松和黄杨遮盖的女王，
> 既然你美丽的嘴唇与我的并合一起，
> 愿我哀怨的诗句动摇你全部的绝望！
> 我的妻子！我的儿子们！……啊！悲凉的对话！……
> 让我们哭泣在波涛旁！……让我的眼泪与你的混合一起！
> ……
> 我们的爱情将孕育新的和谐，
> 林中仙女啊！与我的痛苦永远结合在一起。①

西诺雷喜欢沉溺于疯狂的语言，惯于进行断断续续的表白，有时让人看不出其缘由。这些言语铺展于一层半透明的蒸汽上，人们从中听到普罗旺斯大海发出轻轻的声响以及太空的震颤。这种闪电般的亮光构成的神秘感，这些不顾行文的节奏忽而升高、忽而中断的曲线式的抒情预示了瓦莱里的风格。瓦莱里与西诺雷的关系，就跟一个形而上和超意识的歌手可能面对的一个自发的、受着直觉的支配、迷失在醉人的

---

① 《诗全集》(*Poésies complètes*)，法兰西信使出版社，1908，第 275 页。

阳光下的歌手一般。

　　这种抒情风格,西诺雷只能闪电式地加以实现。其弟子若阿金·加斯盖对此风格追寻了一辈子,他有时也会偶尔与之邂逅,不过总是在如潮水般滔滔不绝的口才的边缘地带:

> 一天晚上,凝望着阴影神奇的游戏
> 在太阳降落的湖面上,
> 不知不觉,我喝了酒,阴暗魅力的征服者,
> 在仅有的一颗心,涌动着我的血液的源泉。
>
> ○○○○○○○○○○○○○○○
>
> 呵!甜蜜的爱,从此你将我折磨!
> 我看见我的生命膨胀在激流的源头。
> 树干裂开,松树倒在风暴中,
> 而我,同一双手在风中把我紧紧拥抱。
>
> 仿佛天上世界,平原在燃烧
> 发出的清光吸引四方小鸟
> 地平线上遥远的海洋熠熠发光,
> 我的血液在我内心燃烧一如水上的空气。
>
> ○○○○○○○○○○○○○○○
>
> 岩石、花朵、水的汁液在我内心深处流淌,
> 森林里的乳香沾湿了我的头发,
> 嫩芽抽动着将我顶起,
> 万能猎手投射武器令我百孔千疮。①

　　回响在这首赞歌里的召唤,是否莫里斯·德·盖兰的《康托罗》(Centaure)里的召唤、雨果的《林神》(Satyre)里的召唤(抑或兰波在其初期的诗里的召唤)? 的确,加斯盖的诗类似于浪漫主义大家的泛神论的诗,它往往很人性、很哀婉,封闭在快乐与痛苦的圈子里。浪漫主义对这个南方古典作家的影响(在感情方面和使用华丽词藻方面)是毋庸

---

① 《金色颂歌》(*Chant doré*),《新七星诗社诗选》(*Anthologie de la Nouvelle Pléiade*)转载,法兰西出版社,1921。

置疑的。可是古典主义这个术语引起的混乱并不亚于浪漫主义。广义上，它指的是一种艺术理论、一种伦理；两者都不要求人做任何自我牺牲或者至少任何别的牺牲，除了他对混乱的爱好以及他企图让非理性的势力战胜他自己的隐秘的欲望之外。若阿金·加斯盖正好请路易·贝特朗先生为他于1903年出版的《古老之歌》(Chants séculaires)作序，而序言本身就是一则赞成地中海与古典诗论的宣言书。这种诗论同样建立在希腊罗马的理念的基础上，不过比起莫拉的诗学来说更容易让人接受些。1921年，在他为祝贺一个新的昙花一现的团体，新的七星诗社而发表的一本诗集开头的纲要概述里，加斯盖证实他如下心愿：最大限度地承受自然和生命，培育他的全部热情，唯一条件是使这个滔滔文思井然有序并将其纳入一种俏丽的形式中。

事实上，大多数南方诗人都不会在莫拉（他是几位南方诗人，尤其是加斯盖的朋友和导师）描绘其严峻形象的新古典主义那儿感到自在。关于若干人赞同他的学说的说法常常是一种误会。他们的气质、他们对于拉丁抄本的爱好，种种把他们和感性的自然联系在一起的一切，或者在普罗旺斯天空下，因阳光而燃烧、而枯竭的空气向人们悄声暗示的死亡和解体的忠告，这种种诱惑阻止他们从内心或实际上去喜欢莫拉给他们推荐的阿提咯语言的风格——或者至少他们的作品否定了他们的理智有时认可的东西。加斯盖及其若干朋友的浪漫古典主义便如此发展了起来。我首先想到的是艾格加维·德·马加龙(Xavier de Magallon)，如今这些倾向都体现在这个形式严谨、具有古典主义的意愿但无可否认深受雨果影响的诗人的身上。

此外，如果说存在着一个他们公认的古代的导师，他不是拉辛或拉封丹，也不是马雷伯，而是龙沙。人们乐于参照他的作品，而根据其著作的不同角度，龙沙曾经有过三次在不同的层面影响了我们这一时代的诗歌：1894年的"罗曼派"主要把他看成"咀嚼桂冠"的诗人；南方的抒情诗人如拉法格、加斯盖、皮孜之所以追随龙沙，是因为他是文艺复兴时代的诗人，是崇尚自然的诗人；至于从安德烈·马利(André Mary)到费尔南·弗勒雷(Fernand Fleuret)的"新罗曼派"或"拥护法国教会自主派"，他们模仿的是作为讽刺诗人的龙沙。

这部伟大的南方抒情诗可以与法国米斯特拉尔和菲列布里什派的著作相比拟，然而直至目前人们只能满足于看到一些草稿或支离破碎的构件。再说，菲列布里什派的诗深深根植于本地并因其根源而大得人心,而大部分使用法语的南方诗人是从各不相同的源泉汲取养分的高雅的精神文化的产物。还必须指出,我们当代人的各种叙事诗的尝试显然受都市影响,它们是沿着左拉、维哈仁、惠特曼,而不是米斯特拉尔的轨迹产生的。然而,在田园诗方面,尤其在牧歌领域,路易·皮孜的一二首诗,特别是 F.-P. 阿里贝的几首田园诗(églogues)给我们呈现了一种维吉尔式的美,极富表现力而又恬静安详。在这种丰腴的优美风格之中,自然而然地因为完美的同化而几乎不露形迹地融会了来自龙沙、谢尼埃或拉马丁的成分,这个拉马丁是谱写《和谐集》①的拉马丁,即若阿金·加斯盖以其朋友的名义称他"以某种超凡脱俗的直觉预感到我们所梦想的一切"的那个拉马丁(他大概首先想到了诸如《葡萄园与房子》(*La Vigne et la Maison*)那样的诗篇)。

有人说没有什么比日光更神秘的了。南方人处于"金色的黑暗"中却其乐融融,瓦莱里笔下年轻的帕克一闭上眼睛就感到这种"金色的黑暗"笼罩她全身。如果说奥克语地域的几个诗人听从了莫拉和莫雷亚斯的指导的话,其他人则臣服于马拉美主义的诱惑。马拉美通过他和奥巴内尔(Aubanel)的邂逅,可以说猜测到北方与南方的这种结合的可能性,而《一个牧神的午后》本身指出了应从哪个方向去尝试和解。从 1894 年起,雷蒙·德拉台叶德在他的《泉水的变形》(*Métamorphose des fontaines*)里就试图把浪漫主义和马拉美主义结合起来,这部作品在当代人那里或许是适合于南方诗人的田园抒情诗的第一个范例。然后有让·罗耶尔,这个不久在他的月刊《法郎吉》(*Phalange*)的庇护下建立的小教堂里当唱经班指挥的埃克斯市人;最后是 F.-P. 阿里贝,他使地中海人的马拉美主义登峰造极。不过,我们也看到研究古希腊的学者和可以说属于巴纳斯派的菲尔南·马匝德(Fernand Mazade)承认,"必须不时在晦涩的数字里寻找乐趣",他还在《怪物与阴影》(*La Chimère et les Ombres*)中采取了一种与春药和魔术之诗歌相协调的影射手法。如此,"真正的南方文学"由于其最著名的几名代表的态度很快就背离了传统的新古典主义可能赋予它的使命——若从我们时代的观点来看,或许是为了更好地完成它。

不过,似乎是作为一种卓有成效的交流,因为"真正的南方文学"的存在,在全法国的文学领域,一种纯地中海的精神放射光芒。这种精神颇难界定,它似乎表现了对大自然的崇高感情。这里,大自然被体验

---

① 作品全名是《诗与宗教的和谐集》。——译者注。

为一种人类分享的宇宙能量,时而给人注入活力,诱导行动,时而给人以沉重感,又像虚无本身十分诱人,在任何情况下都是沉默的、不可战胜的、毫不容情的、其用意无法识透的——悲剧人物 Ananké① 的注定不幸的形象。这样一种体验发生在可以感受到"东方之召唤"的地方,可以引向被动的神往和神秘的结合。刚刚初露端倪,被理性所战胜,被维吉尔、吕克雷斯、龙沙、米斯特拉尔的思考所制服的这种体验能够孕育本身是一种现实主义的"乡土玄学"。在审美观方面,这个自然——特别是它一贯让人观赏的诸如柏树、橡树、梧桐、橄榄树的意象,总而言之,象征着业已实现的全部生命的树木的形象——越来越强烈地启示创造一种有机文学的理念,这种文学丝毫不受外部所支配,由无穷尽地汲取"顶峰所要求的深水直至世界腹心"的细胞组成的结构严密的民众生活其中。这或许就是古典主义的训诫,但这是一种永恒的古典主义。

---

① 希腊语,意为"命运"、"厄运"。——译者注。

第五章　在戴盔形帽的
　　　　　密涅瓦的影响下

一

　　民族主义在文化资产阶级里面的新生给世纪初年打上了印记。保守的本能支配着这个阶层。一些思想家给它带来一些观念——这个阶层已经许久没有如此称心如意了。在新杂志的纲领和宣言中，人们界定法国特有的价值，人们要求建构古典文学。此外，如果不把让·莫雷亚斯不断增长的好运，尤其是夏尔·莫拉提出的"反动"（既在文学方面，亦在政治方面）学说的大获成功考虑在内，地中海抒情诗的某些基本特点难以得到解释，1905年前后不少诗人有节制的浪漫主义也一样无法解释。20世纪90年代的折衷罗曼主义逐渐被一种全方位的传统主义所替代。然而莫雷亚斯却是一个特立独行之人，一个孤独者。当时的局势需要把他的行为与政治家的活动协调一致，他唯一真正的快乐是"将阿波罗掌握在十指中"。

　　翻阅一下《艾侬》(Enone)、《艾利菲尔》(Eriphyle)、《森林》(les Sylves)，虽然它们于1893年和1894年问世，离早期罗曼主义的宣言发表之后不久，但是人们很快便发现，这位（北部）行吟诗人的欣赏者和七星诗社的模仿者不知不觉地从龙沙逐步走向拉封丹和谢尼埃。让我们来读一读《余亚尼的哀怨》(La Plainte d'Hyagnis)的开头和结尾：

　　　　茜贝尔①的精华，啊！繁茂的枝叶，
　　　　野夜莺的空中摇篮，

---

① 弗里吉亚（小亚细亚古地区名）的丰产女神。——译者注

在你折断的树顶阴影已变得细微,
你颓唐地垂挂着,碧绿已不再。
而我与你相似,秋天般的天性,
寒冬即将光顾的阴郁的树木。

○○○○○○○○○○○○○○○

可是我避免靠近的水神朋友
唉!再也找不到我的足迹,
因为我的面孔模仿的是苍白的黄杨
和黄色紫罗兰这朵凋零的花。
亲爱的笛子,我鼓起脸颊吹奏的芦竹,
我十指的欢快,我的力量和我的愉悦,
如今你在申诉:风摇动无用的枝杈
汁液离弃了它。①

　　开头的呼唤唤起对《献给迦廷森林的樵夫》(*Aux bûcherons de la Forêt de Gâtine*)这首哀歌的回忆,黄杨和紫罗兰的比喻以它奥维德式的优雅还使人想起卡桑德尔和爱伦的情人的诉怨。然而,那些难于估量的词语的轻灵令人想起拉封丹,它们被小心翼翼地恢复了它们的知性和发声的本质:没有踏板的钢琴,略微纤细的声调,忧郁的含蓄的魅力。再者,如何吟诵这行诗时不首先向近年的莫雷亚斯致意?

　　　　而我与你相似,秋天般的天性……

　　在《抒情诗章》里,"什么都没有,而这很好"。莫雷亚斯大概想通过这句话证明他放弃围绕某个特殊主题写作的心志,然而对懂得倾听的人来说,他的诗歌表达他的灵魂。此外,必定是带着某种怪异的狂热才会把这部书捧为毫无瑕疵的杰作:诗神在这本著作里往往跟跟跄跄,韵律互相之间碰碰撞撞,不因笨拙而失去美感的诗并不多。然而,若把《抒情诗章》视为仿制品、单纯的文学习作,如有人所作的那样,那就大错特错了。诗人是通过耐心的自省才发现在他的精神路线和诗的几个

---

　　①　见《诗与森林》(*Poèmes et Sylves*)。

主要套路之间存在着协调的可能性的。① 对他的生活进行整理并加以评判的同时,他为自己采取了这样一种行动:在精神上表现为斯多葛主义者,而在文学上则是古典主义者。

《抒情诗章》首先是遗憾与孤独之诗篇。它那流亡者的怀旧思绪不断地滋养着莫雷亚斯的悲观主义。无论他做什么,无论人们在他周围带来何种声音,独一无二的节奏,"他那颗响亮、阴暗和零散的伟大的心"的节奏布满他整个的生活。太阳的最后一束光线、晚间的阴影、一声鸟鸣、他的脚步踩在巴黎石子路上的回声,一切都使他确信他在这块忘恩负义的土地上形影相吊。于是他呼唤物体和力量,都来为他的存在作出见证。

不过,如果说他使自然人格化,他却不如浪漫主义者一般,达到与自然融合一体的地步。相反,他需要强有力地自立于他的本性所能达到的最高点,把对于他命运和孤独的感觉带到最尖锐的意识中,为的是与自然平起平坐,他的高贵的随便语气使人想起彼特拉克和龙沙。

在两种力量的这番较量中,人远非消失在一切之中,而是激发他所拥有的最人性的一面,而他的诗篇,当没有任何东西来打断它时,升华为纯净和质朴的歌唱。如此强烈的自豪感并未阻止他把凋零的叶子、枯萎的花视为他的一生最好的象征。如果说他畏惧死亡——不过从未在死亡的念头前折腰——他却接受他那伤痕累累、遭到世人的背叛但却坚忍不拔的整个心灵的命运。这里,道德与诗之间的界限消失了,随着他在占有自己方面取得进展,莫雷亚斯对词语的控制便越进入佳境。对他来说,谱写完美的诗句,就是使内心臻于完善的过程。终于使自我摆脱所有糟粕,终于使自我如古人般达到最大限度的简朴,于是他强迫自己不断地思索深置于他感情生活深处的两三种观念,并且毫不倦息地在他的诗作中加以表达。这样一来,所谓老一套在他身上便成为势在必行的无法回避的需要。

然而,这些老生常谈更多地属于浪漫主义而不是人道主义。从1899年起,夏尔·莫拉承认,在《抒情诗章》里,整个浪漫主义灵魂融入

---

① 据我所知,艾米尔·柯德福鲁瓦先生(M. Emile Godefroy)是第一个提请人们注意《抒情诗章》给我们带来回声的始终不变的思索的(《诗与散文》(*Vers et Prose*),1906年6—7月号)。

第一编　落　潮

我们诗歌的古典要素中——"狂热、怀旧、哀伤的百年"。① 绝望的心灵也许在第六部第二首诗中比在任何别的地方更要高尚地自我剖析：

> 形单影只思绪万千我将登程，
> 走在被快乐离弃的毫无热气的天空下，
> 心中充满爱，我将在白杨树下
> 双手捧着秋天的叶子。
>
> 我将倾听习习微风和鸟儿歌唱
> 夜色已降临小鸟在田野飞翔。
> 在沉闷的原野上，在凄凉的河水边，
> 久久地，我想思考生存与坟墓。
>
> 冰冷的空气将使冻僵的乌云凝固
> 而夕阳将在雾中慢慢消亡
> 于是，倦于行走，坐在界石旁，
> 我将静静地掰碎苦涩的面包。

这大概就是莫雷亚斯在《抒情诗章》的几首诗中完成的最为新颖的东西：从抒情到悲壮的过渡、个人和内在的浪漫主义的升华，其结果是使诗的素材转化，并使之笼罩在古典主义的光辉中。② 如果说他毕竟承受住了生活，那要归功于这份工作，他为它倾注了全副精力，也要归功于他对于诗人所具有的尊严感。在这个诗人眼里，世界只是"为了向他的吟唱提供机会"才存在。名副其实的品达罗斯式的骄傲，这是莫雷亚斯为抵御虚无所能竖立起来的唯一的壁垒。

《抒情诗章》给纯正的语言和风格提供了典范（然而并不因此而使

---

① 《百科全书杂志》(*Revue Encyclopédique*)，第 1067 页。

② 众所周知，巴列士向古典主义者要求"体面撤退"（见《斯巴达漫游》(*Le Voyage de Sparte*)），莫雷亚斯回答道："我们都或多或少地属于浪漫派。至于这些旗帜，留着它们吧！不过，愿雅典气息根据可能含有细微差别和不同形态的独一无二的节奏，来将它们折叠起来。"（转引自埃米尔·亨利奥发表于 1920 年 3 月 25 号的《观点与丛书评论杂志》(*Revue Critique des Idées et des Livres*) 上的文章《向莫雷亚斯致意》(*Hommage à Moréas*)）。

语言纯正癖者的过分敏感合法化)。莫雷亚斯诞生之前的时代,有若干著名的范例起了为恶劣至极的赘言辩解的作用,这却使莫雷亚斯恢复了对选择功能的重视,使得他用词时取其饱满的含义,说话尽量简洁,却让人听到或感觉到更多的内涵。这是弥补滥用文学语言的好办法,这种滥用来自那么多现代作品中出现的"表达性"倾向;也是针对咬文嚼字和华丽词藻的拉丁倾向的一种"希腊式"异议。① 不过,对于第一个在这方面担风险、同时冒着被指生硬和贫乏的危险的人来说,任务可谓相当艰巨。不管人们能以何种言词来为他朴实无华的文风辩护,莫雷亚斯避开这个危险,不能不说纯属例外。

按照莫拉的箴言,《抒情诗章》特有的美存在于表达方式、句法、数字之中,即存在于思想的变化以及诗人在其元素之间建立的关系中。当重视浪漫主义和象征主义传统的诗人想方设法创造新的意象,因为意象最终成为体现诗的"光荣肉身"时,莫雷亚斯运用准确合理的意象,不过没有任何出人意料、任何使人惊愕之处。他的功夫用在"布局"方面,这在他眼中是任何真正的美的标准。此外,他认为耐心的设计会使作品达到最高的清晰度。模糊的感觉、欲望、激情、痛苦,生活的一切"给予",都应该从作品中清除出去,让位于一个带有一行行几乎抽象的文字的象征性图表。这样才能确立对真实做出评论的最高权威。这显然使智力和精神获益,然而,被如此处理的诗难道不冒着朝公式、警句、箴言的方向发展的危险吗?诗若想首先满足理解这一层次,它就越不能激发想象,从而削弱了对读者的影响力,因为它只能触及敏感层受过培育的部分。必须承认:莫雷亚斯理性的吟唱之所以感动我们,主要在于它让我们推测到先于它存在的混乱,这种混乱赋予它基本的意义和人情味。

二

与此同时,莫拉明显地在政治信号之下顺理他的观念。对《法兰西行动》(*Action française*)的理论家来说,文学与诗歌只不过是附属性行动,不管它们多么高雅和崇高,它们的最高道理是继续充当"制度的力量",为使人融入社会主体而作出贡献。而且不可否认,相当数量的

---

① 关于此,参阅安德烈·泰利维先生(M. André Thérive)发表在《观点与丛书评论杂志》(1920年3月25日)上的评论文章。

参与《观点与丛书评论杂志》(*Revue critique des Idées et des Livres*)的工作并声称为复兴古典主义而努力的人一开始是被莫拉的政治理论所迷惑,后来才转到文学上面的。

然而,采用被界定为"组织经验论"的思维方法的新古典主义的学说基础是十分狭窄的,它建立在一个"正点"①观念以及野蛮和颓废之间的平衡状态的基础上。这种平衡状态据说在希腊历史的一个短暂时期在雅典存在过,在法国历史上围绕着路易十四的二三十年间亦曾存在过。被如此压缩到只剩下本质、被拉回到一些历史事实上的古典主义观的"神话"面貌很快便暴露在光天化日之下。为实现某种古希腊文化的构思,怎能不需要一个"剪贴画"式的学者呢?在这样一种文化里头,没有任何位置是为狄俄尼索斯而设的,而阿波罗不如戴盔形帽的密涅瓦②受欢迎。谈到17世纪,人们往往忘记,古典主义名家的成功是属于个人的。再者,尽善尽美的概念是和关于人的观念密切相关的。难道人们想使这种古典人复活吗?因为这确确实实是问题所在。对当代作家提出的要求是他的全面变形,不间断的自省,每时每刻的聚精会神。这是不可或缺的努力,既然我们时代的古典人和"事物本性"不再有直接关系,他只能生活在这种本性之外,进而背离它。这种内心的"再创造"或许是可能的,即作为例外,对评论家、文人、主要靠智慧而生存的聪明人是可能的。不过,对于诗人来说,在正常的情况下,本能和敏感性,若加上意志和趣味则要付出多大的代价,这一切都应胜过批评意识。这大概是被视为艺术作品的发生原理的新古典主义秘而不宣的瑕疵。

实际上,这个学派满足的是社会、道德和理智层面的需要。许多法国人面对由欧洲浪漫主义掀起的观念、情感、梦幻潮的上涨,感到一片迷茫。③ 他们觉得要在他们内心以及他们周围重建受到威胁的平衡,唯一的办法就是舍弃这些物质与生命的汇流,而仅限于发挥经过严格的检查,被思考过的、被法国传统或数世纪以来法国化的传统分门别类

---

① 参阅阿尔贝·蒂博戴的《夏尔·莫拉的观点》(*Les idées de Charles Maurras*)一书中的一个章节(新法兰西杂志出版社,1920,第20页),以及他题为《三项传统的审美观》(*L'esthétique des trois traditions*)的一篇重要研究文章,发表在《新法兰西杂志》,1913年1至3月号。

② 罗马神话中艺术家的保护神。——译者注。

③ 参见J. 舒伦贝格(J. Schulumberger)的《评论》(les *Considérations*),《新法兰西杂志》第一卷(1909年2月)。

的元素。这种往后退缩至储藏室，以寻找往昔的秩序的做法给苏亚雷斯(Suarès)的这句话作了注脚："他们对古典主义的理解就是模仿，并且对此丝毫没有觉察……"①回归过去，预断为神圣和纯洁的过去，这便是大多数莫拉的年轻信徒惴惴不安而又未曾明言的欲望。对他们来说，古典主义是"曾经成为经典的某种方式"②，这种方式能以典雅和柔美细腻——只有这种方式才使典雅和美成为可能——令人倾倒，但它也使人得以回避艺术创造中最大的难点，即从感觉到的生活到被表达的生活的过渡。再说，如果他们接受这样一种放弃，那是因为他们身上愿意被表达出来的东西往往相当少。

这样，不管莫拉愿意与否，新的亚历山大文化③的变种复活了（形式毫不含糊，这倒是真的），随之而来的是学院派，名副其实的古典主义的相似物。利奥内尔·戴利厄(Lionel des Rieux)1896年就已作如下声明："我们的思想中唯有其次序是属于我们的，而不是构成这些思想的因素。创造永远只是组合排列。我们不能不模仿。我想人们会承认我这个说法：对一个法国诗人来说，与其降低身份去迎合那些惯于用蹩脚的句法来点缀原生动物的思想的人，还不如在那些使法国文学臻于完美的作家之中挑选典范。"④也许吧，不过人们不想接受的是前提。把诗的尝试只看成是一些"思路"，并把创作变成某些思路的"组合"，这便等于否定诗的探索本身。

三

那些负载着某种审美理论的全部重量、以此为生并为此而死的人是善意的信徒，是陈旧套路的顺从的整理者。《向凡尔赛致意》和向帕拉斯-雅典娜——"清澈目光的贞女"祈祷的风尚才刚消逝。幸而真正的诗人总能重新找到诗情。在个别情况下，这个对许多作家不祥的理论甚至偶尔会促成一两个诗人实现某种多利安⑤式的壮美，某种向世纪挑战、对成功不屑一顾的富于诗意和道德的英雄主义。

---

① 参见《论古典主义》(*Du Classique*)，《诗与散文》第二十四卷(1913年)。
② 出自R.菲尔南多(Fernandez)，《新法兰西杂志》，1929年1月。
③ 指公元前3世纪至公元3世纪亚历山大城的希腊文化。
④ 在《幽室》一书中，第391页。
⑤ 古希腊中部地区，其社会组织趋于战斗化。——译者注

然而，如果说传统派的诗人为数众多，其作品具有某种价值的正统的新古典主义者则屈指可数。我们不能把诸如弗雷德里克·普列西（Frédéric Plessis）和皮埃尔·德诺拉克（Pierre De Nolhac）那样的人道主义作家置于他们的行列之中。奥古斯特·安杰里埃（Auguste Angelier）也一样，因为此人声称自己属于法国彼特拉克学派，那是不无道理的。甚至连夏尔·勒格菲克（Charles Le Goffic）也不算新古典主义者，虽然莫拉称赞这个罗曼化的克尔特人说，他给予"事物的不确定性一种准确无误的声音，一种古典的、拉丁的声音"。如果说莫雷亚斯的旧伙伴本身或多或少地在向他们敞开的道路上走得相当远的话，他们却不认为应该局限于纯粹的古典主义，而无任何独立自主的愿望，或者与比较近的传统毫无妥协。正因如此，埃奈斯特·雷诺走上了一条曲折的道路，雷蒙·德拉台叶德在颂歌里祭拜了勒布伦·品达罗斯的阴魂之后，转而对浪漫主义的某些方面公开表示他的赞赏，以至逐渐滑到折衷主义，并且或许在违反他的心愿的情况下使他接近巴纳斯学派。崇尚古希腊文化和对造型美的关切方便了这种演变。

不过，除了莫雷亚斯，学派中最出色的诗人非莫里斯·杜普列西莫属。醉心于贵族和贵族政治、处心积虑地"使他的高顶盔不沾上任何污迹"，其可悲之命运令人想起夏特彤·德·维尼的杜普列西代表着完美的"罗曼体"，甚至罗曼主义者、中世纪文化专家，他对奥依语①的所有时代和土语了如指掌，并且能够随意运用罗兰之歌里的惯用语，以约翰·德蒙（Jehan de Meung）、厄斯塔什·戴尚或弗朗索瓦·维庸的方式来写作。对一个食不果腹、对诗的崇拜达到神秘主义地步的人来说，工作既出色而又缺乏理性。唉！杜普列西与魏尔伦所赞叹的"被诅咒的人"之间并非如人们所想象的存在着多么远的距离。

然而，他除了是不时操希腊、拉丁或者罗曼语的拟古的诗人之外，还是一个使用法语的古典主义哀歌作者。他最好的"现代"诗篇表现出渊博知识与优雅的音乐性的兼容并包。早在1896年，在《抒情诗考》（*Etudes Lyriques*）里，阿尔康德尔就已如此恳求卡里尼斯：

> 为何许多幸运却留下一副阴沉的脸？
> 告诉我，我的爱，我想知道为何
> 你的心灵在你看来沉重如阴影

---

① 中世纪法国卢瓦尔河以北地区用语。——译者注。

>在树底下瑟瑟颤栗,当黑夜来临。
>
>您的痛苦,小白鸽,令自然伤感,
>让您的眼睛告诉我您的忧虑:
>来吧!让我们额头上的头发混合一处,
>对我说我的声音使一颗受伤的心灵陶醉!①

这样一种格调,这样有异于事物的日常表现形式,它应在诗的天国某处介于马陋伯、梅纳尔、特里斯坦、拉辛和《牧羊人的屋子》的最后几节诗之间。不过,由于支撑着他的炽热信念以及他的语言技巧,杜普列西避免了涉及模仿的指责。他所实现的古典主义(如莫雷亚斯那样的古典主义)是付出了坚忍不拔的努力而结下的果实,为的是克服种种粗俗的文体,并且通过对完美的功效深信不疑的行为,创造一种雄壮的生命。

遗憾的是,在他的作品里鲜有成功之作。杜普列西是一个有灵感的诗人,不管他对耐心和纪律是多么珍视,像他阵营中的其他许多人一样,当缪斯将他们抛弃时,他也会去拼命挖掘华丽词藻的资源。那时,替代真正的狂热的只是狂热和激昂的冷冰冰的机器,这种激昂令人想起 18 世纪抒情诗人那协同一致的癫狂。

至于夏尔·莫拉——并非批评家和散文家,而是诗人的莫拉——他的崇拜者无法体面地抗拒把他抬高到非凡大师行列的诱惑。于是,人们看到他的一些诗篇被捧上天,而它们却不配这种过分的殊荣。比如这首关于《马恩河战役》(*Bataille de la Marne*)的"历史性的颂歌",在这个庞大而又笨拙,况且并未完工的玩意儿里,拥护者炽热的诚意陷入最拙劣的造作而不能自拔。亚历山大体诗《尤利西斯的奥秘》(*Le Mystère d'Ulysse*)是一个不错的范例,流露了将诗和晦涩难懂的训导加以调和的可资赞赏的意愿。莫拉身上含有非常丰富的诗的敏感性,其内在心声协调一致,他呼唤在光线和蜜蜂的嗡嗡声中,唯一能使生活条理化的节奏美,如何怀疑这一切?然而,这种抒情自始至终受到抑制,在他的诗中时不时地出现,尤其是在《发现》(*la Découverte*)中表现得更为明显,抒情仿佛是一种交待,是一种庄严和悲怆的忏悔:

>全部生活历历在目,

---

① 《圣火》(*Le Feu Sacré*),加尼埃出版社,第 84 页。

它的艰辛，它的苦涩
　　而走遍任何地方，
　　这份温馨使生活芳香四溢。

　　过分活泼的童年、因灾祸
　　而变得冷酷无情的少年，
　　垂暮之年我终于感到
　　令我心碎的这份温馨。

　　几乎在抵达彼岸的前夕
　　那儿人心终于平静
　　我不再相信可怜的逝者
　　比我们更有造化。

　　往我的坟墓，我不带去
　　遗憾、欲望，甚至羡慕
　　但我在那儿推倒
　　未满足的希望的火把。①

　　不过，对于莫拉卓越的诗情，我想象人们宁愿继续在《安提内亚》（*Anthinéa*）的散文和《心中的音乐》（*Musique intérieure*）的序言中去寻找。②

　　正当莫雷亚斯在脑海里逐一审视法国诗歌从（中世纪北方）行吟诗人的时代到马陋伯与拉辛时代的各个阶段，正当新古典主义在1900年

---

① 见《心中的音乐》（*Musique intérieure*），格拉塞出版社，1924。
② 在人们能够读到《Euridice 的四首诗》（*Quatre poèmes d'Eurydice*）的今天，这个判断在我看来显得过于专断。莫拉从未运用过如此博学的风格，亦从未在诗歌方面达到更纯净的"音调"。出于某种势在必行，《发现》的主体又出现在 *Reliquiae Foci* 这首最美的诗中：
　　我们的灰烬随着没落之风升起，
　　化为幸运的旋风升上至爱的天国，
　　心灵仍充满欲望与梦幻，
　　被焰火咬住但未被吞噬。

前后至1910年间形成的时候，原始罗曼主义的精神令所谓新罗曼派或拥护法国教会自主的诗人为之倾倒，他们试图使1891年流派的理论年轻化，使之更为充实，使之建立在科学——哲学、历史学、民俗学——的基础之上。

他们固有的领域从骑士及传说的中世纪延伸到维庸时代，到龙沙、雷尼埃、前期古典主义者的时代。人们想象他们跟着泰奥菲尔(Théophile)如此说道："马陋伯（或者莫雷亚斯）做得很好，不过他是为了自己而这样做的。"这些新罗曼主义者显然是些高卢人，他们是使旺多姆人龙沙着迷的"洞穴与泉水"的情人、喜爱开玩笑的人、讽刺诗诗人、造反派。如果他们生活在路易十四时代，人们可能不是在凡尔赛，而是在外省的贵族乡村住宅与他们邂逅，他们过着悠闲的生活，背着布瓦罗阅读《戏耍》(Folâtries)或其他七星诗社时期的"儿戏"。大体都是些浪荡公子，他们以过时的方式认真地谱写一部只令极少数人喜欢的贵族作品。

更有甚者，他们偏爱的是"高卢"语而不是古典语言，对此，他们自有他们的高论：高卢语具有大量充满活力的词语，色彩更为绚丽；人们可以在高卢语中找到"所有这些希腊、拉丁或者西班牙的美妙无比的词源，犹如在清澈透明的大海底下的珍珠和珊瑚"①；从它大量的词语中浮现失去的习俗和传说的精髓；它的句法比现代法语的句法更为自由灵活。此外，历史还证实，路易十三时代的抒情诗人不顾马陋伯的反对尝试过保留七星诗社的句法，拉封丹使用马罗体；拉辛不能不为维护他的拟古风格而与学究们作对；费纳龙(Fénelon)、拉布吕耶尔(La Bruyère)特意表白，说他们留恋文艺复兴时期不受束缚、灵活自由的法语。似乎出于审美的需要，许多大作家，其中包括谢尼埃，甚至圣-贝夫，不得不采纳落后于当代用法的词汇和句型。②

以他们为榜样，如今的小说精心培育古风，确信纯法语的、但被遗忘了的、或不常用的词汇能够在有利的条件中，重新获得青春活力和诗意的启示功能，日常的运用使大部分别的词语失去了这种功能。人们提出反对意见，指出这样一种语言不自然，因为是人为生造出来的，而

---

① 雨果在《混合一起的文学与哲学》(Littérature et Philosophie mêlées)的序言中如此评论。

② 安德烈·泰利沃先生(M. André Thérive)多次强调这一事实；尤其参见《论浪漫主义时代》(Du Siècle romantique)，新批评杂志出版社，第160页。

且是属于无时间性的制造。这不无道理,不过,一切文学语言,尤其是一切诗的语言总是或多或少地带着斧凿的痕迹,而这个语言至少在这方面是自然的,即它没有新词,它包含最低限度的源自希腊罗马的语汇,而它的"高贵"主要在于它拥有大量的"民间"词语。这样说的同时并不对安德烈·马利(André Mary)精心研制的这种"高等法语"的前途做出预测,这样一种死语言、普通话,他却认为它应逐渐胜于供"买卖与政治"使用的"下层法语"。① 即便如此,成功的例子也只能是个别的,终归是一些学究诗人的幻想。

至于豪情恣肆、才华横溢的讽刺诗人菲尔南·弗勒雷(Fernand Fleuret),他把自己变成雷尼耶和泰奥菲尔的同代人,仿佛他想完成以维庸和龙沙为先驱、由于种种原因未能在 17 世纪结出硕果的拥护法国教会自主的抒情诗。安德烈·马利,这个莫雷亚斯和莫利斯·杜普列西的弟子,同时又是极富独创性的诗人毫无现代性。不过,通过这个博学的诗人、语法学家和语文学家之口,大自然在说话,这是远古勃艮第的乡野荒郊、林木森然的自然,这个自然渗透着执著于证明事物的永恒及其生存的神秘性的精神。安德烈·马利最完美的诗篇可能必须在他的《回旋诗》(les Rondeaux)那儿去寻找,"瓦洛瓦王朝时期的韵律家的更新版"②。个人情感在这些诗篇里通过词语的音乐性得到体现,过时的只是其外表:

> 漫漫长日炎热无比,忧郁痛苦,
> 紫藤和晚香玉灼热无尽头
> 离群索居的孤独生活,煎熬的幽居,
> 从栅栏内胆怯张望,只见
> 噬人的太阳继续其永无止境的行程。
>
> 当核桃被反向打落的时候,
> 抬起你忧伤略减的额头,上面皱纹深印
> 你为了阴霾的都市离弃你僻静乡村的房舍,
>   忧郁。

---

① 见安德烈·马利在他的《诗集》上的序言(Firmin-Didot 出版社,1928)。
② 发表于"地球上某个地方,我们的天主降生的那一年"(F. Didot 的活字印刷);大部分收在《诗集》中。

>院子里冰雹噼里啪啦地掉落，
>狂风、白霜、蒙蒙薄雾，
>披着被十月的淫雨淋出条纹的大衣，
>在炉膛里我拨开含灰的劈柴，把火通旺，
>你前来造访，亲爱的，步履轻柔，
>　　　忧郁。①

对一个固定不变的形式来说，巧妙得令人惊讶，而且出人意料。再说，马拉美可能会说"夸张"，人们不由得想起《献给戴仙特之歌》：

>因为我用科学安置
>睿智心灵之颂歌
>在我执著的事业上……

然而，安德烈·马利和菲尔南·弗勒雷捍卫和发扬古风的努力并非徒劳无益。的确，具有古希腊罗马文化修养的诗人数目相当可观，他们设想随意运用古代部分语言资源来自我表达或表达我们时代的精神。在这股仿古风中加入了万桑·缪塞利（Vincent Museli）、雷翁·韦拉纳、夏尔-泰奥菲尔·费雷（Charles-Théophile Féret（他在这里的角色更多的是倡导者而不是学生））的部分作品。继菲尔南·弗勒雷之后，许多讽刺诗人做着诙谐的抨击文字。甚至发展起了一种"嬉戏打闹"的体裁——在此借用七星诗社的一个词语——甚至已有它自己的规则、题材，这种体裁稍稍可与马罗体②相比拟，马罗体在整个古典主义时代延续了很长时间，究其原因，很可能与如今确保非现时的诗成功的缘由相仿，在嫁接到"罗马文化"之树的各类诗中，这种诗并非最无兴味的。

　　今天似乎有证据证明，如果说整个新古典主义得以为教条式的批评——莫拉、皮埃尔·拉塞尔（Pierre Lasserre）、亨利·马西（Henri Massis）式的批评——建立起一个实用的纲领，它却没能独自筹备活文学的诞生。秩序只有当它战胜某种叛逆的物质而获得，只有当它标志

---

① 《诗集》，第177页。
② 马罗（Marot，1496—1544），法国诗人。——译者注

着使内心世界成熟的漫长的工作完结时才是无价之秩序。正统的新古典主义者出于软弱将秩序加于作品的本原之中,从而被迫"作"诗却又从未"体验"过诗,从而被迫把写诗视为高级修辞练习。他们之中只有一两个得以使他们的心灵对他们正在做的事感兴趣。大部分人远非朝古希腊或拉辛的艺术方向前进,而是复活了巴纳斯派最苍白无力的阴影和学院派的幽灵,或者顽固不化地在伪古典主义的道路上英勇壮烈地走下去。这个纯粹人为的和限于语言层面的伪古典主义迫使人们怀念起 J. B. 陆索(J. B. Rousseau)和勒弗朗·德蓬皮尼昂(Lefranc de Pompignan)的雄辩。

我们可以不失公允地说,新古典主义在战前取得成就时,恰恰碰上当时文人的心智上"诗感"的某种衰退,与此同时对笼罩着法国17世纪和18世纪的道德与理智美却有了新的认识。这一观点凸现了这场文学"反动"潮流的显而易见的益处。善意的老师们每每失败之处,正是它成功的地方:得益于这场运动,古典美得到充分的展示。不止古典美,还有先于古典美并使之成为可能的从中世纪到文艺复兴时期的许多其他美感,被一览无遗地呈现在作家们的眼皮底下。一堂风格课——取该词的最高含义——这就是与19世纪之前的杰作不太浅显(而且不限于高中或大学时期)的接触能够给我们同时代人带来的东西;一场关于风格的教诲,这样一来,对于简洁和线条纯正产生了新的爱好,对于堆砌词藻则厌倦唾弃,浪漫主义和印象派的某些倾向所导致的词藻的滥用在现代文学创作的每一步都暴露出其破坏性。

然而,这样一些也可以说是古典主义的功效,顺理成章地于波德莱尔、马拉美以及最杰出的象征主义者——还有不止一个浪漫主义者——并不陌生。在此领域,在旧审美观与主要由波德莱尔和马拉美的艺术传统所代表的新的审美观之间将产生许多卓有成效的交锋。

第二编

寻找法兰西新秩序

第六章　新象征主义

一

"谁还是象征主义者?"埃德蒙·雅鲁（Edmond Jaloux）1905年这样问斯图亚特·梅里尔。① 其时，人们已不太打出波德莱尔，更别说马拉美的旗号了，兰波仍然不为人所理解，而克洛代尔则几乎无人知晓。然而，到达死点的摆锤不久将恢复原状。此外，19世纪下半叶的大抒情诗人的影响在暗处仍然感觉得到。一些年轻诗人，其中有的1900年前后便开始写作，如雷翁·德贝尔（Léon Deubel），他们在培养"被诅咒的诗人"的情感和雄心。如果说新近创刊的最严肃的杂志一般向拉丁文化和古典主义倾斜，如果说《信使报》接受风格不一的作品，那么《幽室》则向各方来客敞开大门，一些往往是昙花一现的小刊物也致力于恢复这样或那样的象征主义传统。于是，在聚集了纪尧姆·阿波利奈尔、安德烈·萨蒙（André Salmon）、亨利·赫尔兹（Henri Hertz）、马克斯·雅科波（Max Jacob）的《伊索盛宴》（*Le Festin d'Esope*, 1903）②上，除了将阿尔弗莱德·雅利（Alfred Jarry）奉为至尊，对一些危险的神明顶礼膜拜之外，人们还崇尚可孕育好坏两个极端的精神与情感的紊乱，以及对于梦幻与神奇的奇异嗜好。与此同时，勒内·吉尔固执地继续推行他语言证书和科学诗歌的计划，并在其周围集中了几个忠实的信徒。

---

① 见马约莉·亨利小姐的著作，《斯图亚特·梅里尔》（*Stuart Merril*）。1908年，斯图亚特·梅里尔致函安德烈·冯泰纳，信中写道："是的，诚然，象征主义看来没有成功，由于它的好几个成员的背叛，也由于公众的无动于衷……"

② 纪尧姆·阿波利奈尔创办的文学刊物。——译者注。

在《诗与散文》(Vers et Prose,1905)的第一卷里,罗贝尔·德·苏扎以为有必要证明,唯一具有生命力的学派就是象征主义,虽然一些"掘墓人"徒劳无益地对它大肆攻击,而新近发表的维哈仁、维叶列-格里芬、詹姆斯、纪德、夏尔·盖兰、莫雷亚、保尔·弗尔等人的著作体现了象征主义流派的全面繁荣。然而这一群人出奇地互不协调,莫非必须接受把诗作的局限和特性本身归因于象征主义。① 一开始就异质混杂的象征主义二十年后变得面目全非,与象征主义毫无相似之处。到了1905年前后,可以随心所欲地到处发现象征主义,到处向它发出欢呼,或者相反,可以得意地列举将它取而代之的运动和"流派"。假若想谈论所谓新象征主义,则须等待《方阵》(Phalange)的创刊(1906年7月)。

这并非意味着《方阵》绝对是一种战斗刊物,要求其合作者具有严格的正统观念。不过,直至1914年领导这份杂志的让·罗耶尔的信念非常明确,一旦他以全部生命捍卫的理念受到怀疑,他绝对不会接受折衷主义的立场。他的学说随着时间的推移可能发生变化,可能因哲学套话而显得累赘,或者可能裹着一层云雾,然而这一切并未妨碍他通过评论而发挥的普遍性观点,在重新倡导某些审美"真谛"方面作出了贡献,这些审美"真谛"由波德莱尔取自爱伦·坡,又先后被马拉美和瓦莱里所发扬光大。毫无疑问,所谓纯正诗歌的争吵是在《方阵》的运动加以铺垫的地盘上展开的,同时借助了《方阵》的大部分老读者都熟悉的论点和范例。纯诗(取瓦莱里赋予该词的含义)这个词汇本身对让·罗耶尔阵营里的人来说是一个常用词。正是他在1911年宣称:"激情的方法于诗歌毫无价值,虽然它在每一时期都有过声名显赫的卫道士……"②

可是当布雷蒙神父(abbé Bremond)在基督教的神秘面前轻侮诗歌时,让·罗耶尔则把诗视为绝对。他说:"象征主义不是别的,它只是求得深入诗的实质而已,过去是这样,现在还是这样。"③不久之后他又

---

① 只需翻阅《诗与散文》(1905—1914)丛书,便能确信,这套丛书的初衷是集合象征主义的全部能量,但很快便成为一种反映了诗的几乎所有面貌的文选。
② 《方阵》,1911,第48页。
③ 《方阵》,1909,第86页。

说:"组成象征主义派别的一代诗人都把他们的艺术看成一种绝对……"①最后还有这样一句话,它似乎再现了英国浪漫主义的某种东西,并且以如此明晰的方式预示了纯正诗歌当前某些拥护者的主张:"诗以其方式高傲矜持并且具有哲理性,因为它以理念为养料,这是富于诗意的,即感性的理念;诗又是具有宗教性质的。它根本上的晦涩难懂来自它是灵魂的故事而且想观察灵魂的奥秘这样一个事实;不过这种晦涩难懂放射着光辉……"②没有比这句话更好地为晦涩难懂与自然神秘说项的了,诗品是对晦涩难懂与自然神秘的感性的表现……

> 独自承受倒塌的教堂地下室的重压
> 在光明的羊头撞锤之下——我的欲望
> 与此同时终于划破陵墓的
> 黑暗——我做着抓住③
> 本质的梦 ……

遗憾的是,尽管它不乏兴味,让·罗耶尔今日称之为音乐主义的理论具有鼓励诗人将自己封闭在语言与形式的求索上的特性。波德莱尔、马拉美的创作或许走到了这一步,然而,它始于别处,始于这个深入到"意识的诗意与纯真之世界"的心脏、本质上不能直接传达的"内心经历"中。若如罗耶尔所断言:"诗乃语言创作,仅此而已","当今,只有艺术家才能成为诗人,"④那便等于制造多重误会。文笔上的手法、修辞,不管人们有权赋予它们多么神奇的效能,当人们有意识地去寻找它们时,它们终究始终属于人性范畴的修辞手法,而非诗歌的超人范畴。让·罗耶尔及其学派的作家的诗篇尽管题材细腻、咒语般的语言笔调典雅,却让人觉得在探测言语奥妙方面,是一种过于纤巧的艺术。以下是路易·德·恭扎格·弗里克(Louis de Gonzague Frick)一首可爱的四行诗:

> 敌机似乎被击中,
> 它在旋转,是否跌落?啊!碰运气吧!

---

① 《方阵》,1910,第 610 页。
②③ 《方阵》,1909,第 380、473 页。
④ 《方阵》,1906,第 365;1912,第 192 页。

> 海市蜃楼,这个飞速的雪崩,
> 蓝天把它变成一只白色便鞋……①

加斯帕尔·米歇尔(Gaspard—Michel)的这首三行诗比较优雅:

> 淡红浪涛透过高处彩窗玻璃
> 涌动,夕阳落在受难像上
> 环绕着报春花的芬芳……②

最后达到下面这样一首诗,作者是安德烈·布雷东:

> 成熟的金黄葡萄和我小小的心愿
> 洒满如此柔和的亮光,足以令人赞叹。
> 束紧你的头发,多质朴的乐趣
> 绝色美人,只有单调的太空可艳羡。
>
> 我呼唤你,不安于壁炉台的力量
> 虚幻的仙女,以你踏上人间的脚步,
> 或许有点伤感,宁可叛逆
> 不情愿被遗弃在斜坡上。③

在今天的超现实主义者看来,这种马拉美主义大概是青年时期的罪过,无论如何是唯美主义的罪过。对美的绝对崇拜与对文字的偏好已经对1885年的象征主义者造成损害——因为千真万确的是,诗歌更多的是从生活以及对生活而不是对语言的思考中获得滋养。不过,对语言的思考却还是必要的,轻视让·罗耶尔及其合作者的探索将是一种错误。如果《方阵》能维持到1914年的话,它就可能给《年轻的帕尔卡》(La Jeune Parque)提供一个可靠的庇护所了。④

---

① 发表在《诗刊》(*Poetica*)上,Epi 出版社,1929。
② 《方阵》,1911,第 481 页。
③ 《方阵》,1914 年(收集在《当铺》(*Mont-de-Piété*)里)。
④ 1920 年,蒂博岱发表他关于马拉美的著作。他于 1926 年在他的序言中说道:"本书的构想始于 1910 年,正是《方阵》的中期……"

此外,《方阵》还促使来自魏尔伦、詹姆斯或有时出自拉弗格、亨利·巴塔伊的新印象派风行于世,这种新印象派更适用于空间的奥秘与无边无际的海洋,而不是易动感情的人世间。请看亨利·勒维(Henri Levet)所写的可爱的《明信片》(Cartes postales)这一首诗:

> (法国邮船公司的)阿芒·贝伊克
> 以十四节的航速在印度洋上游弋……
> 夕阳西下殷红如血,
> 在这平静的海面上仿佛手的拨弄。①

另外再看约翰-安东尼·诺(John-Antoine Nau)的诗,这是海洋与沿海地区的诗歌,充满了夹杂着逃避狭隘生活之需要的怀旧情绪:

> 站立在吊架上——呼吸着带咸味的和风——
> 海洋的轻柔曼妙尽收眼底,
> 我看着你走近,犹如乳白蒸汽
> 似曾相识,你的摸样,逐渐浮现
> 有点熟悉又有点神秘。②

从这些以如此软绵绵的动作卷起而又舒展开来的流畅的诗句(是否真正的亚历山大体?)中,瓦莱里·拉波看得很准,这是"现代地理感"的表达。再说,应该把诗人瓦莱里·拉波置于与勒维和诺相邻的地位,或者,不妨把他的大西洋彼岸的主人公 A.-O. 巴纳布斯放在这个位置之上。A.-O. 巴纳布斯不啻是惠特曼的后代,不过人性化了,法兰西化了,一副嘲弄的神气,古老文化的伊壁鸠鲁主义使他变得高雅,他还是亿万富豪。

> 我第一次充分感觉到生的甜蜜,
> 在维巴伦与帕斯克之间北方快车的一间小室里。
> 列车在草原上穿行,牧羊人
> 在山峰般的一簇簇大树底下,

---

① 《诗集》(Poèmes),书之友出版社,1921。勒维于 1906 年去世。
② 《蔚蓝的往昔》(Hiers bleus),瓦尼埃出版社,1904,第 28 页。

穿着脏兮兮的生羊皮袄……
（秋季的早上八时，紫色眼睛的美丽的女歌手
在旁边的小车厢里引吭高歌）。①

从兰波到《人间食粮》的现代影响很少不在这里被消化，变成了新鲜的血液。而这些表面平坦而闪烁的灵活的语句奉劝人们要抓住瞬间，要及时行乐。豪华火车的滑动、客轮汽笛、邂逅卖花女、马尔马拉海上的温雨，所有这一切都没有转变为肤浅的卖弄新奇，或者富于异国情调的材料，所有这一切蕴藏着一种精华，这就是生活的芬芳，也是引起诗兴的材料。然而，这样一部书——保罗·莫朗（Paul Morand）即以该书为起点，他在战争时期谱写了作为《夜歌》（Nuits）前兆的诗歌——具有另一个价值，即加深了应该称之为人类目前在地球上的生存环境的意识，这个意识是"现代地理感"的组成部分，若无此意识，"露天"与空间的诗歌势必失去其哀婉动人以及哲学共鸣。

在他的摆脱束缚的诗或他的自由诗里，约翰-安东尼·诺（一如维叶列-格里芬）大量使用哑音，由此他的诗显得十分轻巧，极其柔和。这种新颖的韵律引起了一些人的重视，其中很可能包括瓦莱里·拉波，而基·拉沃（Guy Lavaud）是其中之一则毫无疑问；这个同样是蓝天大海的诗人的诗似乎诞生于两个主潮流——马拉美式的象征主义和支撑着《方阵》的印象派——的交汇处。实际上，基·拉沃首先是崇拜詹姆斯的哀歌作者，他初期的诗是表达悲伤情感的诗，后来的诗仍然保留着感伤语调，但主题转为海洋和天文。不过，他所描绘的画面尽管表面上来自外部世界，他的诗却更多地展现内心面貌。这个内心景观形成一面精心编织的网络，其外表保留着一种没有羁绊和无从触摸的无名物。似乎可以说它具有大气各元素的特性，正在凝结成雨的乌云、开始凝聚的雨滴、泡沫、雪……

在白色云彩中消失的这颗星，
这束蓝光和这摄人心魄的飞翔，
这淡淡的仿佛从玫瑰花上脱落的颜色，
既不是花也不是天使在翱翔。

---

① 《A.-O. 巴纳布斯的诗歌》（Les poésies de A.-Q. Barnabooth），新法兰西杂志出版社，第16页。初版日期是1913年。

这是欲与火的秘而不宣的折磨
　　（如面对美妙的眼睛一颗心的痛苦和激情），
　　这是一颗星辰在燃烧、痛苦、痉挛，
　　而黑夜，低首沉思，瞧着
　　这场多年来早已开始的大火，
　　在下降的阴影中衰竭、净化，
　　一如我们的爱情，在我们的血液里，平静得
　　只剩下梦与叹息，重又成为
　　爱抚，消失在这白云之中，
　　这束蓝光和这摄人心魄的飞翔。①

　　对于这首诗，我们所能责备的是它对宇宙美的表现半途而废，它让我们揣测到这个美，而我们却希望能有深切的感受。基·拉沃有着太强的逻辑性，以至他不可能放弃对称、匀称的结构、前后连贯的隐喻、使那么多法国诗人的审美良心得到满足的一切细枝末节。不过，应该感谢他掩饰他的心灵遭受的"秘而不宣的折磨"，同时，仿佛出于一种高贵的消遣，耐心地拥抱组成其诗篇的轻灵的情感。他在马拉美之后、让·科克多以及某些"立体派"之前所做的这些尝试表明了如下观点：洞察入微并善于和现实周旋的才智如果将素材加以改动，并使之进入一个关系与感应系统，便能从中提取含义。

二

　　在他关于《当代抒情诗的立场》（*Attitude du lyrisme contemporain*）②的柏格森主义的论文中，唐克列德·德维赞（Tancrède de Visan）把诗歌变为一种不规则的形而上学，同时界定了意象的基本角色，即趋于具体地体现在时间中发展的一种"心境"。诗人不应怀有把他与存在于他自身的现实分离的语言帷幕加以点缀的意图。他唯一合法的意图应该是渗透到这个现实深处。如果他尽管努力，但还是不可避免地失败了，如果出现在他面前的意象最终只能是一些象征——虽然不是存在本身，却是某种大于迹象、标记而与存在有关联的东西——

---

①　《天堂诗论》（*Poétique du Ciel*），埃米尔·鲍尔出版社，1930，第51页。
②　1911年发表于《法兰西信使报》上的一卷。

他也必须致力于对这个不可言喻的东西做出尽可能直接的表达。唐克列德·德维赞的结论是，表面上看来违背常理的象征主义美学"是声称不用象征的美学"，意即它放弃非直接的、刻意制定的象征的同时，激励诗人去接近赤裸裸的自然并把它吸引到大量涌现的意象中。他断言诗的具体语言在给我们强烈的真实感的同时，归根结底给我们带来了对这个真实的认知，这个真实在其确实性方面超过了任何概念的修饰可能在我们身上产生的实在性。柏格森早就指出："没有任何意象能替代绵延的直觉，但很多借自不同类别的各色各样的意象却能够通过它们的作用的汇聚把意识引导到某种直觉可把握的精确点。通过选择尽可能互不调和的意象，就能阻止它们中的任何一个篡夺它负责召唤的直觉的位置，因为那样一来，它就会立即被它的对手所驱逐……"①这样，某种哲学认知方式——即柏格森所主张的方式——和诗学实践的某种品质颇为相似。"如果说柏格森是个先驱，"让·弗洛朗斯（Jean Florence）在《方阵》②中写道，"那是因为他承认主观里的绝对"。既是先驱者，亦是一种悠久传统的继承者，出现在这个传统之中的哲学家数量众多，而和他们肩并肩的是所有的神秘主义者。（柏格森的这篇文字显然令人想起我们在导言中提到过的苏索的文章）

然而，对绝对的直觉即意味着自身感受到上帝或生命，在绝对可能含有的最基本、最不确定的东西中感受到整个宇宙和生存感。在这里，我们和神秘主义走到一起的同时，也和内在的浪漫主义会合了。事实上，唐克列德·德维赞与其说体现了1885年到他那个时代的象征主义诗歌的特征，还不如说他确定了诗学实践的一些条件。再说，他本人也十分清楚地看到，在他所设想的诗歌和比如说德国浪漫派诗歌之间所存在的关系。人们对他所能做出的责难，仅在于他在雷尼耶、维叶列·格里芬、保尔·弗尔和所谓象征主义一代诗人那儿去寻找参照，而他同时代的年轻作家如克洛代尔、圣-波尔-鲁、阿波利奈尔、法格（Fargue）、米罗兹（Milosz）等的著作总的来说却能给他的理论提供更好的证明。

内在的绵延感和存在的感觉丝毫不淹没在整体之中，而是被限制并浓缩在心灵里，其忧伤和一切最细微的变化我们都能感受到，这就是莱翁-保尔·法格（Léon-Paul Fargue）年轻时期所做的诗的魅力所在。

---

① 见《形而上学导论》(*Introduction à la Métaphysique*)。
② 1912年。

O.-V. 德 L. 米罗兹(O. V. de L. Milosz)的诗充满深刻而又动人心弦的音乐美,那些长句是从生命本身发出的,最简单、最准确,蕴含着微微怪诞然而却又非此不可的意象。心灵就是这样出现在灰色的晨曦中的:

> 被众多庙宇纯化了的心灵,
> 思想刚被肉体重新控制,而
> 生命沉闷寒冬般的古老声音,就已
> 从大地冰冷的深处升上来,升向我的心田。
>
> 这是早晨第一辆敞车,第一辆敞车
> 早晨。它拐过街角,而在我意识里
> 褴褛的拂晓的儿子,老清道夫的咳嗽声,
> 如钥匙般打开我生命的大门。
>
> 是你是我。又是你和我,我的生命。
> 于是我起来,我询问
> 清早尘埃的收容所之手
> 关于我所不愿重见的东西。
> 汽笛在远处轰鸣、轰鸣、轰鸣在河流上。

再有:

> 你来了,童年的朋友! 第一声嘶鸣,如此清纯
> 如此响亮! 啊! 雨下第一匹马可怜而又神圣的声音!
> 我也听到了我兄弟的美妙的步伐;
> 肩上扛着工具而面包夹在腋下,
> 是他! 是这个人! 他起来了! 永不休止的责任
> 以结满老茧的手攫住他,他往前迎接他的一天……

在这首诗里,人的命运谈论着人生的实质。美的诱惑在此纯属多余。这些句子的纯净犹如高处源泉的赐予,高处的源泉不会被玷污,因为它直接来自阿兰·傅尼埃(Alain-Fournier)曾听见其呼唤的"无名之国度";与其说是对一切思想的超越,毋宁说是在它范围之内,在此范

围内,感情恣意驰骋,描绘着它们自己的曲线,并不受生存与思索的必然性的束缚。在此内心世界中,也诞生了梦幻、寓言、传说、德国诗人的"童话",诺瓦利称这种"童话""犹如一场散漫的梦、美妙事物的集合、一支幻想曲、伊奥尔①竖琴和谐的乐音,一言以蔽之,大自然本身"。② 置身于这个大自然中的人重新找回他自己,也找回了所有其他人。浪漫主义在那里汲取满足并维系其怀旧情怀的元素。

米洛兹不久前离开了我们。但愿我们能充分衡量他的伟大以及这种内心沉默的价值,确实无可限量,他的几首诗已让人感到了它的存在。让我们感谢他像里尔克(Rilke)有时吟唱的那样吟唱,并且证实,尽管有语言障碍,在每种文学的隐秘领域里存在着可能的沟通,只要有爱与耐心,就能在欧洲易感性的最深层找到通道。

20世纪初期不止一人以魏尔伦、初期的莫雷亚斯、拉佛格、马特兰克、保尔·弗尔为榜样,走向这些和谐的孤独。一如特里斯坦·克兰索和法格,前者发挥骑士与高卢传统的色情与多愁善感的主题;后者为更伟大的诗人,从精神(尽管他多么现代化)的角度看,他是维庸、中世纪抒情诗人、傻剧与神秘剧的作者的弟兄,这个宗教与肉体的神秘主义者使自己流连忘返于所有罪衍的周围,但却从未停止对崇高的追求。

> 你恨高傲与背叛
> 　　在任何方面。
> 你是供上帝休息的床:
> 你是玫瑰,开着粉红
> 　　洁白和殷红的花……
> 啊! 纯净洁白的贞女!
> 为了你的面庞,所有妇女
> 　　都应去爱。

上面的诗不是法格写的,其作者是吕特伯夫。时过7个世纪之后,法格如此回应他:

---

① 古希腊罗马的风神。——译者注
② 见唐克列德·德维赞的著作(第418页)。

> 不眠之夜硕大无朋的月亮,
> 天使的仙女,玛丽女王,
> 投向你的臂膀我来了,
> 就像赤条条的孩子耶稣:
> 瞧,被许诺的救世主
> 多么柔弱和顺从:
> 如他那般,给我们以恩惠,
> 作为回报,让他解放我们,
> 圣枝主日,圣枝主日!①

在克兰索(Klingsor)和法格那里,魔幻王国的大门只是半开半掩而已。要把诗嫁接到这样一种仙境般的神奇意境中,必须更加超脱于艺术,超脱于任何所学过的文学形式,超脱于世界以及自身之外。阿波利奈尔,新生的聂瓦尔,他的优势在于他懂得倾听"远方笛子的歌唱",这支始终中断而又周而复始的曲子,其旋律来自非常遥远的模糊的过去。

欲使唐克列德·德维赞曾寻找过其模式的这种主观抒情得以发展,必须复兴丰富的想象力,而不是重归某种浪漫主义或象征主义的传统。重要的是使大自然成为——按照波德莱尔的说法——形式的字典、象征的森林,使整个宇宙扎根于诗人的心坎上,致使无形的联系,某种敏感的神经,能够把意象与自我的灵敏点和自我的中心点联系起来。

除非例外,传统诗人运用一些形象和隐喻,它们在文学身份登记处记录在案,明智者为之欢呼,对于"一个名称对应"一张面孔感到十分满足。在他们的诗中,几乎没有什么不是越复现越受到赞赏的。他们拒绝让尚无任何据点的东西问世,否则这些存在就会充斥一个名副其实的陌生世界,而在这样一个世界上,他们将再也找不到正常的现象,也找不到他们的阅读记忆。然而,另外一些人在默默地耕耘,收集大量的意象。出类拔萃的圣-鲍尔·鲁(Saint-Pol Roux),继续通过词汇自由运用意象,毫不倦怠地创造闪闪发光的隐喻。他把语言沉淀作为他的专门学问,从1886年开始,他便拿出了一些范例:

---

① 《献给新娘的花环》(*La Guirlande à l'épousée*),Malfère 出版社,1921,第104页。

在石栏的的骨灰瓮中空寂被遗忘
金色的早晨斑尾林鸽在拍翅飞翔
埃弗拉伊姆的山丘在远方哀鸣
一座天堂从羚羊的粪堆中崛起。①

他就这样长久地浸泡拉伯雷、雨果、兰波的自然汁液,然后将他们滗析、过滤,一如马拉美可能会做的那样。同样的影响(尤其是兰波和马拉美的影响)自1900年起就在《认识东方》(*Connaissance de l'Est*)中找到了和一个受到启示的诗人的气息水乳交融的途径。不过,这种超越时间的诗篇——与象征主义和本然主义倒也互相协和——之被发现,却要归功于(从1905年起)克洛代尔的伟大颂歌,而在其力量之奥秘似乎归于自然力的涌泉里,流动着泛起泡沫的、在变形中光彩四溢的画面,感性和灵性在这些画面里糅合成永远更新不止的合题。

这些意象——在曾是波德莱尔的憧憬的苏醒中至关重要——的目的不是乞灵于什么装饰门面的假象或者笼罩着用来迷惑喜欢谎言的读者的幻乡。这是所谓真实的世界,但它所产生的效果不如说是一个"虚假的世界"。"人在我看来定居于只拥有空泛的标记、轻浮的托词、畏缩的挑衅、遥远的亲缘关系、谜语般的梦境里",圣-鲍尔·鲁如此断言。②而诗人则切入要害处,他是解密者。隐匿的现实,被表象——正常的感知、很快就可以界定的感觉、明晰的观念——的纱罩所掩盖了的现实,应该通过形象刹那间将它暴露无遗,使它对于内心世界来说是可以感知的。克洛代尔认为他的"创造和意象的智慧"来自上帝;科沃尔,他在《城市》(*La Ville*)里的代言人,是一个"暧昧"的人物,就像一个"从河那边回来"并叙述他在彼岸所见到的一切的人。③

总之,我们在这里只不过指出一个方向而已。基本的事实是在好几个诗人圈子里,神秘性的吸引力与日俱增,普遍认为这对诗的实践卓有成效。因此,儒勒·罗曼(Jules Romain)——他对象征主义的极端好感不容怀疑——于1909年在秋季沙龙以"即兴诗"(意为"不用象征"、旨在抓住现实的诗)为题作讲演时,把现代人发掘"地下源泉"和"心灵深处"的心志置于他们各种愿望的首位。形成了以下普遍看法:

---

① 见《替罪羊》(*Le Bouc émissaire*)一诗,1886。
② 《诗与散文》第十卷(1907年6—7月)。
③ 戏剧,第二卷,第222页(法兰西信使出版社)。

未知将我们团团包围,一直滑向我们灵魂被照得最亮的交会处。把诗变成一种认知手段,这正是波德莱尔、马拉美、兰波所谆谆教诲的。

第七章　新旧美学的联姻

一

在源自象征主义的若干传统和莫拉使之复兴、《抒情诗章》使之发扬光大的古典价值观之间存在着调和的可能性，这种调和将使一些中间流派得以形成。因此，我们在马拉美在世时，不就看到了德拉台叶德和西诺雷——且不提皮埃尔·鲁伊的诗和青年保尔·瓦莱里的十四行诗——寻找通往罗曼主义和马拉美主义（有时是巴纳斯主义）的会合口的道路吗？不久之后，首先在其刊物《西方》上发表克洛代尔、米罗兹或阿里贝的作品的阿德里安·米图阿充当了法兰西新秩序的辩护士。总之，他宣布根据安德烈·纪德的建议，《新法兰西杂志》在其创刊初期（1909 年）应该采取的态度：不要出于体系精神——它曾针对皮埃尔·拉塞尔（Pierre Lasserre）使用了这个术语——抛弃一切所谓浪漫主义的感情，亦不要战战兢兢地放弃"19 世纪末期给我们留下的精彩而无比美妙的一切"①；需要一种现代古典主义，即一种新的整合的努力、一种新的合成。

或许是在马拉美式的纯诗的审美观和某种趋向典雅派的古典审美观之间取得的调和特别显得饶有意味，通过他们的艺术（否则通过他们的启发），拉辛和拉封丹与典雅派之间的距离比人们所想象的大概要短一些。马拉美只需笑一笑以自娱，就已接触到这种风格（如《即景诗》(Vers de circonstance)）。仔细读一读《微不足道的请求》(Placet futile)就已说明问题。问题始终在于舍弃任何行文上的夸张，在使语言工具

---

① 见《新法兰西杂志》第一卷中让·舒伦贝格（Jean Schlumberger）的论述。

轻装的同时使之复杂化,增加词语的启发与形象化的功能。马拉美的异端——他在语言纯正主义者眼中的不规范性——在于打破了规范的句法关系,并锻造了别的句法关系。当今他的"罗曼"弟子们为了避免空洞和枯燥的风格,宁愿借助于古语(或者拉丁、希腊语)。古语使他们得以维持法语的运用(事实上或者原则上),但与缺乏严格的逻辑性的现代法语所允许的用法更加自由,更加多样化。在两种情况下都可以看到在共同语言之外制定一种纯粹属于诗的行话(通过句法或者至少也通过词汇)的意愿,它有点儿像龙沙想为其颂歌创造的"特殊风格"。作为这种审美观最好的理论家安德烈·泰利沃(André Thérive)先生①,把它命名为"反散文的风格学",因为它禁止陈述事实和概念,也禁止本意上的描绘和说教。

再者,在马拉美和古典主义大家(以及莫雷亚斯)那里,物质趋于化为乌有,而精神则抓住感觉,目的在于将它投射在具体与抽象的居间道路上。这样,最广义的印象主义,至少在马拉美身上,可以滋养心灵的诗歌,这类诗歌的要素沐浴在同一种思想氛围之中,并且布局在同一个平面上,或许并非没有断裂——因为间断性得以摆脱雄辩逻辑——而是不存在雨果学派的浪漫主义者自诩引进他们的作品中的任何语调的突然改变。如果说,极可能并非所有的题材都适合于这样一种诗,那么显而易见的是,这种诗却并不先验地排斥任何题材,而且某种感动的稀罕性及其现代性不能阻止一个灵巧的诗人通过给他带来艺术价值的高雅的语言表达这种感动。这样一来,我们离莫拉所主张的包含某种人性观的古典主义相当遥远。

事实上,在这样一种诗里,在古典主义的原则和马拉美、波德莱尔的教诲之间形成最坚固的桥梁的表达问题显示了特殊的重要性。问题不在于表露、倾诉自己的生活,同时任自己被生活的变化所吞没,而是要收集生存的即时材料,旨在使之发挥作用,使之受制于实现作品的脑力和感性的力量。学究气的、贵族化的艺术,人们偶尔可以从中认出典雅派和亚历山大文化的某些特征。

不过,古典主义和象征主义的这种相遇几乎只在形式美学的领域

---

① 主要参见《观点与丛书的批评杂志》(1913年2月);《法文,死亡之语言》(*Le français, langue morte*)(普隆出版社,1923年),第191页起数页;《论浪漫主义时代》(*Du siècle romantique*)(新批评杂志出版社),其中有一篇题为《从圣-佩夫到马拉美》(*De Sainte-Beuve à Mallarmé*)的论文,值得一读。

进行。我们说过,在这些和解的尝试中,不管它们是多么审慎,莫拉关于古典人的理念以及他的道德、哲学,并非因此就被涉及进去。此外,在源自波德莱尔的双重传统,即超意识诗人、倔强的创造者(出自爱伦·坡)的传统,以及神秘主义者(行秘术者的独立自主的、有时无自知之明的弟子)的传统之中,我们在此涉及的是前者。这些清醒的诗人和艺术家并不奢望通过诗歌或如兰波所要求的那样借助于诗歌"企及未知",进而怀有形而上层面的雄心。同样,不管他们对生活采取如何自由的态度,"全部感官的错位"将会对他们想要保持的对于他们的情感、感觉和他们的作品的支配制造难题。阿利贝、缪塞里、图雷、德雷姆以及别的一些人在他们内心深处多多少少大概仍然属于怀疑论者——除非他们接受了天主教的确实性。这或许是一种正常的结局,是他们的怀疑论、他们拒绝信任独一无二之人,拒绝相信此人能够在不受恩泽并且有时沿着危机四伏、魔鬼出没的道路能够达到任何绝对导致的正常的结局。

保尔·瓦莱里的著作无可争议与这种马拉美古典主义紧密相关。弗朗索瓦-鲍尔·阿利贝的作品体现了这类诗歌的地中海甚至维吉尔的面貌。某种雄浑的拉丁式表现力在许多章节凸现了他的力量,但是有时也构成他的弱点:句子毫无节制地拉长,因为花过多的时间去寻找延长符号而使句子变得很累赘。撇开表象不谈,这种丰润的表现力实际上相当不同于雄辩术中文笔的雄浑——阿利贝的诗往往是一些呼唤或演说——文笔的雄浑总是言简意赅,其组成要素始终紧凑而相互穿插。若要对这种表现力进行更为严厉的评说,那就是它在许多方面主要是言辞的华丽和堆砌。

不过,如果把阿利贝首先看成是一个堆砌华丽词藻的作者,那将是极大的不公正。他有他的守护神,一种与生俱来的自然力——诗力——它在人的内心深处汲取养料并以一种惶恐的强力、具有神秘的本能的狂热控制了整个人本身。然而理性在监护,这个理性并非良知或沙漠地带的女王,它不自认为是生命的主宰,高于必然,它只不过是组织者,善于锻造一种链条,让炙热的熔岩穿越其间。阿利贝的特色就在于以此方式成功地传达他的激情,运用精练而高雅的语言进行表达,不但不削弱激情,反而使之升华:

你能够,美丽的夜色

你有不可捉摸的特色，
把我们无言之爱的
秘密保守得如此完好，

我能否在此知道哪个恶魔
在我无声的约束下，
前来促成你的失败
和你最后的舍弃？

从如此心照不宣的优雅
来自一只柔和可爱的天鹅
它的翅膀波浪起伏
在我身旁伸展和收缩，

只剩下，当夜晚
忽然把你孤独的身躯
及其苍白无色，
化成它深不可测的神秘，

你唯独的淡漠
……
倾听我破碎的心
因其欲望之逆反
还有作乐的热望
千次中断，千次复燃。

究竟何用之有
不知以何谎言，
你的缓慢延长了
我如此罕见的痛苦？

沉默而阴暗的肉体，
是你吗？或许不如
张开我的双臂

> 迎向一个影子的幽灵？
>
> 唉！一如头个夜晚
> 心灵和嘴唇紧闭
> 由于我可恶的希望
> 引起极大的忧虑
>
> 我等待，我日渐衰竭……①

诗人在基本动作的描绘中越是朝前进展，出于一种矜持的羞涩，他的风格就越是接近抽象。而看到如此强烈的抒情诗在狭窄的基础上拓展，并且能竭力去适应严格的规范，这确实出人意料；韵律规则、音调要求、构思中的诗所表现的问题的全部信息象征着同等数量的自由选择的义务，这些义务非但不能阻止作品的扩展，反而使它得以占据许给它的整个空间，并且布局成一个整齐划一的整体。

在阿利贝的任何一首诗里——当这首诗达到成熟点时——一切事物都和其他别的事物相关联。一种"和谐与缓慢"的节奏支配着它的进展，犹如一条河流接近大海的节奏，犹如诗人与之结下友情的、反映了诗人之命运的南方土地上树木生长的节奏。因为阿利贝的诗并非想"逃亡，往那儿逃亡"②的流亡者的诗篇。他的悲观与他哀婉的坦荡属于地中海人和以吕克雷斯和维吉尔为精神食粮的"前辈"所具有的特性，泛神论者的热情以及与事物相通的能力在他那里得到了表达，其表达形式从许多角度看来虽然属于传统模式，但其深奥隐晦的美感却回应了诗歌的现代观念。

使古典主义与象征主义相结合并从中获得一种至高无上的艺术，在此艺术中思想和诗性融会一体成为一种纯语言，而且一切都闪耀着

---

① 《抒情花环：夜景》(*La Guirlande lyrique: Nocturne*)，第116页(《最美的诗》(*Les plus beaux poèmes*)……中转载)。

② 犹如马拉美，他的师长，他有时会在一些诗中直接加以模仿。主要参阅《南方》(*Midi*)，发表于《新法兰西杂志》，1926年7月1号；《水神》(*Naïades*)，《新法兰西杂志》，1927年12月1号；《瑟梅蕾》(*Sémélée*)，《新法兰西杂志》，1929年8月1号。

崇高理性之火花,这种意图今天在不止一个新罗曼派诗人,尤其雅克·雷诺(Jacques Reynaud)和亨利·沙邦杰(Henri Charpentier)的诗篇中体现出来。前者可以说是马陋伯一派(如人们习惯于列入新古典主义派别的吕西安·杜贝克(Lucien Dubech)),后者更接近马拉美(或瓦莱里)风格,他脑中萦绕着一种抒情诗的理念,即格言式的、通过形象和寓言来表现的、充满美妙无比的语言创意的抒情诗。我们看见,对他们和对阿利贝来说,诗有别于怀疑论的智力游戏。"假如它能达到它的目的,"亨利·沙邦杰最近写道,"它将和全面的知识认同。它将是直觉和逻辑结构、梦和理性、照亮世界以及人类的奥妙和深度的电光"。① 这个不俗的抱负在一种品达罗斯式的矜持的烘托下,推动着一种追求高雅而又乐于接近众神的诗歌的发展:

> 至高无上的理念往哪儿去?
> 最后一个人给谁留下
> 焦虑和微妙的如许爱情
> 孕育的世代的金色火炬?
> 漫长的努力啊!昙花一现的学问,
> 你已毫无价值!……原始的蒙昧
> 吸干了你易于挥发的才智。
>
> 而我深爱的你,已绝对失去!
> 仍然颤栗的甜美的夏娃,何必
> 我整颗心灵空悬在你的肉体上?
> 我们一跃跨过了被确定的
> 生命之界限,岂非枉然:
> 你即将消亡,未满足的自然
> 因为只孕育了垂死之生命。②

---

① 见刊登在《拉丁文化》(*Latinité*)杂志第一卷的《宣言》(*Manifeste*),1929年1月。

② 《颂歌与诗》(*Odes et Poèmes*),Crès 出版社,1932,第 163 页。

二

"荒诞"诗选于1913年10月刊登于《诗与散文》杂志,弗兰西·卡克(FrancisCarco)在导言中向保尔·弗尔表示敬意之后,确定了他的朋友及他本人的地位,即在安德烈·萨尔蒙、阿波利奈尔、马克斯·雅各布、亨利·黑兹之右,与图雷及特里斯坦·克兰索为邻。他说:"这些人减少了荒诞派的不协调性。"阿波利奈尔的团体应该另当别论,这是朝前的、激进的一翼,他们把诗歌引向某种文学立体派,而该文学立体派又转过来筹备了战后年代的前卫运动。反之,可以把让-马克·贝尔纳视为新古典主义者,虽然他和其他荒诞派一起出现在《诗与散文》杂志上,而且可以轻而易举地把万桑·缪塞利和雷翁·韦拉纳变成新罗曼派诗人。荒诞派运动便这样延伸在一个广泛的阵线上,该团体的诗人在停战之后若干季节主要聚集在 P.-J. 图雷的周围,更确切地说,是为了留住他的记忆。

然而,不管他们为自己选择了什么导师,尽管他们的诗渊源各异,从精神上来说,荒诞派是现代派。他们向传说道别,他们生活中的遗憾、快乐、悲伤,如何忘却?他们的梦幻刚刚尝试飞翔,就已被羁绊在模糊浑浊的大气中,受到积聚在我们时代景致之上的苦涩和辛辣的气味的包围。20世纪的这种现实,不能不原封不动接收下来。诗能否从感觉、真情实感之外的东西获得滋养?在这方面表现为印象主义倾向的这些诗人与之联姻的并非象征派,而是詹姆斯、魏尔伦、拉弗格,甚至科比耶尔以及初期的兰波,还有颓废派。

他们是现代不受拘束的生活放荡不羁的人。外省的放荡不羁的艺术家,在一些贫乏无聊的晚会上闷闷不乐的年轻人、公务员或者士兵,他们除了诗以外什么都不喜欢,没有什么比他们的职业更令他们厌恶的了。巴黎的放荡不羁的艺术家,他们一开始在蒙玛特高地的"吉尔兔"①周围转悠,1910年前后,才把他们的活动地点转移到蒙巴纳斯。②怪异的荒诞女神摇摆于现实主义和梦幻之间,在某一个白夜或者波德莱尔使之永恒的晨曦中粉红与灰色相间的光线下苏醒过来。这些现代放荡不羁的艺人们在许多方面令人想起波德莱尔和邦维尔,还有《青年法兰西》;不过当今的荒诞派如果说还保留了一丝半缕浪漫式情感的话,他们却已下定决心不再抱任何幻想。人丝毫不善良,对此他们早已熟知。他们不想为了自己的利益争取艺术的权利,甚或激情乃至正义的权利。恋爱但不相信爱情,不相信幸福,羞耻心、对于往昔的眼泪的回忆、对自身的某种淡漠使他们自我忏悔时满含嘲讽。

这种幽默,与其说自然不如说刻意,或者说因蓄意采纳的某种惯例所产生的效果而显得自然。这种幽默将给诗人提供一种手段,使他能一时逃避生活重压,使他揭穿生活的虚幻,使他对生活作出评判,并在令人窒息的现实之外重新找到活动、自由的可能性。在这样一种幽默里,或许存在着个性十分不同的人之间唯一共同的特点。拉弗格大概比任何其他人都更好地给他们提供了有关这种"戏剧性"姿态的范例。不过千万不要把这种嘲讽与德国浪漫主义者的讥讽等量齐观。前者并不把诗人们引向这样一些高度:在那儿,摆脱了自身和感性的现实之后,人们所感知的只是改观了的、理想化了的东西。在想象力的劝诱面前让步,对他们来说就等于再一次地陷入幻境(再者,他们并没有本钱去进行这样一种远行)。向他们作出的、同时也是他们所要求的唯一的允诺,就是将这条把他们与现实生活绑在一起的绳子稍微延长一点点,并让他们编织他们的面孔和撰写他们的诗。在这些诗篇的表层,一丝轻微的、单纯的颤动理应让人猜测到心灵的跳动。

然而,这种自我控制不能将就着采用一种粗糙的文学形式。重要的是自我监督,甚至在混乱中也一样。出于他们对生活所抱的态度,这些诗人不能不采纳,如果说不是一种经典理论的话,那么至少也是一种严谨的甚至学究气的句法、一种棱角分明的风格、一种规则的韵律,抑

---

① 吉尔兔(Lapin Agile)是蒙玛特高地一家具有乡土气息的餐馆。1875年,漫画家安德烈·吉尔为该餐馆设计了图案为一只兔子跳出烧锅的招贴,故名。20世纪初许多作家、诗人、音乐家乐于光顾这个充满欢快而轻松气氛的餐馆。——译者注。

② 参阅卡尔科写的《从蒙玛特到拉丁区》(*De Montmartre au Quartier latin*)一书。

或协调的不规则的韵律。不管他们对于短小诗篇和短节奏的偏好来自魏尔伦、马拉美还是莫雷亚斯的影响，这种偏好暴露了他们想编撰完美而封闭的合题的欲望。

这些审美关怀解释了荒诞派为何在为自己寻找过去的影响时，越过19世纪末"被诅咒"的诗人，越过象征主义者、邦维尔或聂瓦尔，而一直追寻到放荡不羁的法兰西，他们在精神上的不因循守旧、他们的怀疑论、他们的冷嘲热讽倒确实把他们和这部分法兰西联系在一起。从维庸到马罗，到雷尼耶，到梅纳尔、瓦图尔、拉封丹、伏尔泰，甚至朔柳(Chaulieu)和帕尼，穿越巴纳斯中、下游地带的道路装点着或多或少被正式承认的妙曼轻柔之美，不过其中包含的法式魅力具有某种使人中魔的东西。其想象力经过调节的这些往日的诗人并非天真幼稚之辈，他们是才学之士，他们的诗歌仿佛一种智慧的海绵。至于他们的"哲学"，既没多少基督教的味道，又具有一丝伊壁鸠鲁主义的色彩，这种哲学不失为"民族性"的哲学。

就这样，掉头转向浪漫主义之前的文学的图雷、罗杰·阿拉尔(Roger Allard)、德雷纳、培勒兰(Pellerin)、卡尔科，在那儿找到适合于他们的导师。这是些思想和写作方面的导师，他们关于文风的教诲与名叫波德莱尔和马拉美的现代炼金术士的训诫丝毫不相抵触。然而，人们发现，在这些诗人兼艺术家的生活之中，没有多少位置留给形而上学和神秘，也没有除了完成一部作品以外的另一种抱负。将艺术视为消遣，把诗人看作一种无用的"玩九柱戏者"，难道不是从另一条途径来勾画对于古典主义的回归吗？

据我所知，图雷①没有留下为布瓦洛的这个字眼作证的十四行诗，但他留下了十行诗、四行诗、"毫无瑕疵"的二行诗以及那些由交错（八音节和六音节）的四行诗组成的不按节拍押韵的反韵诗②，精雕细凿的诗。整体由微不足道的东西组成：

呵！仙女们，让我们增强种种回忆……

---

① 参阅亨利·马丹波(Henri Martinbau)所著的《P.-J. 图雷生平》(*La vie de P.-J. Toulet*)，Le Divan 出版社，以及雅克·迪索尔(Jacques Dyssord)的《P.-J. 图雷之奇遇》(L'*Aventure de P.-J. Toulet*)，贝尔纳·格拉塞出版社。

② 《反韵诗》(*Les Contrerimes*)，Le Divan 出版社，1921。

马拉美的牧神说道。图雷也一样,他往往在回忆上下功夫。使最牢靠的魔力得以施展的是最微弱、最遥远的回忆;魔力于是在激情不来撩拨的情况下施展,而诗节在天地之间伫立不动,犹如一团虹色的气泡、一瓶泡沫,风对它手下留情。然而,在这种诗中,没有任何让人联想到巴纳斯派诗人钻石般闪光的、生活退居其次的东西。

> 温柔的海滩,我的灵魂诞生之地;
> 　　而你呀,花朵盛开的草原
> 将你浸润的是海洋的泪水
> 　　以及阳光的热焰;
>
> 于野鸽、于恋人,多么温柔甜蜜
> 　　你呀,你的枝叶
> 使我们沉醉,以阴影和悄悄细语,
> 　　还有咕咕鸽声;
>
> 那儿我听到依然令我激动的
> 　　温柔而矜持的心声
> 在远方大海正开怀欢笑
> 　　在发声的珊瑚上。①

只需凑近耳朵,就跟凑近一只贝壳一样,便可以感觉到遗憾和怀旧的低声倾吐。

图雷的所有诗篇,甚至——尤其是——他最富于讽刺意味的诗总以低调结束,而且都证言:活着是苦涩和徒劳无益的。然而,他却发誓说,他的灵魂渴望的只是"梦与花"②。在他的华丽入时的衣着、放肆无礼和看破一切的气派中,如电光般闪烁着缪塞的某种气质。在他心中也隐藏着世纪孩子愤懑的痛苦,这个世纪孩子自怨自艾,因不能爱而低声哭泣。放荡不羁、怀疑一切、冷嘲热讽、精深至极的文化修养,这一切毁了他的青春,而新的世纪并不为他升起;旧世纪延续着,然后在无聊和无奈的梦幻中慢慢地消逝。图雷的实质,有人已指出过,就是激情满

---

①② 《反韵诗》(Les Contrerimes),Le Divan 出版社,1921,第 58、119 页。

怀的绝望。① 他的诗令人想起亚历山大体的短诗、谢尼埃称之为四色套版的诗句、日本的俳句以及原封不动地保存着十分古老的香味的一种精美的产品。

> 我记得炎夏的一天、无声的
> 时钟,还有柏树……可你在说话:突然
> 闭着双眼,我梦见,穿过花园,
> 有点儿沙哑的泉水,听得见它在哭泣。②

多一个字,少一个字,一切就将化为乌有。敏感性最为隐秘的积淀、记忆最为曲折的道路在此处于同一水平上,并一起组成错综复杂的美的意象。显然,根本不可能诠释完全是形式与音乐的东西。再说,图雷的艺术并不属于颓废派,而是趋于典雅的古典派。③ 在他的诗里没有丝毫的矫饰,没有任何无缘无故的柔弱,但是却有清晰的线条、简洁和灵活的句法,因此诗就像离弦的箭一样,干净利落。经过选择的若干符号表现了从时间的流逝中夺得的、摆脱了深深的沉默的一种心境,这是拒绝倾诉的心灵的沉默,这颗心在孤独中陶醉于语言魔术师为其调配的博学的香味之中。至于生活和快乐,就让它们在外头呆着吧:

> 任何欢乐皆有其缺憾
> 而且自行破灭。
> 假若你要我爱你,
> 不要高声大笑。
>
> 只有低声才能迷住
> 寒冬的灰烬下
> 这颗心,如同隐藏的火种

---

① 见皮埃尔·利耶夫先生 1920 年 5 月发表于《 Le Divan 》的一篇重要论文。

② 《反韵诗》,第 126 页。

③ 阿拉尔(R. Allard)在 1921 年 4 月 1 日出版的《新法兰西杂志》上发表的一篇文章中,不无道理地把他和圣-哲雷(Saint-Gelays)以及瓦图尔的艺术作了对比。

歌唱着燃烧殆尽。①

图雷的影响（马拉美和莫雷亚斯影响的延伸）在停战后的年代里与瓦莱里进行的反达达主义和超现实主义的行动齐头并进，它所维系的艺术传统和对形式的崇拜在今天一些诗人那里得到表现，而且其出色程度不亚于当年。比如万桑·缪塞利或罗杰·阿拉尔这些荒诞派，他们拟古、矫饰，崇尚染上他们时代色彩的波德莱尔风格，不过无可置疑的是，他们非常新颖独特。这些博学的文人学士拥有从夏尔·德·奥尔良到梅纳尔、特里斯坦和马拉美的文学给他们提供的所有法国手段，他们痛恨一切夸张并与此同时倾心于影射性的句子和拐弯抹角，他们努力耐心地从他们的感情中提炼出世上最罕见的春药。

或许只有万桑·缪塞利在凝重的笔调方面，懂得把象征主义之前的高等文学没有提供多少范例的某些"魅力"溶解在最纯的传统金属之中。

没有什么比他的诗节的内在结构更复杂、更微妙的了：意义与音色的关系随着互相交错的元素和节奏强弱而增加；词与词之间的联系具有不可更改的必要性和无目的的随意性两者兼而有之的特性，这一特性似乎把属于旧审美观的条理品质和现代人追求的出其不意的功能聚合一起。

> 旗帜的海洋，
> 如王后般花枝招展的船只！
> 花儿，笛子，火把，
> 一连串飘扬的饰带！
> 美酒、欢腾：没有间断
> 你们嬉耍时欢笑声起伏跌宕，
> 减弱这束光线吧，
> 快乐的划桨手，低点声歌唱，
> 江河逐年流逝。
>
> 你是如何度过最美好的时光的？
> 绵羊，你把羊毛作何处理！

---

① 《反韵诗》，第75页。

这颗破碎的心究竟做了什么：
对这些芦苇哭诉我的痛苦！
泉水和时间往哪儿去？
爱情、海伦和她们的魔力呢？
再来一个小时，最后一个小时，
即将一去不复返的欢愉！
江河逐年流逝。

何关紧要新的明天，
波浪不停地把我卷走`，
许诺给死亡之神的傲慢的时光，
消失在黑暗的庄园的闪电！
如若追赶而又徒劳无功！
是大海，也是你，唉！
你那早已熟悉的
颐斯①的钟声，你敲响的是何丧钟！
江河逐年流逝。

  献辞

公主，是否有一种祈祷
独一无二且完满无缺，
使我们脱离战斗的同时，
驱逐时空和气候！
江河逐年流逝。②

  人们有无发现，这首《对立之歌》(*Ballade de Contradiction*)所发挥的主题不亚于其形式，都含有某种维庸的格调，迭句"江河逐年流逝"

---

  ① 颐斯（Ys），传说中不列塔尼的一个城邦，传说它于四五世纪被海水淹没。——译者注。
  ② 此诗发表于 1931 年 9 月 5 日的《新文学》杂志（*Les Nouvelles Littéraires*）。

突出了主题,回应了古诗的疑问:"往日的雪迹何在?"①这里,与用词和意象相比,笔调,还有几句敏捷无比的诗句("许诺给死亡之神的傲慢的时光!"),更流露了高傲和阴郁的情绪。对那些只有才气的人来说,把这种人力穿凿的技巧看成是目的本身将是很危险的。然而,唉!人们害怕这样一个诗人自成流派,要掌握难到如此地步的技巧必须永不休止地学习,而在我们的时代,很少有人为此付出心血。

此外,万桑·缪塞利接触过种类繁多的体裁和风格,然而却从不被重复他成功过的尝试的乐趣所左右,纵使这种乐趣是正当的。对于罗杰·阿拉尔也几乎可以作相同的评论,此人在战前似乎早已命定要将瓦图尔或马勒维与马拉美联姻。在目送一条饰带渐渐消逝方面没有比他的目光更锐利的了:

> ……泡状花边
> 浅浅的旋流
> 逐渐消逝在最美的河岸②

然而,如此狡黠的鲁莽行为妨碍他赶着新《朱丽的花冠》(*Guirlande de Julie*)里的羊群去吃草;守候着他的更确切地说是放荡,装腔作势的放荡不羁……

> 冒失的风流女子,你相信
> 你所证实的魅力③

人们未尝不可以把这首以一个起早的卖俏的女子为内容的讽刺小诗反过来用在他的诗作上。

后来,梅纳尔似乎让他感到更为直截了当的做法的价值:他的诗一节节的泾渭分明,或者以舞蹈者勾勒的椭圆的方式互相连接,每一节诗如灵活的吊篮轮流上升到一座忧郁的天空:

---

① 维庸著名诗篇《昔日仕女之歌》(*Ballade des Dames du Temps jadis*)中的迭句。——译者注。

② 《轻快的诗歌》(*Poésies légères*),1911—1927,新法兰西杂志出版社,第12页(摘自发表于1911年的《热恋中的小树林》(*Bocage amoureux*))。

③ 《轻快的诗歌》,第13页。

永别了，声声作响的球拍，
英格兰叫声，无谓的手势！
这个黄色的十月唯一的游戏
就是在长凳上相互拥抱
……………………
我看到柯地①乡野
随着一声枪响遍地开花，
向苍白的花束寻衅
和风呆住了：

是否平原上一个偷猎者
抑或维特②的手枪？
我的心因他的痛苦而热狂，
我的嘴充满冬天的滋味。③

　　诗很肉感，但被一种准确而灵巧的才情所驾驭，在最佳时刻把词语投入节奏的音响轨迹上。这样一种美虽然属于二流的范畴，但其出色程度并不因此而有所降低。不过，实际上，这儿凝重和轻快的传统区分已不再适用。图雷、缪塞利、阿拉尔，荒诞派或自称荒诞派中佼佼者的特性就在于通过独一无二的留下光芒四射的尾迹的画面打开梦境之大门，同时又使诗的悲剧之花绽开在我们脚下，而从不"攀梯登天"。阿拉尔在他的《战争哀歌》(Elégies martiales)里，以细腻的笔触，描摹了许诺给爱情但被死亡夺去的年青一代的面容。他们生活在"什么都不长久"的世界，战争似乎在不可避免的种种灾祸之中占据了它一席之地：

在战争把我们相连的任何地方，
我看见在阳光下，在雨中，你的手
抚摸过的年轻身躯在腐烂：

---

① 柯(pays de Caux)，位于法国诺曼底地区。——译者注
② 《少年维特的烦恼》的主人公。——译者注
③ 《阿德拉依德》(Adélaïde)，摘自《少女套房》(L'appartement des jeunes filles)，第83页。

>   别再织布了,纺织他们丧服的女子,
>   他们身披光线和树叶
>   你们英俊的情人和你们温柔的未婚夫。
>
>   我看到死不算什么,
>   欲望之外什么都不长久
>   不存在无边无际的焦虑;
>
>   和夏季一起死的人多幸福
>   在血液里再磨炼他的美,
>   假如他喜爱他的运气更胜于他的生命!①

这丝毫不是让-马克·贝尔纳的《为战士祈祷》(*De Profundis du Combattant*)的那种震撼人心的焦虑,机枪扫射下即将倒下、即将被泥浆掩埋的人之最后一声呼叫;这儿,心灵摆脱了肉体,他凝视着大杀戮,思索着人类的生存环境。

20世纪初放荡不羁的杰出诗人是弗朗西斯·卡尔科。他的作品,往往像魏尔伦和詹姆斯的诗篇一样,风格初看似乎并不存在;事物本身——一张面孔的倒影、风的呜咽、一家酒吧的灯——好像偶然地汇集在诗篇里。这种杂乱无章,其表面性远大于其真实性,而且它在破碎的和谐、割裂的动作的选择和布局方面暗藏着一种非常可靠的分寸感。表达内心情感的浪漫主义的传统在经历了那么多的变迁之后,残存在这动人的诗篇中。诗里,雾和雨绵延无尽头,每当满含嘲讽意味的远见卓识给予诗篇机会时,它便发展成朦胧的哀歌。

战后不久,以图雷及让·佩勒兰为榜样,同时被置于脱离了轨道的时代的影响之下的荒诞派诗歌采纳了一种更快的生硬的节奏。在越来越遏制它残存的多愁善感、削短它的尖锐的线条的同时,荒诞派诗歌曾偶尔一两次以惊人的方式表达这种"现代精神",阿波利奈尔的弟子们则试图在他们的诗作中如"无线电"般将这种精神截获过来。特别是让·佩勒兰在《复归之罗曼曲》(*La Romance du Retour*)的八音节十行

---

① 《战争及其他创伤》(*Blessures de guerre et d'ailleurs*),选自《战争哀歌》,新法兰西杂志出版社。

诗中,凸显了可能是战后荒诞主义的主要元素:周而复始的惊愕,它让读者感觉到文明与现代生活的缺乏逻辑性。同一个诗节巧妙地将互不协调的符号交错一起,这些符号宛如电影画面,一个接着一个,而从这么多泾渭分明的笔触中却绝不能产生出单一的心理色调。然而,从这些旋风般的意象中,犹如充满强烈诗意的绿洲,升起了若干哀婉动人的倾诉,不过很快便因某种嘲弄的再现而中断:

> 我哭泣在灰暗的夜晚
> 而激情之夜为我痛惜。
> 我为这些人伤悲
> 他们从未有过喜爱的名字。
> 冷酷可怖,却无法抹去!
> 土地从他脸上分开
> 他那冷漠淡然的长发,
> 我们古老的世界持续绵延。
> 十二个苏一小杯酒!
> 大杯要付多少?①

当让·佩勒兰在描绘中自娱时,他所选择的戏剧场面很新奇:

> 四十马力大喷鼻息,
> 嘎然而止。车夫出发之前
> 即将装上一个可拆卸的
> 轮子。一个高贵的陌生人,
> 教皇的贵宾或伺从,
> 上车。胆怯的主阀门
> 发出嘶哑的嘟囔声;
> 其他阀门一起叫喊
> 可是它怀疑、呼唤,颤栗
> 在一个椭圆形的汽缸上。②

---

①② 《无用的花束》(*Le Bouquet inutile*),新法兰西杂志出版社,1923,第159、162页。

在这儿,所尝试的诗的节奏和描写对象的现代主义之间的混合令人惊异。面对着机器,感情的抒发或狂热的赞美,大概比起这种毫无瑕疵的画面能为更多的人所领会。不过,荒诞派在怪异和大胆方面的表现形式仍然是传统的。

这样的尝试产生了影响,在这方面,佩勒兰和卡尔科,甚至和图雷不期而遇。如今存在着一种表现在句法和韵律方面的格律诗,它竭力展示事物和精神的混乱。十字路口的景象、妓女、酒吧、集市及其滑稽可笑的人物使这类诗充满了令人不安的意象。再说,在这一点上,邦维尔和波德莱尔起了先驱者的作用,而且从《怪诞颂》(Odes funambulesques)到雷翁·韦拉纳的某一首小颂歌,它们之间的联系十分明显,例如:

> 沙巴奈克斯,您是否记得
> 蒙巴纳斯的廉价小饭店,
> 那些安茹的小瓶葡萄酒,
> 又肥又丑的女人……①

总之,是些酒颂,它们揭示了荒诞派中最有文人气息者——"罗曼化"的自我放纵者——的意图,即通过使人的"永恒"的情感和(表面上)最平凡的因素以及最转瞬即逝的当代背景形成对比,从而更新人文主义的次主题。在"厚古派"和现代主义心甘情愿地、有时是那么可爱地结盟的这个中间地带,会有各色各样的接触和有趣的妥协值得指出来。马塞尔·奥姆瓦(Marcel Ormoy)模仿龙沙的风格做哀诗,菲力浦·沙巴奈克斯(Philippe Chabaneix)十几年来向他的"温柔的女朋友们"分发在玫瑰与接吻之间驰骋的一位法国骑士可爱的头像。与此同时,乔治·贾博利(Georges Gabory)、雅克·迪索(Jacques Dyssord)或勒内·沙吕特(René Chalupt)使他们的诗穿上百衲衣,反复使用省略和阿拉伯特色,以期达到这样一种幻觉艺术,即善于在一首诗中巧妙分布先锋派画家的画室或洛可可式小客厅的小饰物。这种艺术的前身和等值品,大概要在图雷或佩勒兰、立体派以及现今的伪立体派画家、诗人兼画家安德烈·萨尔蒙、阿波利奈尔、毕加索、马利·罗仁桑(Marie

---

① 《蒙巴纳斯一夜》(D'un soir à Montparnasse),选自《消遣篇》(Le Livre des passe-temps),鲍尔出版社,1930。

Laurencin)那儿去寻找。

> 阿维侬的小姐们
> 一朵玫瑰插在发髻上
> 网眼精细的丝袜
> 穿在她们可爱的脚上。
> ○○○○○○○○○○○○○○○
>
> 从维勒讷沃市归来
> 她们脱去新裙子
> 假若她们乐于假装
> 河里游泳妇女的嬉戏。
>
> 给画家保罗·毕加索的
> 画笔提供美妙的猎物
> 为了抓住她们裸身的时刻
> 他躲在窗拱下面。①

相反,我们在特里斯坦·德雷姆那儿看到的是使他越来越接近古代大师的反向运动。他的根本特征是感伤主义,似乎与弗兰西斯·詹姆斯忧郁的青年时代那温情脉脉的浪漫主义没有多大差别。不过,詹姆斯本人,还有拉弗格,曾帮他扼杀幻想,帮他把幽默的面具固定在脸上,这幅面具,他保留了许久。见过、感受过的感觉,对自动性和周而复始的重复的意识——这一切构成了被我们当成我们自身人格的脉络——加强了他对于夸张和多变的兴味,这种兴味从他写的头几首诗中就已有所流露。不过真情实感业已曲折蜿蜒地表现在故意显得平淡无奇的笔触之中:

> 客栈房间沉闷而空荡。一株倾斜的康乃馨
> 碰到你凝视着的忧郁的镜子,
> 你袒露的胸部。热水 — 凉水。顾客

---

① 勒内·沙吕特,《阿维侬的小姐们》(*Les Demoiselles d'Avignon*),发表于《翁舍集》(*Onchets*),1926。

> 先生们请每周日结账。
>
> 这是周日。让我们结算这颗心的账。
> 黄色和黑色的帷幔,多么凄凉的背景!
>
> 你已不在那儿。我阅读德利依①和电话
> 簿,为了不再去想你的
> 啜泣。②

不过,特里斯坦·德雷姆几年来放弃了现代题材,而写起哀诗(献给从不露面的柯丽梅娜),其浓艳优美和文笔的高雅有时让人想起沃尔地区的山林水泽仙女的歌颂者为另一个柯丽梅娜所吟咏的诗:

> 草原边倾斜的接骨木上,
> 入睡的母鸡把嘴伸到翅膀下;
> 傍晚的光线催眠着绚丽的草原,
>   风标、棚架
> 还有其精品教给你修饰语的
>   四月的玫瑰,
> 然而,阴影中独自一人,你固执地
>   写着哀诗。
>
> 一弯新月在烟囱间
> 升起,柔和地滑落在女贞树枝上;
> 为何还在梦想遥远的河岸
> 并将枯萎的花环系在你心上
> 当淡蓝的天空向平静的泉水微笑?
> 再也没有小鸟出现叶间;
> 棕榈树把它们藏在它凉爽的夜色里;
>   然而你所做的梦给

---

 ① 德利依(Abbé Jacques Delille),1738—1813,法国诗人,法兰西学院院士。——译者注。
 ② 《金黄色的绿地》,鲍尔出版社,1922,第239页。

> 灼热的箭装上羽毛
> 你把这些梦化为直上云霄
> 扑打着金色翅膀翱翔的小鸟，
> 小鸟在天空撞到不知名的玻璃上
> 摔落在你的心尖上，翼翅折断。①

　　这里，被魏尔伦和象征主义者所延续的多愁善感的浪漫主义与莫雷亚斯及其学派更为简朴的教诲之间再一次实现了调合。如今特里斯坦·德雷姆的荒诞成为一种规则化的、精巧的游戏，它使诗人得以自如地利用一切"传统"手段来获取诗意，而从不自我暴露，亦绝不自我强制，哪怕是在"处理某个主题"方面。他借以表示做诗不会引起严重后果的高雅和审慎的讥讽给他那雅致的修饰增加一丝魅力，他得意地发挥的这种润饰手法还具有掩盖时间的流逝并占据他的思绪的益处。

　　然而，这样一种淡漠在当时属于一种例外，大多数诗人从事的是"应景诗"之类的写作。如果将体现了靠拢马拉美主义的极端倾向的阿利贝个案，归属于地中海派的抒情诗，即亨利·沙邦杰及其朋友们的抒情诗，可能还有充满阴沉的庄严及英雄主义的万桑·缪塞利的抒情诗撇开不谈，他们不属于去寻找某种"深度"，而这种深度对浪漫主义者和象征主义者，至少对几乎所有的人来说，不管是在感情层次还是精神方面，是灵魂的中心地带，从那儿天地万物以准确和不可或缺的远景出现在诗人眼里。他们向象征主义者借鉴的，与其说是神秘主义或形式美学，不如说是风格手段以及在和谐的光晕中使简短的诗节颤动和绚丽多彩的某种特殊的方式。不妨把他们看作——他们并非完全自知——既轻薄又热衷于社交的、不稳定的诗人，他们就他们生活中十分真实的痛苦或微小的乐趣作些浓词艳曲或具有宗教色彩的诗篇。表达方式、讽刺短诗的语调、出人意料的对比以及讽刺挖苦的熠熠生辉的才气，这就是从古典时代借鉴而来的现代荒诞派的主要优点。景象变了，情感也可能不同，它并未从百年欲望与梦幻中清醒过来，不过，在敏感与智性的边缘喷涌而出的敏捷清醒的思想火花尚有能力为拒绝陷入谵妄的诗人擦亮可靠的武器。

---

　　① 《献给柯丽梅娜》(*Le Livre de Clymène*)，Le Divan 出版社，1927，第62页。这首诗收入《鸽子之诗篇》里，1929，埃米尔·鲍尔出版社。

第八章　保尔·瓦莱里或象征派的古典主义者

　　保尔·瓦莱里想要归附的是超意识及"制作者"的诗人的传统。他选择阿波罗而摒弃狄俄尼索斯。雷奥纳·达芬奇、爱德蒙·泰斯特(Edmond Teste)①，这两个纯精神的人的形象在他看来代表的就是他本人极度夸张的形象，以及他某一天所梦想成为的那种人，或者说他们为思索"人类精神之最高可能性"，为想象"天才的某种抽象场"②提供了契机。瓦莱里对于雷奥纳如此说道："我感觉到他找到了这个中心立场，从那儿出发，认知的事业和艺术的活动都同样可能。"③于是，在他思想的境域闪烁着万能的海市蜃楼。"一个从未试图使自己相似于神的人，不足以成为人。"④

　　而对瓦莱里来说，所谓纯精神之人的固有目标就是使自己区别于自我中并非纯意识的一切。何谓思想、特殊感觉、绵延不绝的这样一种感觉，或者某种欲望？对于精神来说，何谓内心生活的全部现象，如果不是外部事物又是什么？事物发生又消亡、变形，互相替代，因而重要的是，精神要通过不间断的"穷尽分析"脱离这些事物；它必须把它们作为不纯或流动的东西加以摒弃，目的在于努力保持自己，保持自我意识，与自身一致。于是，除了一座"关闭的镜面宫殿"和一盏"孤灯"之外，什么都不存在。⑤"我存在，因为活着，因为看见自己；因为看到自

---

　　① 瓦莱里发表于1896年的《与泰斯特先生在一起的一个晚上》(*La Soirée avec M. Edmond Teste*)里的主人公。——译者注。
　　② 蒂博代先生的提法，见其专著《瓦莱里》(绿皮书丛书，格拉塞出版社)。
　　③ 《雷奥纳·达芬奇的方法论导言(笔记及题外话)》，新法兰西杂志出版社。
　　④ 《品德》(*Moralités*)，新法兰西杂志出版社。
　　⑤ 参阅《雷奥纳·达芬奇的方法论导言》。

己看见自己,依此类推",泰斯特的箴言;镜子变幻的意象无穷无尽。

对这样一种精神来说,一切都可能成为客体。比如我们的人格,浪漫主义者把它看成个人的至善、卓越的主体①,而实际上,它只不过是一件东西,"有资格被列入所有其他人世间的事件之中"的一个偶然的事件,一种"自然游戏、爱情游戏及赌博"②;而我们的灵魂,或人们如此称呼的东西,与自然在我们身上引起的同样难于捉摸的众多欲念、变化一样,哪儿去抓住它?再说能够把它当作神话中之神话以外的其他东西吗?

在这种精神苦修的终了,纯自我趋于变成一个宇宙点,一种不知名之潜能,没有任何个人的支撑。瓦莱里证实:"才学之士"最后必须有意识地不断拒绝沦为随便什么东西。这样,为了实现绝对的自我意识,必须摆脱自然和生活,始终在内心深处否定它们。于是我们可以从这个角度去审视瓦莱里,并把他界定为一个奇特的神秘主义者,一个随时注意着脱离任何感情和精神(取该词的通常含义)生活的神秘主义者,不过,是自我意识的神秘主义者,"无面人的女儿"。

> 时间之圣殿,归结于一声叹息,
> 我上升至这一纯点,并已适应
> 海阔天空,一切在我视野之下;
> 一如我献给众神的最高供品
> 从容不迫的闪光往高处
> 撒播最大的蔑视。③

然而维持在这样一种心醉神迷的状态之中是多么困难呀!

的确,世界不断地进犯脑海。感知、激动、观念、快乐和痛苦、内外事物在我们身上一起形成一种"熟悉的"然而却又是异常陌生的"混乱"。在灵魂那里,在自然之中,没有什么是清晰的,而头脑出于惰性则滑向事先标好的轨迹上,它以为认知的东西,往往只是因为曾经体验过

---

① ② 关于这个问题及其他一些问题,参阅弗朗兹·罗埠的《保尔·瓦莱里》,慕尼黑,Max Hueber 出版社,1930。

③ 《海滨墓园》(*Le Cimetière marin*)。

和感觉过而被辨认出来而已,这些东西并从未被深入了解过。① 意识的警戒只是断断续续的,必须有一种冲击才能使它恢复原状,即需要未知的闯入。然而,外部世界周而复始的这些冲击,在使精神处于危险境地的同时,又给它以自我拯救的手段,使之逃避睡眠状态,使之新生,使之在一瞬间与所有运动乃至所有形态相匹敌,留下它们的印记,随后脱身,分道扬镳。下面是泰斯特先生在剧院的剧目内容引言:

"他不把目光投向大厅。在池座边缘,一股股气流热烘烘地向他迎面扑来。他满面通红。

一个硕大无朋的古铜色女人把我们和一群因极度赞赏而窃窃议论的人隔开。在热浪深处,女人身上裸露处发出亮光,柔和的像块石子。许多独立的扇子在阴暗和光明的世界上来回扇动,泛着白沫,直通上边的火焰。"②

可以称得上最繁忙的观察继续进行,然后磷光闪烁之中一切归于沉寂。不过,如果说精神最终恢复常态并且自行放弃,那也只是在意识到客体具有个性与特殊性,并把这种意识推向极端之后。一旦精神愿意,它将支配着意识,觉察到相似物,整理和打乱整体。

的确,瓦莱里想要强迫他的精神承担自然的若干特性。出于对习惯性动作的恐惧,也为了实现更高度的自由,他试图取代自然,将其偶然性变成机遇。沉湎于灵感和隐匿的力量,即等于玩弄捕鱼奇迹。光明正大地准备有利于成功的相会难道不更有益处而且更经济吗?

高傲的诗人在这方面抱有幻想。人不可能取代自然。只能扩展自我的光明核心,将光束抛向越来越远的地方。然而,阴暗面依然存在。声称可以把一切化为思想,那是一种圈套,最锐利的瓦莱里悖论也无所助益。我们面对的是一个决定只对自身的运作感兴趣的人,可是,"他指出的缺席的东西,恰恰是他事先就拒绝看见的东西"③。此外,瓦莱里有时也会出于一种充满教益的矛盾心理,折服于显而易见的事实面前:"寻找就是通过偶然或睡眠而使自己处于找着的状态。寻找是为成

---

① "大多数人通过智性往往多于通过眼睛看见,他们看到的不是彩色的空间,而是概念。一个立体形、高处微白、因玻璃的反射而出现点点斑驳,这对他们来说立即便是房子:房子!"(《雷奥纳·达芬奇的方法论导言》)。

② 《与泰斯特先生在一起的一个晚上》(*La Soirée avec M. Teste*),新法兰西杂志出版社。

③ 让·坡朗,《目击者杂记》(Jean Paulhan, *Carnet du Spectateur*),《新法兰西杂志》,1929 年 3 月。

功之火花的喷发准备场所。"这就足以重新对一切作出质疑。如此说来,存在着天然赋予我们的东西,或者是在我们不自知的情况下,在我们无法识破隐秘的来源的情况下,将这些东西给予我们自己。

需要进一步论说。不管瓦莱里多么想尽可能地不受约束,不管他是多么远离不属于纯精神的一切,他仍不能不无法克制地受其灵魂及肉体的吸引——因为我们的思维,在其自发和自由的方面,至少在表面上,也许只不过是一个几乎连续不断的梦、一连串像是诠释我们内外感觉的神话。柔情款款地依恋他的灵魂和肉体,一如那科索斯被他水上的倒影所深深吸引那般被它们所吸引,被这个陌生而又如此不可思议的生活所诱惑,被生活投射到认知终点的不知来自何方的这些可爱的色彩所引诱,被这种生活迷住,而且因这个弱点而自得其乐——并非不留恋并渴望高度,并非不留恋并渴望绝对鄙视的"纯点"以及拒绝生活的完全的意识真空——出现在我们面前的就是这样一个瓦莱里。两种存在状态——抑或非存在状态?真的难于得知,因为它们互为条件——两种对立的状态都在撩拨他,一种是单纯、稳定、非物质,一种是繁复、变化、绵延、物质,这两种状态纠缠着他的心灵。几乎他的全部著作都表现了这种摇摆不定。在自以为能自我把握的清晰的思想背后存在着无意识、偶然,同样地,在隔离生活的意志背后始终存在着生活的意愿和需要。自我试图意识到他的全部感觉,这绝非仅仅出于一种精神活动的需要。瓦莱里指出:"有些人以一种特殊的细腻感受到事物的特殊性的快感。"①而他的灵魂,甚至他这个人本身,精神想把它们看成物体,终归枉然。他徒劳无益地宣布:"我,不是某个人,也不是另外一个人;遗忘使人看到,我什么人都不是。"②然而,没有任何迹象可以预见到这样一个呼声,这样一种富于情感(着重号非来自瓦莱里)的设问:"啊!谁能告诉我,何以在生活过程中我整个人身得以保存,是什么东西把一动不动、充满活力、负载着思想的我从虚无的一端抬到另一端?……"③

天生的诗人。保尔·瓦莱里是诗人。他必须出于天性而成为诗人,为的是在他身上做诗的天赋能够在那么多相互对立的东西,首先是

---

① 《雷奥纳·达芬奇方法论导言》(1894年文本)。
② 《文选》(*Analecta*) 119 章。
③ A. B. C. 刊载于《交流》(*Commerce*),1925。

从他二十二岁开始便令他坐立不安的"弄懂一切的荒唐的欲望"之后继续存在。而且如果说瓦莱里同意顺应作诗的游戏,为作诗贡献出甚至其全部精力,那是因为他从中得到了好处。这个"练习",如他所喜欢说的那样,使他感觉到他的强势。"是个游戏,"他说道,"不过庄严,规范,且很有意趣;显示了并非平常人的形象……"①作一首诗,意味着构建他自身。诗的艺术通过孕育诗句的举动,也是自我实现的艺术,这种艺术用以克服"熟悉的混乱"(心理生活的紊乱),将一种形式与风格给予"天生就缺乏它"的东西,给予思想。②

然而这个练习只有当它艰难时才能奏效(对作者而言)。由于坚信审美观与个人伦理相互协调一致,保尔·瓦莱里认为有意使自己服从大量既明确又复杂的条件——首先是传统诗学的箴言——便意味着促进好作品的诞生。这些条件也许只有一种约定的价值,但是它们迫使精神对给它设置的束缚奋力抗争,牺牲毫无用处的"新发现"并维持紧张以及内心一致的高昂状态。通过遵守所有游戏规则,不管其如何专断,通过把诗变成思维体系及互相之间错综复杂、不可分割地联系在一起的声响体系,人们得以阻止心理能量的扩散,同时增加作品成功的机会。

假若出乎意料之外,刻意承受的那么多的努力和束缚并不能确保获得最佳的诗歌效果呢?瓦莱里竟敢于如此回答:"我宁可老老实实、头脑清醒地写薄弱的东西,也不去利用鬼魂附体,在不受我控制的情况下去制造最美的佳作中的一部杰作。"③这或许是反诗学的死罪。出于骄傲和对非理性的厌恶,诗人拒绝接受可能来自一个其清晰和至高无上的思想不发挥其威力的世界的财富。他不同意为自然的赠与担负责任。不过,本性为他工作,而且必须如此,他自己有时候对此知道得很清楚;他喜欢向它挑战,再通过悖论脱身而出。但却徒劳无益。布雷蒙神父的话很尖锐:在瓦莱里身上有着某种"不由自主的诗人"的味道。确实,最为严重的是,我们刚才引用的瓦莱里的话暴露了整个人的一种决心。不过,我们也应该承认,瓦莱里出于对绝对清醒所抱的定见,在有关他的"整体运作"方面,给我们提供了很不全面的情况。他说:"我

---

① 《文学》(*Littérature*)。

② 关于这一点,请参阅克洛德·埃斯泰夫的文章《形而上学与道德杂志》(*Revue de Métaphysique et de Morale*),1928年1月及3月。

③ 《杂集Ⅱ关于马拉美的信函》(*Variétés Ⅱ, Lettre sur Mallarmé*)。

们之所想,向我们掩盖了我们的真实。"

　　理智主义达到如此程度的这样一种立场是否会要求诗人表达理念?假若人们忘记何种深沉的倾向在他身上与他的超意识共存的话,倒是有理由担心这一点的。爱伦·坡、波德莱尔、马拉美的信徒不会相信,诗的主旨在于向他人传达观念,而任何形式的说教属于散文以外的另一个领域。一如马拉美,瓦莱里不把词语作为能够传达思想的交流工具——一旦完成其职能便消亡——来使用,他根据它们的暗示及心理创新的潜能把它们组合在一起,因为诗人的任务就是向读者的整个自我施加影响,使其心醉神迷,比自然更好地在其身上引发异乎寻常的活动和情感。诗远非一首理智之歌,截取自生活、如生活般永远含糊不清的诗表现了一种超自然(非神秘的含义),在那里,笼罩着好几种大气压力。再者,只需让瓦莱里给诗下定义,就会发觉他将自己置身于理智至上主义的反面。"诗歌,"他有一天说道,"是通过发音清晰的语言的手段,尝试着表现或复现这些事或这件事,而喊叫、眼泪、抚爱、亲吻、叹息等则企图隐晦地加以表达"。①

　　因此,问题在于为自己另辟蹊径,它下抵基础、根本,上溯生活之源头,为的是努力抵达我们所思范围内"我们的实质"。瓦莱里的怀疑主义本身,他对于理念的戒备——认为它们不过是粗浅的、有用但不真实的制品——有助于使他远离理性主义的诗学。让我们再阅《晨曦》(Aurore)这首诗,理念在那里以处身自我的黑暗中的隐秘的蜘蛛的形象出现。"瞧",它们对诗人说道……

　　　　瞧我们所做的
　　　　我们在你的深渊
　　　　张开我们原始的丝线,
　　　　并逮住赤裸之自然
　　　　在惊恐不安准备的
　　　　纤细的网上……

而诗人回答道:

　　　　它们的精神之网,
　　　　我将它粉碎,我去寻找

---

① 《文学》(Littérature)。

> 在我声色兼备的森林
> 我的歌儿之先声。
> 存在！……万能的耳朵！
> 全副灵魂系于
> 欲念之极端……①

跃然纸上的是这样一种精神的写照,它不是"向自己重复引证"(兰波语),而是义无反顾地转向将意识那清晰明亮的中心团团包围的模糊暗淡的边缘。如此,一切都促使瓦莱里,阿波利奈尔式的诗人,走向存在的黑暗的纵深,他的诗学、他对思想的批评、自我和宇宙的非理性力量不管愿意与否向他施展的近乎快感的吸引。如果像人们对他所下的定义那样,说他是认知的诗人,那么应理解为,他与已被规定了程式的、系统化了的认知的诗人——理念诗人——毫无共同之处,他是新生的知识、处于萌芽状态的思想、介于无意识和意识之间的一切中间状态的诗人。在刚刚看得见的、然而其根基却扎得很深很深的植物——如果人们让其生长,这些植物可能长成明明白白的观念,对于散文有益,对于诗歌却糟透了——上边,瓦莱里耐心地撒下他的网。② 这种缓慢的上

---

① 《晨曦》,选自《幻美集》(Charmes)。
② 必须在此重新阅读《导言》(1919年版本)的这一页:

"介于生之明晰与死之单纯之间,梦幻、苦恼、心醉神迷,所有这些半行不通的状态,似乎在认知的方程式里导入了相近的价值、非理性或超验性的解决办法,设置了奇怪的级别、多种变化和不可言喻的阶段——因为人们身处其中而备感孤独的那些事物并没有名称。

"如同险恶的音乐用极端注意力的衔接来组织睡眠里的放纵,并且对暂时亲密无间的人进行综合概括,心理平衡的动荡起伏使人感受到生存的反常的模式。我们在自己身上承载着不能成功但能诞生的一些敏感形态。这是窃取自对绵延的无情评论的一些时刻,它们抵挡不住我们作为存在的完整的运作:要么我们死亡,要么它们分崩离析。然而理解力的这些怪物是充满教训的怪物,这些过渡状态亦然——已知的连续性、连接、多变性被改变了的空间;光明与痛苦结合的帝国、定向的恐惧和欲望给我们指定一些稀奇古怪的路线的势力范围;时间制成的材料,彻头彻尾的或恐怖、或爱恋、或安宁的深渊;光怪陆离地互相连接在一起的地区,向运动挑战的反阿基米德原理的领域、瞬间的永恒风光;凹陷的、与我们的厌恶感相联系的、屈服于我们最微小的愿望的表面。我们不能说它们是真实的,我们也不能说它们不是真实的。没有经历过的人不知道自然光以及最平凡不过的环境的价值;不指望存在与虚无之互相交替的人便不知道世界真实的脆弱;否则就太简单了!"

升,这个从夜晚到白昼的过渡,构成他的诗歌的重要主题之一。看看"在沙滩与天空之间"不自知的棕榈树。有时候"精确"惴惴不安,并对它无法掌握其法则的、辜负了它的期待的生长灰心丧气:

> 别责备她吝啬
> 一个准备那么多
> 黄金和权威的智者:
> 通过庄严的汁液
> 永恒的希望
> 达到成熟!
>
> 在你看来空虚的日子
> 对世界毫无功用
> 却有贪婪的根基
> 在沙漠上下功夫。
> 带着根须的实体
> 被黑暗所选中
> 永远不能停止
> 直至世界的心脏,
> 去追踪深深的
> 末端所需之水分。
>
> 坚忍,坚忍,
> 蓝天下的坚忍!
> 寂静的每分每秒
> 是果子成熟的机会!
> 惊喜将来临:
> 一只鸽子、一阵微风、
> 最柔和的颤动,
> 前来依靠的女人,
> 将使这场甘露降落
> 人们跪倒雨中!①

---

① 《棕榈树》,收入《幻美集》里。

在这里,无法抵御的理性横行无阻,同时缓缓升起一曲颂歌,表示对于只在阴影中无理性、反理性地发挥作用的力量,以及对于自然和出自本能的创造力的认可。难能可贵的心声的流露,这种流露并不止这一次。事实上,两种使命轮流地或者同时地争夺瓦莱里。

这或许说明了何以在《年轻的命运女神》(Jeune Parque)和《海滨墓园》①这两部从多种角度来说都是他最重要的著作里,出现了同一个主题,在两个对立的态度之间展开了一场斗争:纯(绝对)立场,即固守在孤立状态中的意识的立场,和对立的或不纯的立场,即接受生活、变化、行动的立场,这种立场放弃绝对纯正的梦想,任自身受到事物的诱惑,并与它们的变化密切关联。因此,《年轻的命运女神》绝大多数的发挥,就跟《幻美集》的大多数"主题"一样,当它们不是该主题的特殊情况或简单的延伸时,能够被置于与这个基本命题的关系中去思考。

然而,《年轻的命运女神》和《海滨墓园》均以生活的胜利告终。在其中一部作品中,我们看到一个神奇的、半人半仙的少女朝大海降落。而当"不可回避的星辰"隐退时,经历其夜间的诱惑之后的黎明的第一道白光,在她看来似乎"解释了一位老祖母的痛苦"。这个有个时期把死作为逃避不纯之物的唯一手段而祈求死的女子是否还会活下去?然而她已被"最强烈的气流"所伤害;"大海的呼唤"触及她的面庞;光线掠过波涛,把"冰凉而耀眼的火花"一直倾泻到她的思想深处。再一次被生活所伤害,她让步了,她屈服了,她深深地爱上:

> 我珍爱你,似乎认识我的光芒,
> 朝着这火焰升起一个纯种的贞女
> 感激的胸怀金光灿烂。

生活的胜利?不如说接受将永远是风雨飘摇的生存。真正地生活,即意味着迷失在其欲望之中,迷失在其行动之中,成为一体——再也看不到自己。不应再想下去。从意识在他身上苏醒的那一天起,人就开始感觉到脱离了整体,在天地间孑然一身地流亡,他全身心地珍爱这个世界,然而天地对他来说却依然是陌生的。对于意识带入生活中的这种二元性,根本无法躲避;无法毫无保留地献身于世界,同样无法隔绝于

---

① 见古斯塔夫·科恩发表的关于《海滨墓园》的评论,新法兰西杂志出版社。

世界去潜心思考。绕着弯地接受一些妥协,在精神与物质之间寻找中间道路,时而更接近其中的一个,时而又更靠近另一个,这便是人的命运。

在《海滨墓园》里,就跟在《年轻的命运女神》里一样,大海象征着运动、无意识的并且创造性的生命,它也象征着灵魂,活生生的、充满欲念的、隐晦的、不定型的灵魂。由于沉思达到了死点,脑子到处只看到幻觉,甚至在运动本身里面,因而是大海通过它投射到沉睡的躯体上的气流和泡沫来唤醒灵魂的。大海把灵魂拉入宇宙神奇的圈子里,迫使灵魂一时间委身于它,迫使灵魂活下去。

> 不,不!……站起来!进入延续的时代!
> 我的肉体啊,砸碎这个思维的形态!
> 我的胸怀啊,畅饮新生的风!
> 大海散发出的清新气息,
> 还我灵魂……呵,发咸的威力啊!
> 让我们奔向波涛,从中喷薄而出,再现生机!
>
> 是啊!狂热的汪洋大海,
> 仿佛斑斑豹皮,短披风上落满
> 太阳千变万化的图像
> 绝对的七头蛇怪,陶醉于你那蓝色的肉体,
> 咬住你金光闪烁的尾巴
> 在沉寂般的喧嚣中,
>
> 风起了!……必须努力活着!

运动异乎寻常地恢复了!法国十音节诗或许从未被邀请参加过这样的狂欢。而这种对混乱的短暂回归、这种恣意的狂热和绵延是多么的爽快,多大的解脱啊!唉!陶醉一旦过去,便又关系到工作和事业了。"必须努力活着":意识回来了,随之而来的是询问和疑窦。生存抑或死亡?不这样提出问题,必须不完满地、羸弱地生存,始终屈从于任何人类生活的环境。

保尔·瓦莱里拒绝舆论给予他的诗人-哲学家的头衔。他喜欢说,

哲学"由其装置而非其客体"所界定,存在于纯诗人的语言与哲学家的技术之间的不可调和性足以使得哲学诗的想法不伦不类。然而应该采纳瓦莱里的标准吗?如果说"现代"哲学确实趋于通过其装置来自我界定,我们则可以认为,它若因此而沾沾自喜,那将是大错而特错的。一个并不缺乏客体的诗人哲学家,《年轻的命运女神》的作者在该书最好的段落里让我们看到的正是如此。当然,严格地说,他大体上从不处理亦从不提出形而上学方面的问题。不过,一种涉及灵魂与肉体、无意识与意识的关系的深刻的经验使得他本性使然,创造了他谦虚地称之为哲学色彩的东西,一种氛围。事实上不止于此:心理和生死攸关的运动迫使这些问题的提出,并且把对它们的解决变成一种紧迫而又无限遥远的事情。与训诲毫不相干的诗句绝不让人抽掉其内容,也不允许表述。诗引人进行哲学思考,同时不停地在形象和音乐性的明/暗层次之间行进,从不失去与给它注入活力的源泉的联系,不打破使它悬空的血缘关系。①

然而,在里面上演的却是最普遍不过的一场悲剧,这是年轻的命运女神的悲剧,是瓦莱里的悲剧,从某种意义来说,是整个人类的悲剧。由于不断挖掘自身,忽略偶性,只感知实质,于是人们最终超越个性,超越特殊而与普遍相接。这种从自我的、浪漫的诗歌到精神的诗歌的嬗变,马拉美已经做出了榜样;他壮年时期的大部分作品是抒情诗范围以外的作品。瓦莱里在这方面的优越之处,在于他的诗,至少他那些完全成功的诗篇,更富于声色感。如果说"纯"的立场对他和对他的导师具有相同的吸引力,那么显而易见,与马拉美相比,事物和情感对瓦莱里产生的吸引力要大得多。他把它们在他身上引发的快感和真实的事物联系起来,而不是归结于柏拉图式苍白的头像,与其说在场,不如说缺席的"美妙的理念本身"。与对于重量、色彩、词语超智力的功效无限微妙的意识相关的心理实在性的感觉,使他能够赋予他的诗,哪怕是最抽象的诗句,这种滋味和这种神秘的震颤,使读者在其心智甚至还没有来得及提问,便立即感受到一种诗意的震动与快感。

如此,在这种超越抒情的"哲学性的"但却具体的诗中,不管人们给予它有时是多么广泛的奇妙的含义——瓦莱里对此始终拒绝承担任何责任("一部文本不存在真实含义")——一个活生生的人始终存在,不管他如何小心翼翼地从外部去观察他的灵魂和肉体。在他全部诗篇

---

① "悬空在我与我的血的温柔的联系中",年轻的命运女神说道。

中,只要稍作留意,存在着某种一贯相似的精髓。"生存的深沉的音符",瓦莱里说道,这个音符,"当人们倾听时,它支配着错综复杂的生存的环境和变化"①。这个凝重而持续不断的音符,如果说它柔和而且高贵的话,却一点儿也不快乐。它发出哀怨、厌倦、留恋的音调。它泄漏了一个孤独的"我"失落的期待,"我"只有亦步亦趋地逐渐加深对自身的认识,加深对自身的爱恋,才会有安宁。然而"我"事先便知道,这个求索命定没有终点,命定毫无结果,毫无实质性的回报。

看一看《那咯索斯》的主题,它在所有主题中是作者所最偏爱的②,根据瓦莱里的说法,它象征着存在与知识之间的较量。然而那个浮现在水面上、其形象始终被水仙的动作所破坏的"迷人的可爱而冰冷的精灵"是不可企及的。或者,精神在寻找他的过程中衰竭:

> 我缓慢的手在可爱的黄金中倦于
> 召唤这个俘虏,树叶将他紧紧搂住
> 我向回声呼喊隐秘的神祇的名字……③

或者,精神在高度警惕地往下沉到更深的地方时,它觉得除了隐约看见深不可测的虚空之外,别无其他。埃米莉·泰斯特夫人面对她丈夫的思索忧心忡忡:"他在其孜孜以求的欲望之尽头,将要找到的是生命还是死亡?——将会是上帝吗?或者是在最深沉的思想深处,见到的只是他自己可悲的物质发出的苍白的亮光而产生的可怕的感觉?"④与《年轻的命运女神》相仿的忧郁,与前头大同小异的词语表达了性质相同的感情:

> 它们深情的底部因干涸而发亮
> 我往前走得再远,我变化再三,看见的是
> 我凝思的地狱那无望的尽头。

那咯索斯业已在自省中找到"无能与骄傲之法宝",或者"厌倦"。

---

① 《雷奥纳·达芬奇方法论导言》(注释与题外话)。
② 参阅皮埃尔·盖耿的《保尔·瓦莱里》,新评论杂志出版社。
③ 《那咯索斯》,第一个版本。
④ 《埃米莉·泰斯特夫人信札》(*Lettre de Mme Emilie Teste*)。

年轻的命运女神也一样,她也在谈论厌倦,"明明白白的厌倦",成为"她的目光捕捉"的厌倦。苏格拉底在《灵魂与舞蹈》(*l'Ame et la Danse*)里更为确切地界定生之厌倦:"这种完美的厌倦,这种纯粹的厌倦……总之,这种厌倦,它除了生命本身没有别的实体,除了生者的洞察,没有第二个缘由。"无须提醒诸位,在《年轻的命运女神》最美的章节之一,这个被认为无情和冷酷的诗人描述了一颗泪水的诞生及其缓缓的行进步伐:

> 你源自灵魂,迷宫之骄傲。
> 你给我带来心中这滴受制的汁液,
> 我宝贵精华的一部分
> 来献祭我眼睛上的阴影,
> 内心深处温柔的浇祭!
> ○○○○○○○○○○○○○○○○○○
> 你生于何处?何种始终悲切而新鲜的劳作
> 把你,泪水,迟迟从苦涩的阴影中引出?
> 你攀登我作为女人和母亲的台阶,
> 破除你的道路,顽固之重负
> 在我有生之年,你的缓慢
> 令我窒息……我不说了,观赏你自信的脚步……

非常人性的音乐,对此可以说它也来自灵魂。在此之后,不管瓦莱里如何矫情地说他对于他诗中的"主体"不感兴趣,说他喜欢把诗本身看做一种单纯的练习,那已无关紧要。这个声音不会让人误解,他那"无望"之伤悲也一样。人必然因在其自身中心找不到任何实在的东西作为依据而痛苦;没有形象、封闭、混杂,生命永远在躲躲藏藏。固然"必须努力活下去",然而生活,对那些曾有过一次被知识和绝对的自制力的幻景所迷倒的人来说,只不过是一种万不得已的选择。在《蛇的雏形》(*l'Ebauche d'un Serpent*)中,瓦莱里在谴责太阳的同时,清楚地道出启示性的字眼:

> 你保持认知的心愿
> 宇宙只不过是缺陷
> 在非存在的纯净里。

马拉美早已将生命看成若非一种错误,则起码是一种恶、一种不洁、一种堕落。瓦莱里的"地狱般"的悖论"唯有不存在的东西才如此之美好"①,他本来可以拿来作为他的话,因为他竭力赋予非存在一种积极的价值,赋予缺席某种实在性,因为他做着关于无物质的诗的梦想,这种诗尽可能地靠近不存在,这是"寂静的音乐家"。

信念的骄傲造成信念的不幸,在拒绝"成为随便什么"的同时,就有可能只剩下移位和替代的潜能,而并"不具有任何真正的实质"。如果说在瓦莱里的命运中存在着决定其诗歌命运的一个悲剧点的话,那便是:似乎他只能在否定的符号下构思纯精神以及与其对立的一切(灵魂、事物、宇宙)。精神趋于成为"一种没有目标的力量",连向自己证明自身的存在也无能为力。而宇宙,不管诗人是如何珍爱它,并对其形状及面貌摩挲爱怜,精神也只同意把它看作一个敌人、一个瑕疵、一种污秽。

然而诗,尤其是认知的诗歌,它和知识一样,只能诞生于精神与物质、意识与无意识、理性与非理性的界限,诞生于它们之间的切点上。而瓦莱里对"纯立场"和随时待命的智力的偏好使得这样的相遇难以实现。如果说虽然如此还是发生了此类邂逅的话,那是因为他有时也"试图生活",试图自我忘却,试图自我迷失。一如年轻的命运女神,一如此人,在被蛇咬之前,她也偶尔并不把自己关闭在超意识的世界里。多亏这种随意放松,他的诗得以成熟,仿佛在一个思想家和一个诗人之间达成美妙和奇特的协议之后所结出的果实一般,思想家和诗人并非始终完全保持同一个人。思想家只乐于理解,而诗人只在音乐性中赏识诗歌,音乐性触动整个生命,并不把被理解作为首要目标。

指出保尔·瓦莱里并非开辟出一条新诗道路的开拓者是多余的。犹如古典主义作家,他的来到更多的是为了实现。可以从他的作品中吸取十分宝贵的风格方面的教诲,他的沉思能够诱发具有无限启示性的思考。对于这些观点,人们不会有任何怀疑。不过,他的立场本身带来不止一种危险。谁想试图重复它,谁就注定要止于"这一边",或者毁掉自己身上诗的原创状态,根本无法比他走得更远。想要进一步净化精神,不啻是使之贫乏化。大概这就是为什么有些比他年轻的人,其中有些是他的至交,他们设法如果不是完全与他背道而驰的话,也至少采取了与他完全对立的手法。瓦莱里对今日诗歌的影响或许主要是一种

---

① 《关于阿多尼》(*Au sujet d'Adonis*),再版于杂集 I。

逆反影响。而且谁知道,他本人近几年发出的许多(关于美学)理智主义的建议是否骨子里是在批评一些不忠的弟子呢?不过在此情况下,每一方只是朝各自的方向越走越远。

第九章　保尔·克洛代尔，整体世界的颂扬者

一

离开瓦莱里而进入克洛代尔的世界，意味着变换太阳系，听任一种新的万有引力的吸引，这个引力支配着等级化的世界，在那里，一切都含有价值和意义；意味着从纯意识孤岛转到由万能的上帝所创造并圣洁化的纯"事物"的坚固而具体的秩序。与此同时，也即意味着放弃把孤独的精神的绝对权力视为理想；灵魂将其宫殿重新置于人的最高点，她不再是物体、事件，她不再属于广阔无垠的外部领域；她是王后，不过这个王后期盼着摆脱"存在于自身的比我还要我的人"，即克洛代尔在他的《流亡诗》(Vers d'exil) 中提到的人。而诗人如何成为"钟表匠"、"制作者"？他最不缺乏的就是实质、意志、物质，将灵魂带给这个物质并给它以生命的气息。"黑色喧哗"，他说道，它诞生于存在之源，变成一种"心智的爆炸"①。

基督教、浪漫主义、古希腊文化（与莫拉的密涅瓦的阿提咯风格迥异），克洛代尔似乎同时迈上了这三条道路，为的是寻找某种原始主义以及与母亲们的水乳交融。② 他和自然力结盟，委身于黑夜、土地，而

---

① 《五大颂歌》(Cinq grandes Odes)，新法兰西杂志出版社，《缪斯》(Les Muses)。

② 关于这一点，请参阅让·普雷沃斯特的文章《保尔·克洛代尔戏剧要素》(Les Eléments du drame chez Paul Claudel)，1929 年 5 月 1 日发表于《新法兰西杂志》。关于克洛代尔的文学批评最近增添了两本重要新书，即雅克·玛多尔所著的《保尔·克洛代尔的才华》(Le génie de Paul Claudel)和《保尔·克洛代尔的悲剧》(Le Drame de Paul Claudel)，德克莱·德·布劳沃出版社（Desclée de Brouwer），1933 年和 1936 年。

后者在它的孩子们熟睡时给他们喂牛奶,把它的生命交给再恰当不过的"原料",交给"永恒的咸涩的大海,灰色的大玫瑰"①,一切胚芽的发生地。与此同时,船只以其艄柱耕耘海洋,海洋传达给诗人巨大的喜悦并使他产生消融在"上上下下的这个东西里头"的欲望……

"唯有第一口弥足珍贵……"②然而被来自奥菲尔——或者查拉图斯特拉③——的遥远的光芒所照亮的这种激情主义,克洛代尔从二十岁开始便成功地将它扫地出门,但并未削弱它。这种权力意志"改宗"了。在能够携带他抵达"存在的脉搏本身"的条条道路之间,基督徒选择了独一无二的那一条。对他来说唯有它是可靠的,唯有它使他得以在教堂里看见上帝。如果说他选择了它,而排除了其他道路,那是因为它不但使他灵魂得救,而且给他生存的可能,相信世界以及从事诗人的事业的可能。这就是实质所在。因为事实表明,"生活是一件令人称奇的事、一件强有力的事"的这样几乎有机的断言并不能掩盖他身上对虚无的不由自主的恐惧。他的好几部作品,尤其是早期的作品,证明了这一点。建立在虚无之上的没有根基的世界,不再存在,它一被触及便化为一堆灰烬。即使对于《金头》(Tête d'Or),人们有时会说,在他进行的事业中,在他的疯狂举止里,除了消遣,再没有什么。而贝斯莫,(《城市》(la Ville))里的工程师,土地全都托付给了他,"为的使他在这块土地上建筑铁路"。贝斯莫最终如丧钟般不断地重复:"什么都不存在,什么都不存在……"如此清晰的死亡的景象使生的任何尝试皆成虚幻,人所剩下的只是他在那悬崖上独自燃烧的倨傲而已。

克洛代尔关于他在少年时代最后几年的思想路程提供了一些线索。④ 首先是顿悟——"忽然,我有一种关于上帝纯洁无邪的、永恒的童贞的刻骨铭心的感觉"——然后便是激烈艰辛而且长时间迟疑不决的战斗,其目标是信仰和思想的协和一致,造就一个平衡的人,一个同时也是未经过任何人工斧凿的诗人。此时,兰波对《金头》的作者做着的力量之梦煽风点火的同时,"在他的物质主义监牢里"打开了"一道裂

---

① 《五大颂歌:精灵与水》。

② 《叙事诗》(Ballade),收入《圣人之枝叶》(Feuilles de Saints),新法兰西杂志出版社。

③ 扎拉图斯特拉(Zarathoustra),公元前 7 至 6 世纪伊朗琐罗亚斯德教的革新者。——译者注。

④ 尤其参阅 1913 年 10 月 10 日刊登在《青年杂志》(La Revue des Jeunes)上的一篇文章。

缝",使他呼吸到超自然的空气本身发出的醉人的芬芳,将灵魂的所有潜能永远贯穿一起。从此,

    人完成了他最高事业。然而他将丝毫压不倒使事物维持现状的力量。①

  大概必须曾经感受到最大的诱惑,即把自身当成目的的人的名副其实的罪恶的诱惑,然后又克服了这种诱惑,才会赢得最后的胜利。从此,诗人获得了上帝,而且生活进入了真正的占有状态,创作自己找上门来,不再作为一个现象网络或者在虚无之上布局的一场复杂的台球游戏,而是作为具有物理和形而上学实质的光荣的一片天地。牺牲和忘我的无限意义:忘却自我。这就不仅赢得"彼界",还赢得这个世界,因为他在上帝那儿找到了他的本原和目的,还有变得"真正生机勃发的"生活,以及恢复了它们在人世间的密度和神授的本质的事物。同样也赢得快乐,这个克洛代尔式的、异乎寻常的、爆发成为"在灿烂光辉下的欢腾雀跃"②的快乐。人们在《金头》中读到:

    什么都不能阻止我死于死亡的痛苦,除非
      我抓住了快乐……
    我把快乐含入嘴里,如永恒的食粮,如人们
      大口咀嚼而其汁液喷涌而出
      直达喉咙深处的水果!……③

  确信无疑的果实,永远可以更新的快乐!只需睁开眼睛,将手伸向亮光,便能看到,便能明白,没有任何疑惑。于是一切都很简单,于是可以欢笑,可以将熊和月亮搬上舞台,可以听任乡村童年或荷马式想象的复现。这就是快乐的功效。在最为阴暗的剧本里,如《交换》(l'Echange)或《硬面包》(Le pain dur),正是快乐的消失让人难于忍受,同时使得灵魂和物件干巴巴,宛如无水的沙漠。由此,克洛代尔与几乎所有源自浪漫主义的抒情诗背道而驰。在他那儿,没有任何东西

---

 ① 《金头》的结束语。
 ② M. G. Bounoure 先生的用语(1931 年 1 月《新法兰西杂志》)。
 ③ 《戏剧》,法兰西信使出版社,第一卷,第 278 页。

唤起这种暗藏着的或是相反高声宣布的绝望,这种自给自足的绝望。来自整个人的忧伤呻吟不复存在,人因宇宙的不可企及而深受困扰,因而到未知和神秘那儿去寻求灵丹妙药。纯洁无瑕只能存在于上帝身上,而不是任何别的地方,灵魂得救亦然。安身之处找回来了,其乐融融。事物不会欺骗,关键在于知道它们想表达什么。于是,它们被精神所渗透,与符号相比,它们更多、更好:"此世与彼世之间不存在根本的区分……事物确实至少部分体现了它们所表达的含义。"①对于凝神观望的人来说,单单感觉到它们的存在就已经是一种顿悟:

"平时,我们出于需要使用一些东西,忘记它们非应用的纯的一面。然而,经过长时间的劳作之后,穿过树枝和荆棘,在南方沿着历史轨迹进入林中空地,我把手放在沉重的岩石滚烫的圆顶,此时此地,亚历山大开进耶路撒冷之壮举可以与我异乎寻常的发现相比拟。"②马拉美所说的关于部落的词语并幻想着赋予它们"更纯的意义"的话,克洛代尔也说了,但却是针对事物本身。审美视野和神秘幻象如出一辙。这是因为事物首先活在上帝身上,这是一种绝对的生存,因为它们是"上帝的局部形象,清晰可辨而又令人愉悦"③,因为对诗人来说,至关重要的是撇开一大堆代代传承的习惯和俗套,以便抓住处于赤裸裸的纯真状态的真实。如此,克洛代尔的信念使他得以巩固把他和土地拴在一起的一切关系。他的神秘主义和现实主义两者相溶化而成为神秘现实主义。他惯常的手法与圣人让·德拉克洛瓦(Jean de la Croix)④的手法并不相同。后者在形象前稍事驻足只是为了把它们连同全部有形物从他思想里清除出去,进而在黑夜里不停地往远处奔走,直至抵达独一无二的、至亲至爱的光辉里。他也并不更多地追随诗人们的叛逆、兰波的摆脱人世间的意愿。他的使命是调和精神和世界。他将不放弃任何东西、任何形象。罗马教廷的神话机器带着其排场及其华丽的装潢,他需要将它们整个地加以利用,作为他的思想的依靠。他还乐于指出"在日本,超自然并非别的,就是自然本身;这个具有高度真实性的地区简直

---

① ③ 《立场与建议》(Positions et propositions),新法兰西杂志出版社,第 174、99 页。

② 《诗的艺术》(Art poétique)。

④ 让·德拉克洛瓦(1542—1591),西班牙修士、诗人。——译者注

就是超自然,在那里,原生态的现象被输送到意义的领域"①。

不过,这个表白本身告诉我们他的现实主义是多么富于超验性。自然的精神才是他欲望的目标,揭示现象的含义的理念本身就是无处不在的上帝。"这句关于心灵存在于有形物中并通过有形物得到表达的预言,"亚克·马里坦说,"这就是我们称之为诗的东西"。② 尽管他在他周围的事物中感觉到构成事物本质的要素之间相互结合,富于肉感和灵性,从而感到多么心旷神怡,但有时候也会在他身上产生"人的这种需要……即逃避幸福"③。于是在他眼里,一切都是要消亡的,一种奇异的透明逐渐使现实失去其内容;仿佛悬挂在天地之间,任凭微风的摆布……

> 再一次的流亡,灵魂孤零零地再一次
> 登上其城堡……④

灵魂深处形成了巨大的内在的空虚:

> 这儿,我再也听不见什么,我形单影只,唯有这些棕榈树
>   在摇摆,
> 这个酷似您的神秘的花园和这些默默生存的
>   东西。

它们在远处,勉强存在,而寂静是如此沉重,以致也许只有彼世的声音才能够将它打破。唯有圣水能够填补灵魂的空虚,并给它带来甚于幸福的东西。通过信仰和自我牺牲,世界和生命献给了诗人;而世界和生命的牺牲又构成一把钥匙,微微开启了新生活的一扇门户。

克洛代尔并没有徒劳无益地努力了四年或更长的时间来使其信仰

---

① 《日本灵魂一瞥》(Coup d'œil sur l'ame japonaise),收入《太阳升起之地的黑鸟》(L'Oiseau noir dans le Soleil levant),新法兰西杂志出版社。

② 引自《艺术与经院哲学》(Art et Scolastique),Rouart 父子出版社。

③ 《但丁逝世六百周年纪念的大赦颂》(Ode jubilaire pour le six centième anniversaire de la mort de Dante),新法兰西杂志出版社。

④ 《那边的弥撒》(La messe là-bas),《新法兰西杂志》;《进台咏》(Introït)。

如大树般在心中生根,并关注着其信仰的枝叶逐步发展到顶峰。有一天,他感谢马拉美面对着万物提出了这样一个疑问:这意味着什么?天地万物,作为一个整体及其每一个组成部分所具有的含义,了解它对人来说至关重要。人们不止一次地对克洛代尔的形而上学勾勒出粗线条①,诗人的形而上学是被深切地"感觉到"的,然而他却刻意将它置于天主教的教理大厦的阴影之下。在此形而上学的基座上重现了世界的同一性和通感的理念、所有生命和天地万物相互协作的理念。什么都不存在,也不应该试图通过自身并为了自身而存在——由此产生的正是人类的罪愆,拒绝忘却自我的人类的原罪——每一个元素都应该和整体维持无限复杂的平衡,并且周而复始地创造和谐。万物都是"互相补偿的",克洛代尔如是说,它们只通过与所有别的事物的关系而产生意义,就跟一幅画一样,一种颜色的价值表现在它和其他别的颜色的多重关系上。这是对于与生命相似的宇宙有机的而非机械的观念。再说,任何东西都不会真的自相重复,"同样的原因绝不会产生同样的效果",理由就在于任何一种原因都不能与所有其他原因相隔绝,"我们每呼出一口气息,世界焕然一新的程度与开天辟地的第一口空气被第一个初民变成他的第一口气息时是一样的"②。如此,奇迹贯彻始终而且不可或缺,它是规则,而诗人在就其活生生的整体和绝对原始而言重新找到的、复兴了的宇宙面前兴奋不已:

> 致敬,我眼中的新世界啊,如今完整的
> 　　世界啊!
> 有形与无形物的全部信经,我接受你们
> 　　以一颗天主教徒的心。
> 不管我把头转向哪一边
> 我面对着创世的浩瀚的八日庆期!
> 天地开启了,不管其范围多么宽广,我的目光

---

① 尤其参阅 Jacques Rivière 的《探讨》(*Etudes*),新法兰西杂志出版社;G. Duhamel 的《保尔·克洛代尔》(*Paul Claudel*)以及附录《评论》(*Propos critiques*),法兰西信使出版社;J. Le Tonquédec 的《P. 克洛代尔的著作》(*L'œuvre de P. Claudel*),Bauchesne 出版社,1917 以及已引用过的 J. Madaule 的著作。

② 《诗的艺术》(法兰西信使出版社):《认识时代》(*Connaissance du Temps*)。

逐一扫遍。
我秤太阳就像一只肥羊，两个壮汉将它吊在他们肩头的
　　木杆上。
我统计上天的部队并造了名册，
从俯身朝向海洋老人的大人物
到沉没在最深的深渊里的最稀罕的火……①

　　对于这出自我上演和自我发明的悲剧，对于在这个统一而又完备的世界里万物的含义，在所有生灵中，唯有人类能够有所意识。克洛代尔所涉及的唯一的"主体"，事实上也就是他的诗歌的唯一"客体"，就是这种普遍悲剧。只剩下自身，个人的重要性十分微小，他的价值通过他的形象、他占据的位置、他经历的命运、他具有的意义来体现。过多地停留在每个人的特点和性格上，是一种徒劳无益的讨好，因为这些人被卷入一场特大行动之中，这个行动超越他们，一如精神超越肉体。对此行动，不但克洛代尔的戏剧，连他的诗也作出了见证。这些诗篇逐步往解决冲突、在相互对抗和相互回应的声音之间获得和谐的方向发展。它们带有某种戏剧性。和在戏剧里围绕着其世俗和心理本性的人的表达并非最终目的一样，诗中私人、个体的情感表达不被视为作品的足够的理由。自我的浪漫主义诗歌也在这里被超越了。在这个物体靠自身而存在、不再是单纯的精神体现的宇宙里，只能根据普遍性来思考人和一切存在。问题始终在于认证、寻找地点和意义。

　　这就是众望所归的诗人的使命。他从上帝那儿接受了"辅助、确认、在脑子里集合"所有人物的特权。②"渐渐地，"克洛代尔在谈到他皈依的那些年代时说，"在我心里出现了这个念头：艺术与诗歌也是神圣的事情。"可以说诗人是神甫，也是通灵者（取兰波赋予该词的含义）。不过，如果说根据兰波的意思，通灵者等同于一个魔王派天使、"大疯子、大罪人、被诅咒的人"，他的使命却是一个在上帝的注视下工作的先知的使命，旨在向上帝祭献其作品的一幅画面。此外，神授的精神在他身上是一种组成圣言的威力的潜能；在命名一种物体的同时，他在呼唤它、创造它……

---

① 《五大颂歌：精神与水》。
② 请看《城市》(*La Ville*)中科沃尔(Coeuvre)这个人物及其言论。

上帝往一片混沌吹气,将红海劈成水与干地两部分,而红海在摩西和阿龙①面前分开。

○○○○○○○○○○○○○○○

您同样指挥我的水,您将同样的创造和想象精神置入我的鼻孔里……②

神的代言人,仿佛在奥菲尔、缪泽尔③充满传奇色彩的时代……

这是否一种单纯的抒情夸张?存在着许多相反的迹象。这种对于词语的神奇功效、程式化的思想的无穷威力的信仰属于"原始精神面貌"的遗赠,这种原始精神面貌存在于我们每个人的心灵的基本构成之中。在整个19世纪期间,尽管科学发展了,各种秘术传统保证了这个遗产的完整性,并且把它传给了伟大的抒情诗人——占据首位的是雨果、波德莱尔和兰波——这些抒情诗人任凭此遗产在他们的思想深处开花结果。这里的基本原则——它一般说来未被清晰的意识接受为一种真理,这倒无关紧要——是这样的:只有当符号按节拍"切合"所指(根据德拉克鲁瓦先生的说法),象征参与存在时,召神才可能实现,诗也才能饱满有力。我们记得研究 Th.·戈蒂埃的论著中庄严的命题:"在词汇、语言中存在某种神圣的东西……"④毫无疑问,克洛代尔会同意这个断言。这是浪漫主义和后浪漫主义抒情诗人最主要和最晦涩的信仰之一在基督教领域动人心弦的移位,可以说是圣化。

克洛代尔不久前不带抒情色彩地说明他是如何自我解释诗歌创作的现象的:"诗是行动,是使用语汇来表达人们对某个事物的想法的需要的结果。因此,想象力要对它想表现的事物有一个鲜明的、强烈的看法,尽管这个看法一开始必然是不完善和模糊不清的。而且我们的感受性还要对此事物充满欲望,我们的活动要被千百个分散的按键所引发,并且被催促着就我们得到的印象进行表达。"⑤这种表达——

---

① 带领犹太人走出埃及的先知摩西的长兄。——译者注。
② 《五大颂歌:精神与水》。
③ 希腊神话中奥菲尔所培养的音乐家。——译者注。
④ 参阅《浪漫主义艺术》以及我们的导言。
⑤ 《关于诗的灵感致布雷蒙神甫的信》(*Lette à l'abbé Bremond sur l'inspiration poétique*),后收入《立场与建议》中。

诗——严格地说必须是一种解脱。然而,只有当想象力满足了欲望时,这种解脱才会发生。多么美好的净化,通过它,灵魂由于内在的经验而知道,她终于卸掉了过去压迫着她的全部重量。在这个心灵的活动中,是词语和节奏充当了工具。内心既然受到"分散的按键"的恩惠,随后产生某种现实感,那就只有把他的全部欲望落实到——甚至因此而实现——词语和节奏的某种组合上,才会获得内心的宁静。克洛代尔说,这就在于从"一台戏,或一种感动,或者甚至一种抽象理念",构成"一种对等物或者可溶解在精神中的'圣餐物'"①。诗歌的炼丹术这个难于描绘的过程所包含的正是这些内容,人们已经做到把该过程与一种名副其实的"神圣行动"等量齐观。② 所谓"圣餐物"即是表现光荣肉体之意象的诗,此肉体充当精神的食粮,并与此同时给它注入了坚实的信念;它掌握了现实。唉,遗憾的是,这种嬗变的充分有效性大概是一种例外,因而在大多数情况下只能满足于一些聊以自慰的近似值(再说,也有必要从读者的角度去考虑问题,对于读者,诗人必须通过诱导去震撼,通过言语来驱动,一如现实会起到的作用。)然而,根本的事实是,诗的创作若以其原理来审视,在这里显得根本上是一种生命反应。

虽然如此,绝不要把克洛代尔看成在黑暗中预卜未来的缺乏意识的诗人。普鲁斯特在继波德莱尔之后所提供的例证足以提醒我们,才智可以用来为近乎神秘的艺术服务。为了勾勒将作为深沉的感动的语言符号的深奥的文字,精神上需要多么尖利的锥子啊!克洛代尔宣称:"在这气息——灵感——本身,在这个欲念里,已经存在着秩序,而智力与此利害相关"③。另外,对他来说,问题不在于从源头抓住未经加工的活生生的现时的生活,而是弄清万物,恢复它们的真实的含义。这样一种意图禁止诗人把自私的净化当作其工作的目的,即便这种净化能够在他身上引发某种超凡的愉悦。作品中的一切,还有作品本身,都应该有用处。作品中的一切都有某种含义,一如宇宙的每一微小的部分。这些表面看来无缘无故的忽发奇想,这些轻巧的润饰,谁知道它们是否没有含义呢?以它们来自娱的作者本人或许也不知道它们的含义呢。如此,不管人们说了什么,不管乍一看像什么,克洛代尔的诗通过有时奇特而艰难的途径瞄准的目标是高等领悟力。因此,他的诗期望的是

---

① 《立场与建议》,第 11 页。

② 参阅 A. Dandieu 先生关于马塞尔·普鲁斯特的论著。

③ 《关于诗的灵感致布雷蒙神甫的信》,同上页注⑤。

既被融会贯通、被理解,又被感受;或者更确切地说,通过延伸和结束的同一个行为,同时被感受和被理解(comprehendere),被精神和灵魂如"全营养"食粮一般彻底消化。

在这样一种诗学里,隐喻的作用头等重要。它是文字游戏的反面,它是认识宇宙的一种方式,它宣布以"第二逻辑"为参照的这种认识是以三段论为手段的头等认知。"不要谈论偶然。这一松树丛的种植、这座山的形状并不比帕尔台农神殿或伴随着宝石商衰老的钻石更加是偶然性的结果……"①诗人抬起眼睛,看见了。他看到,他感到,在这个其稍纵即逝的轮廓显现在他面前的东西和所有其他东西之间存在着何种"无穷尽的关系"。他说道:"任何事物都不再是孤立的,但是在我心中我把它与另一种事物联系在一起。"②由此可见,隐喻的主要任务是向每一个时刻证实世界的完整性及其永恒的原始性。《颂歌》、《三重唱歌词》和戏剧里的抒情片段一样,朝着一个广泛的阵线前进,仿佛这条罗纳河,克洛代尔为它奉献了他最美好的颂歌之一的河流在消失于高处的无数冰川的泉源里汲取其水源。一个意象在其周围引来了它的补充成分:

    啊,我诗歌中的语法专家!不要寻找道路,寻找
      中心吧!测量、理解包含在这两束孤单的火焰
      之中的空间吧!
    ○○○○○○○○○○○○○○○○○
    让我如一颗沉重的星星维持着我的重量
      穿越星光灿烂的夜空!③

宇宙就这样从始至终被提及,它无处不在,无可置疑。在此充满隐喻的语言中,灵与肉混淆一起,宛如水悄悄渗入充满细孔的物质;"持续不断,灵与肉之间的流通亦如此?"④;有形与无形互相保证它们的存在,而物质的现实证实了灵魂的现实:

---

① 《诗的艺术:认识时代》(*Art poétique:Connaisance du Temps*)。
② 《五大颂歌:精神与水》。
③ 《五大颂歌:精神与水》,《缪斯》。
④ 《五大颂歌:精神与水》。

> 感官可以感知的心灵！你们呀！感官,你们于心灵变得可以渗透而且完全透明！①

在诗人准确地投去其内心目光的这个神秘的领域里,心灵与感官之间存在着共谋关系。这样,灵魂就能够被"灵魂所感知",有时通过一朵芬芳的花朵,或者"割下来的草"散发出来的"乳香"。在这儿我们深入到建立在"万物广泛而深远的一体性"基础上的符号、相似物、通感的森林之中。克洛代尔试图在他的诗篇的"舞台上的战利品"中给世间"万应"之赞歌一个回声。

不过,这个一切都是严密的整体的神秘现实主义需要一种特殊的诗律。关键是在直至经过最严格构思的语言建构里保留生命的、自发的反应的某种东西,若可能最好是本质的东西,因为这种反应正是作诗的根源。从下列事实出发,即"人们不以连续的方式思维","我们的思维机器……闪电般地、一阵一阵地提供一堆分散的概念、意象、回忆……"②,克洛代尔把自然诗定义为"被空白隔开的一个观念",意即承载着一定的心理负荷的词组。由此,"任何口语都由原始状态的诗句所组成",而诗句远非其定义和传统观念里的艺术产品,更确切地说,出于本性,诗句是一种单纯的、从心灵喷发而出的简单的要素。③

这个论点有悖常情的表象主要来自克洛代尔给口头散文不同的成分以诗的名称(习惯上指的是别的东西),不过我们今天看到像皮尤斯·塞尔文(Pius Servien)先生那样的美学家也得到了十分相近的结论。他说:"诗是一篇有节奏(并非一定合韵律)的文本中这样一个部分:它从一个自然划分到下一个自然划分;这是包含在两次沉默之间的一个音节系列,而在其内部却鲜有沉默,即便有也是些轻微的沉默。"④同样,两人都一致认为,所有法文句子都由一系列的短长格组成,长格

---

① 《香之颂歌》,摘自《三重唱歌词》,新法兰西杂志出版社。

② 《关于法文诗律的思考》(*Réflexion sur le vers français*),收入《立场与建议》。

③ 请听柯沃尔((Coeuvre),收入在《城市》里:"我在我内心的秘密深处(将诗)定义为双重的并相互的功能,通过此功能人类吸收生命,并且在满期的最后行为中恢复可理解的言语。"

④ 皮尤斯·塞尔文(Pius Servien),*Les rythmes comme introductin physique à l'esthétique*,Boivin 出版社,1930,第 78 页。

是音素的最后一个音节,而短格是它之前的数目不定的无足轻重的音节。① 不过,当克洛代尔在最缺乏重音、最不动人的口语中发现诗时,塞尔文先生则认为,只有当达到一种高度紧张状态(抒情状态)的精神被其自身的变化所激荡,自然而然地通过句子自我表达,句子的节奏各自清晰地自动显现,这时才谈得上诗句。

无论如何,克洛代尔的诗律是建立在口头诗歌、思维的自然起伏跌宕这样一种理念的基础之上的。② 为了表现精神的活力,每一个段落都组成一个泾渭分明的意识与节奏的统一体。雅克·利维尔引用过《金头》开篇塞贝斯的最初几句话,它们是对整幕戏的主题的阐述,可与瓦格纳歌剧的序曲的主导主题相比。而这种活泼的思维的真切表现先是在最深处收紧,忽然急促跳动,然后随着不太急促的节奏渐渐地松弛下来:

> 我在这儿,
> 愚蠢、无知,
> 新人,面对未知的事物,
> 我把脸转向来年和雨下的桥拱,我心中充满厌倦!

然而人们天天看到谴责那些宣称在由习惯、文学传统构成的第二天性所开辟的道路之外向前迈进的人是反自然的。在某些人看来,克洛代尔的风格几乎完全属于人工化的创造。然而不可否认的是,他那大部分被人片面视为别扭的或与法国文化传统毫无关联的文字实际上趋于再现最初的心理凝聚的变化,而情感性则决定着这几代自由的人的命运。密集的隐喻、句法的结构,直至语法所拒绝的表达方式,使克洛代尔语言与普通法语和学院式法语相区别的一切,大致可以归结于诗人欲使语言和诗歌的所有资源服务于他想表达的全部现实的愿望。

不过还需注意别使问题过于简单化。如果只注重这些意图,就可能武断地或极不全面地去欣赏,比如《大颂歌》或《三重唱歌词》的风格。

---

① 克洛代尔,《关于法文诗律的思考》。
② 原则上如此,或者可以说事实上始终如此。我们知道克洛代尔写了一些格律诗(参看《流亡诗篇》),而且他试着来一个折中,写——主要是有关宗教和礼拜仪式的诗——一些经文式的诗,或者更确切地说押韵的或叠韵的二行诗,长短不等,几乎总是长于亚历山大体诗。

克洛代尔在品达罗斯或维吉尔的作品中"赏心悦目地"看到"一些毫无逻辑联系的词语"并列一起时,享受到了一种特殊的快感。① 文学影响,古代的和马拉美以及盎格鲁-萨克逊的抒情诗的影响都在他身上发挥了作用。然而这些影响并没有转移他对现时的忠诚,毋宁说反而使这种忠诚合法化,或许在某些场合稍事修改,使得原生态的各个要素在不因这种精细与和谐的工作而失去其真实性的情况下,被提高,进而到达使它们改变面貌的亮光,这束亮光向它们撒播最高尚的诗的色泽和虹彩。于是才可能出现如下述诗中的追忆,我是几乎出于偶然才在《三重唱歌词》里发现的:

> 我记忆犹新!这是如今晚一般的一个夜晚,
> 在中欧某地,在一个古老的王家公园里,在
>   放荡不羁的椴树下。
> 我们在那儿,前面有几只杯子,十二个人正准备
>   分离。
> 在黑夜中只能看见两三个人唇边
>   香烟上的红点。
> (全都死了)
> 细小耳朵上一枚钻石的光芒突然照亮了裸露的
>   迷人的脖颈
> 仿佛在浓黑的头发下借自非物质之水的
>   一颗水珠。
> 我们什么都听不见,除了一辆马车在宽大的马路上
>   隆隆滚动声,
> 以及公园两旁相向的乐队之间遥远的
>   对话,
> 微风奇异地将它们的铜管乐器时而联合时而
>   分开。

  然而在这儿有着纯音乐以外的东西,或者可以说这种音乐根据空中结构的线形自行布局。在克洛代尔的作品里几乎一贯如此。他那些表面上最不受控制的情感抒发,他最恣意的忽发奇想仿佛出于本能般

---

① 《立场与建议》,第 65 页。

地脱离内在的混沌,脱离初级生命的迷惘,为的是勾勒一种秩序的雏形。在他所设想的创造中的一切,无不趋向于行动、生命,无不憧憬成熟的形式以及物质和精神的充分发展。同样,"艺术的目的是对协调一致的追求"。这里如泣如诉的音乐,那里充满激烈和乡野之活力的话语,这一切都该进入一个庞大的机制,聚合、松动、承载着思想,旨在撰写一篇神谕般的演讲、戏剧性的祷告以及从个体、地点和时间释放出来的相互交错的声音组成的协奏曲。豁然呈现了一幅法国农村教堂的画面。诞生于土地依然扎根于土地并承袭了其坚固性的农村教堂,在它庞大的身躯上没有任何东西,连最朴素无华的门楣上的单薄的小雕像在内,不提供见证,不显示意愿,不以其特有的方式训诲,不向各个时代宣告一种真理。一切都屹立着,在它那儿,一切都高高矗立,沿着尖形拱肋的曲线直至顶端,那里,大钟仿佛被上天支撑着。克洛代尔的著作中同样有一些根本性的章节因其高度的精神性而显得十分突出。通过持续渐进,通过逐步滗析,在不易察觉的情况下,人们从肉体和自然过渡到超自然。然而,"超自然本身就是现实",贝箕(Péguy)如是说。同样,永恒在这里变得可以接受;污泥变得透明,而抒情变容图转换成慈悲行为。我首先想到的是《向玛丽禀告》(l'Annonce faite à Marie)结尾的升华。在这首诗和另外一些诗中,克洛代尔异乎寻常的功绩依我看就在于他成功地维持在一种怡然自得的氛围和清晰透彻之中,同时,人世间的事件或现实的视野中没有任何东西被牺牲掉。雨果的才情在《沉睡的布兹》(Booz endormi)①最后几行诗里提及夜空中永恒的夏季里那金黄色的月牙儿,从而达到了崇高的境界。克洛代尔的基督徒的天才则善于重新创造这种崇高,使之深刻化并在其中伸屈自如。或许在引证如此稀罕的美感的同时,我们可以把他针对但丁所说的话用在他身上:"在所有诗人之中,唯有但丁在描绘万物与灵魂世界时,并不把自己置于旁观者的地位,而是置于创造者的地位,试图把它们最终定位在并非如何而是为何的框架内,以某种方式评判它们,或者更确切地说根据它们的终极目标对它们作出裁定。"②事实上,在克洛代尔的著作里有着大量的文字,它们所表现的全部意象和面孔都朝着同一方向,

---

① 这首诗收入《世纪传说集》中,Booz是圣经中的人物,耶稣的祖先。——译者注。

② 《关于但丁的一首诗的导言》((Introduction à un poème sur Dante)收入《立场与建议》)。

因为它们被同一个欲望,即对终极目标的渴望所磁化。

　　克洛代尔有一日宣称,他必须"集合所有的画面",他想成为"上帝的土地之统一者"。① 因为那些"纯"诗人通过保尔·瓦莱里之口声称,"在诗里,必要说的话几乎不可能说得好",人们可能认为克洛代尔执意要显示,一个诗人,无论现在还是从前,能够道出一切或者几乎一切,首先是说出必须说的话,为了说得更好而放弃必须说的话是一种怯懦。

　　他的全部著作是一种广泛的集大成的尝试,通过表达方式的多样化(这些表达方式往往更多地属于散文,而不是诗歌),通过他纵横交错的不同的体裁和语调,也通过他不舍弃任何组成宇宙的要素并使诗情画意自一切"主体"和一切事物喷涌而出的心愿。在有时被描绘为一个杂乱无章的创作者的克洛代尔身上,有着调和者的品质。归根结底,他的本质中令人称奇的是平衡。这是一种充满活力的平衡,它来自对于互相对立的冲动的敏锐的控制能力。这是一种调和不同的文学传统的尝试,这是一种超越对立物但不失去它们的任何效能去寻找新秩序的方式。这是否古典主义者的形象?在某种意义上,或许是的,但这个形象与历史无关,至少当人们去参照法国文学的时候,因为克洛代尔诗歌的深层的源头不应在路易十四时代去寻找,也不应在他自己选择的典范中去寻找。他的诗篇所主张的思想和生活方式、他的神秘现实主义、他的火焰般的天主教义、他的悲剧感、他的甚至抒情性的创作的戏剧角度(通常是崇高意义上的戏剧),给他以活力的激情和张力,这一切都使他变成一个伟大的巴罗克诗人,体现了法兰西式的协调一致的这个诗人从各类不同的人文主义流派中汲取了养分。我们可以在《缎子鞋》中读到的对鲁本斯(Rubens)②狂热的赞颂不是一个可以忽略不计的迹象。可以说保尔·克洛代尔不管多么现代,他在想象中的1600年的法国完美地占据着相当于在现实的西班牙卡尔德隆(Calderon)③占据的位置。此人属于中世纪后期、古典主义前期,尤其是迪卡儿前期——他整个人对纯精神的哲学十分反感——今天他似乎给法国文学带来了命运没有及时赋予它的东西,就像命运眷顾了西班牙,尽管发生了文艺复兴,也像命运在另一层面眷顾了伊丽莎白的英国那样。

---

① 《五大颂歌》第140、158页。
② 鲁本斯(1577—1640),弗莱芒巴罗克风格的画家。
③ 卡尔德隆(1600—1681),西班牙诗剧作者。

这个博学的诗人不沉湎于个人抒情之中,即便稍事停留也只是出于偶然,这确实很特别。他描绘的"工作日"、在全球脚手架上发生的吸引了他全部注意力的伟大"行动",呈现在比某个特殊的心理生命的画面还要宏伟得多的巨幅画面上。他以行动使他接近目标并脱离他的自我,为的是升华到对万物与命运的全面而又超越时间的视野。他以这同一个行动迈向戏剧与史诗,在这些领域,祈求神祇或魔鬼的力量,召唤用泥浆造形的无所不能的精灵,这一切变成了根本性的东西。然而在绘画或舞台的正面,没有什么因光线的改变或重心的远离而受到损害。同样,他信奉的宗教也不能迫使克洛代尔有任何人格上的扭曲,它不要求他背离现存的任何东西。在自然天地和圣宠的世界之间,他反冉森教派的立场禁止他构筑一道鸿沟。帕斯卡尔关于无穷空间的沉寂的话没有引起他的任何共鸣。

    如此天空于我们不再有恐惧,因为不管它
      延伸多远
    您的标准并未消失,您的仁慈并未消失……①

  再说,这些空间根本不是无限的,而上帝则无处不在。出于艺术家的一种不偏不倚,出于对生活的热爱而维系着的非常人性的可能的感觉,克洛代尔描绘丑陋,就跟他描绘丑角和卑微之人一样。② 创造的这一部分是在圣宠的荫庇下,获得上帝的批准生长和存在的:

    没有什么东西是无用的,既然它可用于解释
  天堂……
    奇异而高贵的宽容。

  我认为我们有理由把克洛代尔看成自雨果以来法国最强有力的诗人。他的著作,由于它的若干根本特性,招致世纪精神的对抗,因此,他的影响直至目前为止没有人们在战前可能设想的那样有效。对此,不用感到惊奇。不过,如果说确实新生的一代偏爱具体思维并迈向唯灵

---

  ① 《五大颂歌:关闭的屋子》(*La Maison fermée*)。
  ② 见 G. Bounoure 先生 1931 年 1 月发表在《新法兰西杂志》上关于《缎子鞋》的按语。

论的现实主义,那么我们可以认为,诗人的心愿将再一次得到满足:

  使我成为孤独的播种者吧,让听见
   我的话的人
  回到家中惴惴不安、心情沉重。

二

  克洛代尔的著作,由于其灵感源,与我们的时代分庭抗礼,但是夏尔·贝基的诗更是根本脱离现时,根本就是时代错误。在阅读它们时,人们忘记了象征主义、巴纳斯主义,甚至浪漫主义曾经存在过。在这些著作里,文学在基督教神学及其神秘性面前满怀喜悦地、心甘情愿地受辱。出于与试图把诗歌作为一种纯的本质而孤立开来的现代人对立的需要,贝基把诗置于事物之中,同时阻止它摆脱道德与宗教价值的约束。在任何情况下,他主要的意图都是把尽可能多的要素融入神圣,并在他整个身心实现思想与行动的完全一致,绝不离开心灵重心寸步而去致力于一些特别行动。由此,很难在他身上把诗人和散文家、抨击文章作者区分开来,也很难区别对待他于1910至1914年间发表的作为忏悔和善行撰写的神秘剧。

  一种思想——而没有什么比思想更为庄严和严肃的了——围着神秘范畴的极少数问题转圈,这在我们时代构成异乎寻常的景观。这些问题涉及基督教生活,圣宠,复归贞洁、绝对纯真和原始青春的问题。而这里的所谓贞洁根本不是本性的贞洁,不是卢梭或兰波式的童真,也不是幸福的"太阳之子的状态",而是上帝的纯洁无邪,"第一块土地和第一块泥土"的纯净。仅仅在这方面,按照鸠塞普·恩加雷蒂的说法,19世纪的诗传达给我们时代的是"对于贞洁的未满足的希望"。如果说这种说法是确切的话,那么我们可以说贝基参与了他那个时代的地下生活。世界上的贫穷和古老令他难于忍受,他也想努力使天堂生活的梦想具体化。但是他的运动是基督教的运动。他的全部努力是抗拒"老化"和"硬化"(他的导师贝格森会说"习惯"),为的是重新找到这种超越人间的轻松和喜悦,圣洁就应该如此。当他向珍妮薇(Geneviève)[①]致意时,他的句子轻盈飘逸,仿佛从罪恶的重负中解脱

---

 ① 圣女珍妮薇,巴黎的保护神。——译者注。

出来：

> 每天晚上把全部羊群赶回羊圈的
> 圣女，勤敏的牧羊女，
> 当世界和巴黎到了租约末期，
> 您能否以坚定的步伐和轻巧的手
> 从最后一扇门来到最后一个院子
> 通过拱门和两扇门扉
> 把全部羊群带到圣父右侧。①

  这位神秘主义者同时也是一个现实主义者和血肉之身。所发生过的这些圣迹、这些掩盖着的奥秘，在我们的感官所能企及的范围之外发生的这一切，他不把它们变得实际存在和可以触摸就绝不罢休（他同样也不让文字有片刻安宁）。然而，他不掌握诗的炼丹术之奥秘，如克洛代尔所实践的那样，他对于这些骤然震撼人心的词语之间闪电般的相遇——仿佛现实中的电流——的现象也一无所知。或许他对这个魔法的"清白"和纯净心怀疑窦，他需要选择最长的道路。我们看到他的主人公们反复增加材料的精确性和细节——然而在法官眼里，冗长不关他们痛痒——以便重新创造一时曾经有过的东西，并且最终掌握一颗灵魂和一副躯壳内的真理……

> 因为超自然本身即是肉体
> 而圣宠之树深深扎根
> 扎进土里并追寻直至底层
> 纯种之树本身万世长存。②

  "从灵魂到肉体的延续不会中断"，克洛代尔如是说。从最低到最高，从地下到天上也一样。而脑力活动本身，任何间断都不应该存在。如果说贝基怀疑诗人的魔幻艺术，他也同样厌恶迪卡儿艺术，该艺术以逻辑链为手段进行推理，而人们记住的只是链接中的最后一项。为了

---

① 《圣-珍妮薇挂毯》(*La Tapisserie de Sainte-Geneviève*)，贝基的全部著作正由新法兰西杂志出版社。
② 《夏娃；双重扎根》(*Eve; la double racination*)。

他能对他的理念深信不疑,真正加以消化,进而在他身上成熟,他需要把这个理念的所有要素编织成一张撕不破的网,把所有的命题结合在一起,缝合在一起,使得它们构成柏格森用语所指的一种"绵延段",并与他的深层的生活混为一体。若在这里简短引用《贞德的慈悲的奥义》(*Mystère de la Charité de Jeanne d'Arc*)或《纯洁圣人的奥义》(*Mystère des saints innoents*),则不足以让人体验到这个致力于征服自身的思想的停滞不前、落后或进步。如此写就的文本一般十分冗长,毫无形式美可言,绝对谈不上雅致,它们带给我们的是充满了结节和渣子的原生态的美,然而与之相比,"艺术产品"却再一次显得矫揉造作。对于这种粗糙而又结实、被似乎来自超自然的彼界的元气赋予生命的诗篇,C. F. 拉姆兹(C. F. Ramuz)在他的抒情和史诗般的小说中提供了另外一些例子。对这两人的著作,我们所能欣赏的是复归本原、复归具体的口头诗歌的好处。这类诗歌,克洛代尔早已在其著作中给它留下了广阔的空间。

不过,人们若想在贝基之外去寻找某种通俗的、朴实无华的、乡土气的崇高,那将徒劳无功,这种崇高可与最高的修行相媲美。让我们听听他向朋友说的话:"我去过沙尔特(Chartres)①朝圣。我是博斯(Beauce)②人,沙尔特是我的教堂。我事先没有经过任何锻炼,却在三天之内步行144公里。啊,我的老兄,十字军,这该多么容易!十分明显,我们若是第一批出发去耶路撒冷的人,我们会死在路上,死在壕沟里,这不算什么。真的,我感觉到这不算什么。我们从事的是更为艰难的事情。在距离沙尔特17公里的平原上就能看见钟楼。有时它会消失在地势的起伏或树林边缘的后面。我一看见它,就心荡神驰。我再也感觉不到什么,疲惫、脚,都感觉不到了。我全部的污秽一股脑儿被涤除干净……"再倾听贝基以及诞生自对这几天的回忆的诗篇:

> 海洋之星,看那大片沉甸甸的麦子
> 海洋般的麦浪滚滚,
> 不断翻腾的浪花,我们满满的粮仓,
> 您的目光停留在这件宽敞的披风上。

---

① 沙尔特是法国厄尔-卢瓦尔省的省会,沙尔特大教堂是12世纪重修的哥特式建筑,十分雄伟壮丽,常年吸引许多游客和朝圣者。——译者注。
② 博斯是法国介于沙尔特省和奥尔良森林之间的一片平原。——译者注。

……
黎明之星,不可企及的王后,
我们现正朝您闻名的宫殿走去,
这是我们可怜的爱的高原,
这是我们巨大劳作的海洋。
……
两千年的耕耘使这块地变成
新时代的无穷无尽的粮仓。
您千年的恩泽使这些劳动成为
孤独之灵魂无限的慰藉。①

  昔日基督徒的精神和诗情画意一起涌现,两者皆出自唯一的源泉。这与克洛代尔的大管风琴毫无共同之处。一个声音在离地面很近的地方响起,它来自一条犁沟,可是它直上云霄,宛如一只云雀。

---

① 《向沙尔特圣母院介绍博斯》(*Présentation de la Beauce à Notre-Dame de Chartres*)。

第十章 善意之人的诗篇

一

一致主义者、惠特曼派、修道院诗人①,人们如此分别称呼 1900 年伊始从事写作的这些所谓善意的人们。然而,这些称呼中的任何一个都只适合于两三人,有好几个人从未去过克雷代尔的修道院②,只有几个人追随儒勒·罗曼(Jules Romains),而后者并没有多少东西要归功于惠特曼。开头,当战争尚未减弱它的冲击力,当它和新古典主义以及法郎吉的新象征主义平行发展时,这个运动像是一种后本然派,依附于维哈仁、保尔·弗尔、詹姆斯(还有马特兰克),并且深受民主与社会主义的意识形态的影响。

很难将这些互相间相当不调和的倾向归于一体。不过,所有这些诗人都或多或少自觉地背离象征主义和理智主义。由于没有能力拒绝世界,没有能力屈服于人工雕琢的天堂的吸引或者为满足他们自己的乐趣使传说般的往昔再现,现时和现实对他们来说显然是填补心灵空虚的选择。这就解释了为何他们对于作为 19 世纪 90 年代的诗人眼中

---

① 一群诗人和艺术家于 1906 年聚居于巴黎东南边的克雷代尔小城,创办的一种以艺术自由和经济独立为原则的法伦斯泰尔(法国空想社会主义者傅立叶幻想建立的社会基层组织)式的团体。——译者注。

② 见克里斯蒂安·塞内沙尔的《克雷代尔修道院》(*L'Abbaye de Créteil*), Delpeuch 出版社,1930;M. L. 比达尔的《修道院作家》(*Les écrivains de l'Abbaye*), Boivin 出版社,1938;吉贝尔·基桑的《诗与团体,1890—1914,修道院一致主义的诗作的社会信息》(*Poésie et collectivité*, 1890—1914, *Le message social des oeuvres poétiques de l'unanimisme et de l'Abbaye*),洛桑和巴黎出版社,1938。

的象征的间接表达法如此反感,对于1912年前后安德烈·纪德的辛辣话①在他们跟前获得的成功也十分反感。安德烈·纪德这句辛辣的话语摘自Ch-L.菲利普的通讯集:"优美与艺术爱好的时代已过去。如今需要粗俗的人。"纪德又说:"奇怪的是,(菲利普)是通过文化本身才醒悟到这种感觉的合法性的。"先是杜阿梅尔,继而阿尔克斯(Arcos)注释道:"他想说必须放弃受书本影响的艺术并叙述我们自己的经验。"②

这种与威廉·詹姆斯(William James)密切相关的经验观在这里具有高度重要性。这是渗入整个人体的、如顿悟般令人激动的确信感;这是一种欣喜状态,它仿佛把世界交付给人类,并使后者确信他"掌握着"世界。然而,只有那些从视觉习惯和功利主义的俗套中解脱出来并且加深"把感觉和体验区别开来的虚设的深渊"的人才能抵达这个世界。③ 成为粗俗的人,通过耐心的、循序渐进的非理智主义化的途径,这首先是在接受自己的感觉的同时留给它们一定的行动空间,不把它们列入逻辑范畴,亦不把它们归于正是使人产生这些感觉的东西。这是脱离文明人传承下来的某种形态的一种方式,旨在恢复一种更大的可塑性并给自己提供物质的痕迹。总的来说,这个问题和柏格森在关于艺术的思考中提到的问题同属一个范畴。④ 对于杜阿梅尔及其朋友,对于克洛代尔也一样,诗不存在于梦幻、朦胧、想象之中,而是存在于现实,不过是自身确确实实体验到的、没有被简单化也并非约定俗成的现实。难处在于表达这种体验时,要"尽可能直接,不强加给它约束和修辞,也不将它掩藏在旋律的花饰里"⑤。杜阿梅尔在这里明显摈弃的是浪漫主义的滔滔言词和象征主义者偏爱的语言的音乐性。这样一种审美观所预示的,是质朴和粗犷的诗。

然而,在1905年,象征主义者的自恋发展到怀疑他人的存在的时代已经逝去。所有的存在中最为动人的人的存在将给予这种诗新颖独特的色彩。我想象维德拉克本人大概也不会否认,人与人之间存在着如瓦莱里所说的"自然的敌意",不过人与人之间的友情也是一种天然,

---

① 见他于1911年在 E. Figuière 出版社出版的报告。
② 见《法兰西信使报》,第105卷,1913。
③ 见杜阿梅尔的《诗人与诗》,法兰西信使出版社,第28页;同时参考此书关于对诗的认识的议论。
④ 参阅例如《笑》(*Le Rire*),第155页及随后一页。
⑤ 《诗人与诗》,第213页。

在人的心灵深处有一种隐秘的倾诉和信任的需要,它需要得到满足。在这里显出了一如克雷代尔修道院的尝试共同生活或者对于"拉维莱特的白葡萄酒"毫不作假的好感的人性特权。由衷的乐观主义远非来自对世界的判断错误,而是产生自对于"两三种神奇的事物"的坚定不移的信念。对"进步"的崇拜,或者对人类的创造的幼稚的欣赏都不足于为它供给养料,使这种乐观持之以恒的是对人在其快乐、痛苦和耐心面前保持自尊的含蓄的关切。"假如文明不存在于人的心中,它便哪里都不存在",杜阿梅尔在《文明》一书中的末尾如此断言;而儒勒·罗曼(从 1910 年起)则说:"别被实践家的发明所震惊。利用他们的机器,可是蔑视他们,心安理得地蔑视他们和他们的机器……只有灵魂才是重要的。"①

对具有这种宗教精神的人——虽然他们远离一切教条——来说,生命布局在若干特别优越的状态周围。在此状态中,灵魂的威力达到了前所未有的协调一致的程度;在此状态中,"天地在说话"(波德莱尔语),同时让人看到它真正的轮廓;在此状态中,生命中最微小的事故也染上了形而上学的光彩。按儒勒·罗曼之意是"对生活富于诗意的感觉",对杜阿梅尔来说则是"抒情的生活",是一种圣宠状态,随之而来的是令人愉悦的陶冶、激情的净化和人类痛苦的减轻。那么诗变成了什么,如果不是变成一种自我颂扬、享受上天赐福的手段的话?从此它的目的在它自身之外,而它的宗旨是"使每个人热爱、占有和提高他的生活"②。

有人说这是延续了圣-西蒙时代的实用艺术。有必要统一看法。显然,修道院的大多数人及他们的朋友们身上都存在一种类似于承担使徒使命的欲望,这种欲望是上一个世纪的社会诗人的驱动力。不过,他们通过华丽的词语使美好和实用相结合,其目的并非"普及真理"③,甚至也不是手指星星,就像夏特东(Chatterton)④那样,他们追求的是快乐。"倘若我们有足够的爱",维德拉克吟诵道⑤,只需一丛茂盛的小

---

① 《神化手册》(*Manuel de déification*),Sansot 出版社。
② 杜阿梅尔,《保尔·克洛代尔》,并有《评论》(*Propos critiques*)附于后,第 142 页。
③ 拉马丁,长诗《若斯兰》(*Jocelyn*)的序言。
④ 维尼 1835 年发表的剧本《夏特东》中的主人公。——译者注
⑤ 《风景》(*Paysage*),选自《爱之华章》(*Le Livre d'amour*),新法兰西杂志出版社。

草或一声小鸟的鸣叫便能使最可悲的景色改观。断言任何东西都含有灵魂的食粮，表面上最不幸的生活具有其隐秘的高尚，这就是修道院诗人的基本信条。作出的决定与人和著作等价。维德拉克在《爱之华章》(*Le livre d'amour*)里最好的章节、杜阿梅尔不止一首动人心魄的诗作（如《占有世界》(*Possession du monde*)）大概都要归功于此信条。关于该信条之渊源，人们在马特兰克那儿（在他的《卑贱者之宝藏》(*Trésor des Humbles*)中），或因俄国大作家而在西方普及的斯拉夫多愁善感中找到蛛丝马迹。

在巴纳斯时代，柯贝、马纽埃尔（Manuel）就已经从日常生活和对人的侧隐之心中激发诗情画意，试图使个人抒情的传统获得新生。另一方面，从罗曼、施奈维尔，甚至维德拉克，到维哈仁，他们之间的传承关系十分明显。然而维哈仁是雨果的后继者，而在他的弟子行列中就有柯贝及马纽埃尔。一方面是多愁善感的抒情，一方面是现代的、人道的史诗，这两条贯穿1910年一致主义和惠特曼式诗歌的潮流大概可以在《静观集》和《历代传说》，尤其是在写当代的剧本如《可怜的人》(*Les Pauvres gens*)①中找到一个共同的渊源。此外，左拉的某些小说在雨果——尤其是《悲惨世界》的雨果——和儒勒·罗曼之间占据着一个中间位置。我们一开始以为互相间可能存在很大差距的人实际上存在着连续性和相似性，对此不应有所误会。这种亲缘性主要被风格上的差异所掩盖，雨果的这些后继者对于笔下生花的做法抱着怀疑的态度，他们使用一种简单而朴实无华的语言，对那些习惯于象征派特有的音乐性的耳朵来说，他们的语言往往显得贫乏而且不悦耳。原因在于惠特曼在这方面的影响又一次替代了雨果的影响，而人们有意识地模仿他的"抒发感情的风格"，他那自言自语的特有方式。在进行这类独白时，他不放弃口语的节奏，甚至在抒发情感时也一样，不过并不停止赋予词语哀婉动人的声调。于是在诗人和读者之间建立起一种兄弟般的交融，诗篇变成了不可抗拒的心腹话。这份知心话来自这样一个人：被长时间抑制的热诚使得他让别人，让随便一个人，终于发现了他那丰富而

---

① 我在杜阿梅尔的《评论》第130页里读到如下几句话："一个诗人在说话，他在说他自己，听着，他为你们而说话。请靠近一点儿：他正说到你们。"而《静观集》的序言这样写道："当我对你们说到我时，我是在向你们叙述你们自己。你们怎么能感觉不到？啊！以为我不是你的人真是发疯了！"

又被埋没的生活。对于这个美国抒情诗人的影响,要说的东西太多了。① 不管我们审视惠特曼式的"我"——一个不再在一旁赌气,或者不再照料自己,或者不再培养他的癖好,或者不再自我欣赏,而是"整个地"生活在与别的"我"接触之中的"我"②——的新诗,还是诗人与宇宙的亲近,这种对永远充满着生之快乐的人的颂扬,或者他通过并列同位语、与喘气的节奏一致的列举所做的发挥,人们发现这一切里的任何东西都不能让杜阿梅尔、维德拉克、杜尔坦(甚至安德烈·斯皮尔或者瓦莱里·拉尔伯)无动于衷,每人都以其各自的方式梦想着摆脱词语的诱惑力,梦想着撕掉幕布,为的是在宇宙和人类中间找到新的幸福……

> 至于我,除了奇迹以外,不识他物。
> 不管我漫步在曼哈顿的街道上,
> 或让我的目光越过朝天的屋顶,
> 或沿海滩行走,让我赤裸的双脚沐浴在流苏般的浪花里……
> ....
> 光明与黑暗的每一时刻于我都是奇迹……③

这是献给世界的青春浴,是对未来的人郑重其事的迎接。

二

"唯有灵魂才至关重要",然而我们对她的潜能几乎一无所知。如果我们懂得培育她,就像我们培育我们的智性和我们的躯体,并使她投入真正的"心灵"历险中,那该有多好!儒勒·罗曼如此想道。一切都让人推测精神是朝外扩散的。对那些不接受这种设定的人来说,一致主义的理论是纯粹的鬼怪幻影。在不可见的世界里,有可能发生一些犹豫不定的、摸索着进行的接触。有可能相爱着的一个男人和一个女

---

① Léon Bazalgette 的书于 1908 年由信使出版社出版,他翻译的《草叶集》全集第二年出版,不过那时惠特曼的著作早已远近闻名。

② 瓦莱里·拉尔伯(Valéry Larbaud)语,见他为惠特曼选集(1914 年由新法兰西杂志出版社)写的序言。

③ 《惠特曼选集》引用过的诗句,1912 年发表于《努力》(*Effort*)杂志上,该杂志是 J-R. Bloch 在普瓦图经营的杂志。

人自己创造一个瞬间、一种大半是无意识的新的心理能量,即他们的爱情。一个家庭、一个环境的氛围,一群人的灵魂,在某种条件下成了超过意象的表达;不过,为此,团体中的每一分子必须共同渴望并信仰相同的事物。这些诞生于精神,一旦交融中断便解体、分化和消失于个体之中的灵魂,罗曼称之为神。他说,因为"我们只能爱比我们年轻的神,我们并非它所创造,相反,是我们创造了它;它不是我们的父亲,而是我们的儿子"①。当代实用主义则教导说,人有能力在其自身孕育"神"。至于要知道一致主义理论是如何从塔德(Tarde)②和杜尔克姆(Durckeim)③那儿吸取灵感的,只需想一想儒勒·罗曼把他的第一个"幻觉"定位在他十八岁那个夜晚,在阿姆斯特丹街上这一事实,而他那时对现代社会学还一无所知。他青年时代信教,还有就像他最近的活动以及他对于心理玄学的问题的兴趣一样,表现在他身上,除了是一个科学工作者以外,还是个神秘主义者。然而,作为教师和哲学家,这位诗人认为有必要提出一些信条,发表一本宗教实践手册、祈祷手册以及撰写一些符合规定的如《行进中的人》(Un être en marche)那一类的示范。这等于怀着极大的勇气甘冒挨批判和成为笑柄的风险。他若放弃创立一个战斗教会并把所有直觉当成理念,或许会更好一些。

"我们总该有朝一日成为人类!"④此即一致主义的最高目标,它将大有前途……不过还是有几首归属于这种整体人类理念的充满激情的好诗篇,就像《在战争期间》(Pendant une guerre)⑤写的这首诗,它描写人类在日俄战争期间因为过于软弱而无法体会与死亡线上的人们同甘共苦的感情,在诗集《欧洲》(Europe)里也不止一处反映了这个理念。

如同克洛代尔和贝基一样,罗曼不认为诗歌存在于一个遥远的地方,人们只能如梦游病患者般偶然撞到那里,也不认为诗歌只能是一种咒语,是"另一个世界"的一种声音,这个声音通过现实的裂缝传到我们

---

① 《神化指南》(Manuel de déification)。
② 塔德(1843—1904),法国社会学家,心理法学派的主要代表人物之一。——译者注。
③ 杜尔克姆(1858—1917),法国社会学家,最先明确提出以社会事实作为社会学研究对象。——译者注。
④ 诗集《一致的生活》(La Vie unanime)的末尾。
⑤ 刊载于《一致的生活》,法兰西信使出版社。

这儿。对他来说,什么都可以在诗里表达。没有什么感觉、情感、念头、事实——一旦找到视点和适当的语气——不能入诗的,或者在正面出现时应该感到羞耻的,必要时可以附上证据,运用所需语言,将其轮廓暴露在光天化日下。(神秘本身将被置于其适当的位置)然而儒勒·罗曼并非吕克雷斯(Lucrèce)。他推出一句晦涩难懂的诗句的武断的方式,他所运用的辅音生硬的音色以及灰色的意象与当前的审美趣味是如此大相径庭,以致人们并不对他所遇到的阻力感到太大的意外。人们对于充满教训意味的、显示它是如何作的诗不再怎么感兴趣。然而,这种诗很有存在的价值。人们若试图否定它,它却继续存在下去,宛如一件真实物品,有着隽永的结构,其密度和牢固的架构在很长时间里不知使多少法国作品脱颖而出。

在此诗中渗透着一股英勇壮烈的精神。他的诗选择了叙事体。不管是在二十五年前的《一致的生活》里,还是在《白人》(*l' Homme blanc*)里,都有某种事情发生;发生了一些事件——战斗和征服、焦虑和失败、幻象、奇迹——系于事物或直接发自灵魂的内外事件,但却被感受为震撼内心深处的心理现实。在这儿揭示了一致主义的史诗性质,它可以概括为对人类整体的天然直觉。对儒勒·罗曼来说,一切都构成不可见的存在、隐秘的运动、隐蔽的磁化、在未定型的东西中形成的草图、心理环礁的聚集,而文学问题对他来说使这种不可捉摸性变得具体化。为此他建立了一整套特殊的词汇,在这些词汇里,许多抽象的词就像在雨果的作品中一样表达了物质与心灵的种种变形。而这种旺盛的活力正是一种史诗元素;对一个城市、一群人、一列行进着的队伍、一座工厂的具有神话色彩的幻象——沉湎于初级生活的活生生的神奇的庞然大物。被科学切断了翅膀的古老史诗之神奇性由于一个诗人的灵感而勃发生机,对此诗人来说,精神世界是名副其实的"奇迹"发生地。包括旅行这个荷马、维吉尔以及他们无数的模仿者偏好的题材,都无不出现在《欧洲》(*Europe*)和《恋人之旅》(*Voyage des Amants*)中,至于《白人》则建立在亚洲部族迁徙的理念上,他们总是朝着"萎靡的西风"和布满夕阳笼罩的整个地平线的"一堆金色物体"的方向越走越远。

如此,过去与未来相衔接,国家之间相互接近,地球在通过信号向它说话的天空下面收缩。罗曼以左右两个粗拇指揉搓活生生的板块,这些板块构成简图式的广阔的天地,而人类用力支撑着其中心部分,陶醉在强烈而又充满英雄气概的幸福之中:

> 霍斯潘塔尔！
> 　　啊！有回声的一周，
> 　　　仿佛一块铁板
> 挂在我的青春岁月之上！
> 啊！黑色金属般的夜晚
> 你如锣与钟一般生成！
> 我并非躺在一张床上，
> 我并非睡在房间里，
> 在地板和梁柱之间。
> 我伸展全身
> 满怀喜悦地躺在
> 　　罗丝河的轰鸣声中。
>
> 请让我对你叙述，亲爱的同伴
> 你在那儿，
> 　　和你的躯体，也和我的躯体
> 无边的喧哗漫不经心地玩耍。
> 生活并不减少其博大与优越。
> 阳光传送波涛的清新爽快。
> 正午过于清纯让大地难堪；
> 而人们急于沐浴其间的正午阳光
> 通过一块熔化的天空流泻在我们身上。①

这首诗在这儿构成对宇宙的"诗意的认知"行为。而这种认知需要自认为是绝对的。"我们有时以十分神秘的具体方式去认识事物，"吕克·杜尔坦说道："我们游移不定的界限被穿越，而在我们的内心深处几乎是实实在在地潜入了一个物体或一个生命……事物于是不再是单一的、清晰的、通过轮廓与其他事物截然分开的，人类思想的老化使世界呈现的这些如皱纹般无法磨灭的轮廓，重新恢复或者渴望恢复它们的原貌：深刻、猛烈、不可表述并通过中心相互联系在一起。"这是对现实宇宙的深深的直觉，这是非理性的、顷刻间产生的直觉，或者至少是接近这种直觉的希望。

---

① 《欧洲》(*Europe*)，新法兰西杂志出版社，1919，第29页。

人们若想在这首诗中寻找一致主义固有的程式,那将徒劳无功。这个现象绝非例外。在罗曼的著作中存在一条抒情脉络,它延伸于一切体系之外,若非诗人的自我在那里受到的干扰直至其退隐处,若非这个自我被使命和召唤所不断索求的话,人们也许会把这条脉络归于私情抒发一路。简言之,可以这么说,具有史诗倾向的诗歌向精神的倔强与征服的态度作出回应,而抒情诗表达的一般是消极的状态,甚至是"自我"的失败与焦虑,因为"自我"软弱无力并且没有能力创造神祈。《颂歌》(Les Odes)、题为《爱,巴黎的色彩》(Amour, couleur de Paris)的小书有数篇作品正属于这一类,而且十分成功。对这些短小诗篇作进一步分析,会发现不止一处的古典风格,虽然表面上质朴,里面却隐藏着诗人对词汇的耐心的求索,追求具有最远的穿透力、最能唤起心灵的共鸣的词汇。然而,罗曼作品里的文学移位与比如莫雷亚斯的作品相反,它减少到最低限度。罗曼的诗篇表现的是整个精神及其模糊的力量,是肉与血在焦虑不安、窃窃私语;与人的古典含义、被传统和文化锁定的特定的"我"相对抗的是一个完整的"我"。没有比这更现实主义的诗篇了,从某种意义上说,没有比这更大的想象力的宿敌了。他的诗的源泉喷涌自生活本身,它在灰色的亮光里静悄悄地跟踪存在的变化,而这种变化是在日常语言不能企及的区域进行的。

> 世界或许等待着
> 在睡眠者的门口,
> 对于梦幻既无恩泽
> 亦无隐秘的出口!
>
> 然而迎接你的
> 并非某个大师
> 而是雾夜间准备的
> 奇异的解脱。
>
> 任何界限都是蒸汽,
> 任何监牢都是烟雾;
> 住所和道路
> 属于黎明的权限。

从你怀疑的深渊
　　一个人被推向你；
　　你们跌落在一起
　　仿佛两颗消逝的星辰，

　　动作波浪起伏
　　在你孤独的边缘，
　　充满着新创造物
　　特有的喜悦。

　　在你称呼它们，
　　你的流亡伴侣之前，
　　它们软软一跳
　　重又沉入永恒的泥淖中。①

　　"我"被卷入一个无限超越他的强力网络；他的直觉没有一个不从心理转向形而上学；如果说一切都"由中心拴在一起"，人类精神之根基却在人之外。

　　"我们不认为在发掘事物的奥秘方面诗人没有哲学家走得远"，《一致生命》的作者这样写道，从而确定了他青年时代的雄心抱负。② 他的尝试因此被置于现代潮流的中心。甚至在兰波的准则和罗曼的告诫之间某种一致性并非完全不可思议，既然二者都寄希望于对心灵的能量的持久而积极的信仰，并且以下述理念为基础：在培育其灵魂的同时，使其诗感变成探索和征服的一种工具。不过，罗曼以其特有方式是一个实证主义者，他决不可能放松方向舵，除了在时刻认清形势的前提下一步一步地前进之外，他不会有别的做法。他拒绝魅惑，从而给予他的作品一种明白清晰，一种特别的"效力"，这就足以把他和兰波的信徒们区别开来。

　　他本人近年来则致力于标明距离、确定其特有的立场及其"告诫"

---

　　① 《秋天》，选自《爱，巴黎的色彩》，新法兰西杂志出版社。
　　② 见为 G. Chennevière 的《诗集》(*Oeuvres poétiques*) 写的序言，新法兰西杂志出版社。

之含义,刻意地远离超现实主义,远离瓦莱里。他为《白人》所作的序言①便是很好的说明。在这篇序言里,他十分清醒地为清新、雄辩和丰腴、明白地道出一切的诗歌作辩护。这等于是对"不纯"之诗人雨果的传统的传承。只不过很遗憾,《白人》一诗的作者并非总能达到实现这样一种意图的高度,而且十几年来从他所发表的一些诗文片断中唤起的一些希望看,他并没有很好地使之成为现实。我虽然很高兴,一部现代史诗以呼唤普遍共和以及颂扬乡村教师作为尾声,然而怎能不梦想那么丰富的想象力本来可以雨果式的精神催生神话和诗情画意?若想打动人心,预言还需要有翅膀。

三

不管罗曼愿意与否,在广大读者面前,他如今被视为小说家和剧作家;杜阿梅尔在追随惠特曼之后,在他的《哀歌》里走向一种更为内在的审美道路,如今他似乎接受了他作为散文作者的命运;维德拉克则成为戏剧家。一如外渗的活泉,一致主义,若从最不狭窄的视角看,或者更为确切的说法是,一致主义激励着修道院的同仁及其朋友们的这种"热诚"诗歌的精神在非诗歌形式的作品中发扬光大。就这样,人道主义的一种信息渐渐触及十分广泛的读者。

然而,这种从诗到散文(小说、剧本)的过渡并非出于偶然或一种什么"职业"的需要,这种过渡是可以预见到的。显然,作诗这一事实可以导致联盟的形成,可以与一些不同但相邻的活动融会贯通,而我不会先入为主地批判具有社会性的人道倾向的诗歌。然而,十分清楚,对人的爱并不比任何其他感情更能使自己必然变成诗。这一派别的作家的"善意"首先是道德方面的追求准则。

可以说唯有乔治·施奈维尔到他英年早逝时(1927年)自始至终是个诗人。他的淡泊名利、他的谦虚或许是他一辈子很不公正地处于半默默无闻状态的原因。此外,他既没有"手法",又没有"专长";他的诗的魅力出自多种天赋之间的平衡,而一种准确感加上对好的语言的绝对可靠的直觉使他得以避免任何过头的东西。我们甚至可以把他作为我们时代罕有的诗人之一(或许包括保尔·福特,有时还有詹姆斯),这些诗人具有一种与生俱来的古典质素,没有任何纯理论成分,是天然

---

① 弗拉马利翁出版社,1937。

与艺术的绝妙配合。施奈维尔的诗充满人性,一致主义本身在被他所接受之后失去了它的英雄主义的性质,也失去了它的冷峻。灵魂在"非我"的边缘犹豫不决并在怀疑、不安和快乐之间踯躅徘徊:

> 啊!可怜的不满足的心
> 茫然之人,需要什么
> 你才幸福?

这个问题,人们感觉到它存在于诗句的字里行间,宛如一滴泪水挂在眼皮下。这种对于"永恒的怀恋"①,这种对于逝去的东西的依恋构成了灵魂的某种哀婉动人之处,而这种感觉来自简洁的意象和朴实无华的句子。诗句仿佛无涟漪之水面纹丝不动,一切变得晶莹剔透!

> 时光在存在底层打盹
> 每一瞬间上升成气泡。
> 云彩滑行。
> 街道上一辆车
> 发出如此轻柔的声音,引人观看
> 日光平静地燃烧。②

这种对于不可能的幸福的渴望说明了何以施奈维尔要写"田园诗",例如《一日国王的传说》(*La légende du roi d'un jour*)。在这首诗中,大自然和神奇曼妙在民间歌曲的节奏下会合一道。

战争和战后的动荡和失望没有改变人。难以见到事实在"说话",事件给人以警示。"历史教训"是历史学家,尤其是文学家的发明。若抛开表象,对那些有独立见解的人,因战争而改变观点的人为数极少(从各种角度来看)。最不相同的理论,都能以似是而非的理由声称被

---

① 《G. 施奈维尔,或永恒的怀恋》(*G. Chennevière, ou la nostalgie de l'éternel*),克里斯蒂安·塞内沙尔(Christian Sénéchal)的文章,1927 年发表于《欧洲》文学月刊。

② 《低吟轻唱》(*Chant à voix basse*),发表于《1911—1918 诗刊》里(第 82 页),后来又收入《诗歌选集》(*Oeuvres poétiques*)(由新法兰西杂志出版社的诗选)。

战争证明其合理性。在这里,1914年开始的恐怖年代被看成一块试金石,考验信念之深度和善良与人道的意志的坚定性。这些诗人敢于对抗疯狂的风潮。他们丝毫没有否定自身。他们拒绝诅咒对手。这在今天还被一些人视为乌托邦或丑闻。从《欧洲》到 P.J·茹沃的《悲剧》(*Tragiques*),再到维德拉克的《绝望者之歌》(*Chant du désespéré*)、杜阿梅尔的《哀歌》(*Elégies*),有许多关于战争的或者说是反战的诗歌。它们给我们带来了不可痊愈的伤痛和无边的绝望的心声,或者拒绝罪恶的人的反抗激情。与过于简单的揣测相反,史诗的影响在这些即景诗中相当罕见,这是些表现苦难时期的诗篇。此外,在纵观产生于战争时代的诗文整体之后,不沦为笑料或不被斥为浮华的好战的诗篇或长篇大论的歌功颂德的文字屈指可数。在这种情况下,最强烈的真诚只能在容易和浮夸的语言中得到表达。成功的诗篇充满人性和痛苦,或者引发仙境般的美感和幻觉(我想到的是纪尧姆·阿波利奈尔)并且不含任何激情。似乎战士的训练,不"掉队"的神气在诗里是"难于收效"的。可以说不幸鼓励人们自省和保护自己的生活,就像在空荡荡的世界上一束可怜的火光:

  在阿维尼翁的无花果树下
  绿荫甜丝丝
  因陶醉于幸福中的
  无花果的泪水。

  我丝毫见不到果实
  我再也听不见蜜蜂
  而罗纳河徒劳地吟唱
  对我们永恒的轻蔑。

  我看着天上
  拍翅飞离的
  和平,如一只大鸟
  被逐出家园。

  在一个村庄尽头鼓声低鸣,
  沉寂看来永远被破坏;

新的野蛮的喧哗亵渎
你们的花朵,尘埃中惊恐不安的石榴树啊!

我感受不到这些东西:
已经足够
拥抱浸透耻辱的
未来岁月。

已经足够
睁开绝望的目光
投向一个淹没在
深深的忧伤中的世界。

已经足够,在你的树叶下,
美丽的阿维尼翁的无花果树啊!
呼唤最后的
孤独的消亡。①

好诗。然而其表达方式已趋于散文化。时值《殉难者的传记》(*Vie des Martyrs*)和《占领世界》(*Possession du Monde*)感动了那么多灵魂之后不久,是在欧洲于停战次日,对未来满怀希望的时刻。然而非正义自那时起成了既定的混乱的常态。

儒勒·罗曼独自一人看到自己的影响在战后的诗歌领域日渐扩大。那些曾追随他的人,如 P.-J·茹沃和儒勒·苏培尔维耶尔(Jules Supervielle),如今与他已没有多少相似之处。不过,他曾经和施奈维尔一起试图创立一种真正的诗歌教育②,为了与文学无政府主义相抗

---

① G.杜阿梅尔,《哀歌》,法兰西信使出版社,第47页。
② 在 Vieux-Colombier 剧院。

衡，为了推广"协调"的无韵诗①并重新严格实施条理原则，这些原则曾保证了如此多的法国著作的存在与延续。

有几位年轻诗人响应他的号召，曾尝试建立某种"现代古典主义"②的基础并设想建立一个"心灵精髓的客观诗歌"。我主要想到雅克·珀泰（Jacques Portail）和他的《安德罗利特》（*Androlite*）③，这部浪漫主义之后社会和一致主义倾向的名副其实的诗歌"大全"，简直就是在特定地区里的文明的诞生、生命与死亡的史诗性叙事。此外这些诗人往往是在努力对现代人的生活进行史诗般和传奇般的表述。在这方面，他们遵循的是儒勒·罗曼的榜样，后者在发表了《热那亚颂歌》（*Ode génoise*）之后，又撰写了《白人》的诗篇。不过，他们接受的影响是多方面的，一致主义的年轻一辈诗人中的某些人接近"表现主义"。这个流派与德里厄·拉罗歇尔（Drieu La Rochelle）、蒙特朗（Montherlant）的诗类似，与布雷兹·桑德拉斯（Blaise Cendrars）的所谓立体派作品相接近，并因而与儒勒·罗曼的年轻弟子们，《意图》（*Intentions*）、《白羊》（*Mouton blanc*）、《银色船》（*Navire d'Argent*）杂志的合作者1925年前孕育的"古典主义"意图拉开距离。事实上，这些大胆的路线本身在如吕克·杜谭（Luc Durtain）这样的特立独行者先前的演变中就已初露端倪。

在杜谭身上我们找到了和罗曼及其朋友们相同的沿着感知上溯到感觉的意愿，这是被玷污了的感觉，它取自事物，即我们内心生活的生理和体感的深处。内心的想法——"内心的希望"——始终是感受到现实，直至完全满足，并且将现实感以尽可能富于直接表达力的语言传达出去。然而，语言，尤其是法国的语言，不管人们如何努力将它带回它那活源头，扭曲它，粉碎它，重新塑造它，直至使它停止背叛，它也不会毫不反抗地任人揉搓。为了制服对抗，作家承受着达到一种既扭曲又笼统的表达方式、一种逆向风格的风险。正是这种诱惑对这一团体中的几位诗人，其中包括罗曼（至少在他的创作初期）造成了威胁。对那

---

① 即是说有大量的声调呼应，从而使诗产生同一性，使大段文字具有一种特别的乐音（见1923年由新法兰西杂志出版社出版的罗曼和施奈维尔所著《作诗法浅论》）。这种格律十分符合罗曼的气质并且很适合某些种类的诗歌——虽然依我看来，诗的节奏本身的要素在这部著作里被过分忽略了——但是人们有理由担心，一旦变成繁琐教条的表达形式，它就会成为毫无灵活性的编码了。

② 见 *Le Mouton Blanc* 杂志上刊登的 Jean Hytier 先生的文章。

③ 两卷本，1922，La Charmille 出版社。

些决心质疑词语的价值,以表达感觉的全部(把"纯洁性"和甚至语法"正确性"置之不顾)的人来说,让语言勉为其难,因一些词语的震撼力而加以使用,所冒的风险是很大的。维哈仁已经指出对表达力的这种追求可能导致怎样一种细微差别的缺失。至于吕克·杜谭,他对严谨的执着追求使他创作的几首诗中人和事都表现得十分具体,不能不令人赞叹:

> 墙的另一面,重摆钟的嘀嗒声
> 把每天醒来分担同等责任的一对夫妇
> 封闭起来的床的缓慢呼吸计量着夜间的憩息
> 在牛圈里,奶牛自右至左压碎着
> 如传送带般
> 已经咀嚼过的硬草,发出低沉而温柔的喘息。
> 然后时间的声响,接着时光本身终于消亡,
> 一切不复存在,消融在黑暗中,灵魂、梦、畜性、
> 用石块砌成的
> 屋架、瓦片、溪谷、天空,一切荡然无存。
> 夜。沉寂。呵!每日的终结,最后的审判——绝对
> 到头来只有广垠的虚无,飘荡着如同
> 一缕烟雾……①

不过我们可以认为,在这方面,有另一个诗人,他在鲁斯洛神甫(l'abbé Rousselot)和马瑟尔·茹斯(Marcel Jousse)等现代语音学家的帮助下,在独立性方面并不稍逊于吕克·杜谭,他就是安德烈·斯皮尔(André Spire)。他成功地锻造了可吟诵的更为灵活的诗句,足以确保"诗人赢得其他人的心"。目的始终是交流,使别人进入情感状态和构成这些情感状态基础的生理反应;如同安德烈·斯皮尔所说的"有意识的或不可觉察的动作,伴随着愉悦、困惑、温柔、甜蜜、厌恶的感觉,通过我们容颜的变化和我们的手势得到表现,而另一种运动——词语——我不仅仅指它们产生的声响,我还指诸如肺、喉、声门、咽、鼻、腭、舌、颊、唇……发音器官的所有内在与外部的运动,就是上述运动的活生生的写照。通过它们,我们激动的内心的一切变化传达到我们的

---

① 《丽丝》(*Lise*),G. Grès 出版社,1918,第 25 页。

外部，而又通过说出来的或内心的（用表情表达）的话语再传给阅读或听见它们的人的内心深处。这是一种感染、辐射、真正的相通，这才是名副其实的确确实实的存在……"①于是艺术在于通过词语和节奏表达一种根本属于器官的思维，随后变成用表情和手势表达的思维，"感性的表现"②。诗期盼着保留情绪化的叫声和尚未形成严密结构的语言的力量和真实性的本质。这种语言，"原始"人类用它来对他人发生作用，"恰如一个器官对另一个器官施加影响"：

当正午你躺在地上
流着汗
耳畔微微作响，
在践踏着薰衣草的蜜蜂
和隆起的龙舌兰之间
在蚂蚁、松针、树脂、
树胶、浓汁、开放的花朵之间
而当大海在你脚下，
在红岩之间沉沉睡去……

当正午你贴在地上
在缩着脖子的、沉默的鸟儿之间，
你的衣裳炙烤你的皮肤就像煮扁豆的炉火，
喉咙干涩，嘴里没有唾液，
颈背麻木，眼睛失明，
脑子一片空白，

---

① 《欧罗巴》，1927 年 2 月 15 日，关于《罗贝尔·德苏扎与纯诗》(*Robert de Souze et la poésie pure*)的文章，以及安德烈·斯皮尔所著《诗的快意，肌肉的快感》(*Plaisir poétique, plaisir musculaire*)，José Corti 出版社。

② 根据德拉克鲁瓦先生的用语，摘自乔治·杜马的《心理学论文》(*Traité de psychologie*)。另外，皮埃尔·亚鼐先生写道："我们所说的思维并不属于任何一个特殊器官的功能……脑子只是一整套转换器而已……我们用我们的手思维，恰如用我们的脑子一样，我们用我们的胃思维，我们用一切思维……心理学是整个人的科学。"这段文字已曾被 A. 拉封先生在关于《心理学的启蒙者：马瑟尔·茹斯》(*Un initiateur en psychologie: Marcel Jousse*)一书的评论文章中引用过，该书由 Les Cahiers du Sud 出版，1927，第 269 页。

你认识你的上帝吗？①

　　总的来说，战前一致主义和惠特曼式诗歌的精髓与各种其他不同来源的要素混合一起，在我们时代推动了下述倾向的潮流：其一，具有社会与人道主义倾向、刻意冷嘲热讽的、趋向积极进取的、革命的诗歌，浪漫主义滔滔不绝的愤怒和充满激情的言辞似乎在这儿得到了延伸②；其二，以我们刚才提到的对现实的完整表达的尝试为方向，在这个趋向里集合了一群不甚相同的人，比如罗曼、杜谭、斯皮尔、茹沃（我想到的是他写于1920年之前的诗），甚至还有约瑟夫·德泰伊（Joseph Delteil）。这两种倾向都瞄准着文学以外的目标，这些目标是道德上的，从各种角度看都是"生死攸关"的，其结果是促进了一种叙事抒情的诞生。

　　这些诗人中我们称之为表现主义者——在此无意把他们与被贴上表现主义作家标签的德国作家相比——的那些人在当代文学界所处的位置离克洛代尔、贝基，如拉姆兹那样的散文家并没有人们所想象的那么远。他们都是血肉之躯，通过他们的肉体来思维，并强迫他们的精神参与现实，而不是任精神隐没在梦幻和无边无际之中。至于克洛代尔，不可否认，罗曼、杜谭、杜阿梅尔都受到了他的影响。不过，他们的唯灵论，以及他们的后继者的唯灵论是内在的，而不是超验性的；精神，在他们眼里并不出于师承，在无理性的并可能终归注定混乱无序的世界上，它听任能抓住它并善于利用它的潜能的人的支配。在这把众神与人视为同类的唯灵论以及对一切持着某些"唯物主义"和一元论的观念之间，很容易看到协调一致的可能性。按照瓦莱里的观点，没有比试图从现实中不仅采摘其花朵，还榨取其深层的液汁、夺取其茂密的树丛及其盘根错节的根须的这样一种诗歌更不"纯"的了。

---

　　① 《正午》(Midi)，选自安德烈·斯皮尔的《诱惑》(*Tentations*)，法兰西信使出版社。

　　② 不妨读一读施奈维尔近作中的一篇，题为《帕米尔》(*Pamir*)的长诗，它首次发表于1926年8月1日的《新法兰西杂志》上，它从各个角度来说是一种高风格的尝试，可说意味深长。

第三编

探索与反抗

第十一章　新诗的渊源
纪尧姆·阿波利奈尔

一

接受现时,屈从于现代世界的节奏并意识到它的新颖之处,对"机械师"文明满怀激情地称是,这曾是维哈仁最大的抱负。然而,看看一致主义者们——他们出现于本然主义者、人道主义者和詹姆斯之后——看看克洛代尔;从某种观点看他们的目标不谋而合,某种生命力把他们推到具体事物中间,他们正是想以置身具体事物之中的方式来生活和行使诗人的权利。带有近乎歇斯底里的预言的马利内梯(Marinetti)的宣言似乎是对维哈仁的信条杂乱无章的回应:"未来,你令我振奋,一如往日的上帝!"1909 年 2 月 20 日的费加罗报证实这一点:未来诗人将只歌颂"现代都市革命的声色巨浪、处于强烈的电子月光下的军火库和工地的深夜震颤、吞噬蛇形蒸汽的贪馋的火车站、悬挂于它们的细长黑烟形成的云端的工厂……"(惠特曼远在马利内梯之前就已将火车头作为他一首诗的主角)

实际上,未来派诗人战争前夕那缺乏逻辑的发作只不过是可上溯至浪漫主义时代的传统的最新演变,以及一种合法愿望既幼稚又粗野的结局。这是适应于这样一种世界的愿望,在此世界上,人对于物质(和物质对于人)的支配力与日俱增。与此同时,关键在于结束感情的暴政,结束"心灵之需要",结束"灵魂之憧憬",最终忘却这种带着陈腐而又单调的魅力的大自然——"这幅夕阳西下的画面多么失败呀!"方塔修(Fantasio)已经如此慨叹。从此以往,只有一种探索算数,那就是成为其机器的奴隶和主人的 20 世纪之人的探索。

未来主义,如马利内梯所设想的那种未来主义,在法国失败了,然而它并非毫无影响,它代表了一种现代派诗歌的夸张的意象。从某种意义上说,这是一种"物质主义"的诗歌,没有任何风格,充满原生态的感觉,而且完全照搬事物。这种诗很有活力,给行动加上节奏,如一束能量四面展开,在她处于最佳状态时具有史诗性质。(至于有时逃遁于冷酷无情中所暗藏着的绝望,由于它并非始终掩盖得很深,所以能够感觉得出来。)不过如果说炫耀未来和机器的时尚没有在法国年轻诗人那儿持续多长时间的话,然而却有多少人献身于他们的时代就像人们接受宿命那般,把他们的生活和时代的生活混合一起,大口吸进"普遍不安的气氛"①直至窒息。因此他们得以不时遇到真正的诗歌。因为在这令他们心情舒畅的"美好的傍晚"的氛围中,不可触知的尘埃带着奇异之魔力的幼芽在空中浮荡;在都市世界的心脏,诗人感到在他内心产生了某种新的感觉和对神奇曼妙延绵不绝的渴望。在这些人们用来充斥他的生活的制品中,人类将找到充斥其梦幻的吉祥物。界限又一次消失在里面和外面、自我和这些人们说处于外部的事物之间。

在这些征服尝试中,有必要把各个源于象征主义的不同流派做一对比。除了新马拉美主义和《法朗吉》月刊的新印象派之外,对"可诅咒的"生活、道德上和精神上的反因循守旧、对奇异和非同寻常的兴味依然如故。我们满可以把不止一个荒诞派诗人的感受性归结到这种后浪漫主义和颓废派的传统之上,不过在确定战争年代和战后的诗歌的方向方面比任何人都做出了更多贡献的三个人——安德烈·萨尔蒙、马科斯·雅各布、纪尧姆·阿波利奈尔——却是属于"荒诞派"的激进一支的。

激动与嘲讽、怀旧与玩世不恭、隐藏着的无辜与对罪恶的纵容之间的混淆不清构成了萨尔蒙初期诗篇相当暧昧的魅力……

> 罗曼曲!人们并非更加浪漫。
> 嘲笑吧!笛子;咳嗽吧!锣鼓,
> 我的心,卑劣的荒唐,
> 哭泣在所有的城郊。②

---

① 安德烈·萨尔蒙语。
② 《债权》(*Créance*),新法兰西杂志出版社,第 175 页(1910 年在《长烟斗》(*Le Calumet*)上发表)。

第三编　探索与反抗

他的全部诗作都表现了诗人对于社会、现代生活的不适应,表现了他急于夺取打开仙境大门的炽热的钥匙的兴奋心境。① 马科斯·雅各布从他创作初期就恣意地满足自我逃避和"处于窘迫境地"的欲望。阿波利奈尔亦不示弱,大胆地踏上他思想中最怪诞的区域。他一下子逾越了非现实的界限,有时会用制造梦幻的素材来雕琢他的诗篇:

> 岛民带我到他们的果园,好让我采摘与一些女子相似的果实。而小岛随波逐流,来到一个海湾并将其填满,从沙上即刻长出红红的树。一只长满白色羽毛的柔弱的牲畜婉转歌唱,所有居民对它十分欣赏,百听不厌……②

而处于从奥蕾利亚(Aurelia)③到超现实主义文本的迂回道路上的这篇散文,带着真实的烙印以及最忠实的"自然的模仿"。从众多例子中精选出来的这一篇,其价值就在于将一道耀眼的光芒投射在这种梦幻倾向,传承自二流浪漫主义和象征主义的这种倾向十五年后将逐步突出并演变成"梦之高潮"④。

而雅克·利维耶尔(Jacques Rivière)在使自己成为兰波的诠释家之前,在同一个时期(1908年)撰写了《梦的形而上学导言》(Introduction à la métaphysique du rêve)⑤。这篇文章知道的人很少,如果我们想到文学后来的发展,可以说它具有一种几乎是预言般的性质。文章向作家提出了探究无意识的目标,我们还看到这种理念的萌芽:真正的现实、"太古时代的令人头晕目眩的现实",必须在"梦幻悄无声息的大回旋中"、在"事物变得如生命般阴暗和神奇的漩涡中"去寻找。利维耶尔得出这样的结论:"我将点燃梦之灯,我将走下深渊……"。

这种隐含在阿波利奈尔及其朋友们的大部分作品中的为道德错乱、冒险行为而作的辩护,不久之后出现在安德烈·纪德的扰乱心绪的

---

①　《炽热的钥匙》(Les Clés ardentes,1905),《仙境》(Les Féeries,1908),萨尔蒙诗集。

②　《释梦》,写于1908年的散文诗,刊载于 Il y a(Messein 出版社,法伦斯泰尔丛书,1925)。

③　杰拉·德涅瓦尔发表于1855年的小说。——译者注。

④　路易·阿拉贡1925年发表在《交流》(Commerce)杂志第二期上的宣言的题目。

⑤　发表于1909年11月1日出版的《新法兰西杂志》。

无数言辞中时显得更具有暗示性。在他声称代表现代古典主义的同时,开始从《人间食粮》中流露出一种"堕落"的道德观来。努力使自己成为"人类中最不能替代的人",这就几乎意味着努力永远不与他人相似,至少对某些人来说,不与自己相似。这是多么具有吸引力的事情。某种地下精神将促使人们去试验"我"的变形的可能极限,"我"的可塑性。不顾理智和习惯的阻挡,不顾传统的禁令,强暴本能,强迫自己的想象力驰骋于未知领域,远离现成的道路,这样或许能丰富自己的本性并对自身产生新的意识——哪怕为此摧毁人的传统理念,哪怕首先摧毁自身,让自身消失、迷失在"阴暗的热带雨林中"。或许这样一来,诗歌就会如愿以偿,或许一种新的、丰富的素材会送上门来。更进一步,这种做法本身、这种精神上的变幻无常、这种生活和不断更新生命的方式,这就是诗。

不过,纪德在尼采之后为其大唱颂歌的这种变形的意愿促使人们在生存和思维方面把日渐增大的自主性留给无意识和梦幻。这样,兰波的生涯,他对于地点和表达形式的穷追不舍,也和聂瓦尔的悲剧遭遇一样,回过头去看变得明晰起来,至少得到了澄清。在同一个时代,另一条道路通向兰波。不管人们赋予《地狱一季》怎样的意义,克洛代尔为《全集》(1912年再版)作的序言尽管简短,却是人们对兰波诗歌所作的最高水平的诠释之一。雅克·利维耶尔正是以兰波的诗以及认为这个诗人是"原始状态的神秘主义者"的想法为出发点,试图证明《灵光集》给我们带来了另一个世界——或者是这个世界,"只要另一个世界将它打乱"——的客观视野。[①] 这样,诗歌活动是认识超自然的一种玄奥莫测的手段的观点在战前不久因源自兰波的神秘主义与背叛精神而得到充实。

于是,似乎就有两种反向的潮流:一方面是适应实实在在的现实、适应我们时代的"机械"世界的尝试;另一方面是禁锢在自我的藩篱、禁锢在梦幻的世界里的欲望。可是还必须立即注意到,人们既能够"逃逸"或"躲避"在自身之外,也完全可以"逃逸"或"躲避"在自身之中,这两种行动根据不同情况都可以成为征服或逃避的路线。再说,而这是最重要的,当代一系列的事实充分证明了真实和想象、合理和无理性、

[①] 见1914年刊载在《新法兰西杂志》的文章和Chez Kra出版社于1930年出版的关于《兰波》的专著。

生活和梦幻之间相互和解的合理性,并且除了以抽象的方式外,不太可能将我们界定过的两种立场对立起来。

这些现象——现代诗人的行动与之相呼应——就是认识论学者对认知的条件及局限的主张,就是关于无意识或潜意识的心理学理论,就是一种或多或少普遍化的信仰或怀疑,根据这些信仰或怀疑,人身上或身外存在着某些未知的但人能够期盼对它施加影响的力量。科学只能以人类为中心;它总是以一种世界观的形式出现,它总是先验地建立在范畴和公理的基础之上。有时最不务实的人会像瓦莱里那样去界定它:永远成功的一整套方法。理性看来是一种专门的机能,它在摸索、失败、无数试验之后慢慢培养而成,即使人们不像柏格森及其门徒那样,认为它完全指向行动和功利,人们也不再敢认为它能够提供对现实的完整的知识。结果是现实的概念本身失去了它在实证主义时期本来具有的相对单纯的含义。① 现实又一次从我们身边逃逸,它被非理性所深深渗透,它大大超越了我们对它的认知。我们抓不住宇宙本身,而当我们声称以清晰明白的方式表述它时,我们却总是跟随着反理智主义者亦步亦趋拒绝去抓住它的本质。

诗人们于是被授权赋予灵感那摇曳不定的光辉几分可信性;这个知识也许和另一个价值相等;诗人们被邀在现实中发现奇异、荒诞、神秘,不管这个现实是"我"的现实还是"非我"的现实。任性、武断和黑暗被幸运地合法化了。一些哲学家就向诗人们这样说道:"你们的感觉没有欺骗你们,你们本能地起而反抗理性真是做对了,理性对权力的滥用枚不胜举,其统治地位,只是一种暴力的结果。"自浪漫主义时期以来,传统的对立,即理想与生活、梦想与生活之间的对立,不再以相同的表现形式存在。"生活所拥有的一切积极面是坏的,而她所拥有的全部善只在想象之中。"诺蒂埃(Nodier)如此写道。这种区分过于简单化。最牢固的观念只不过是建立在沙滩上的偶像。人们称之为现实与非现实、善与恶的东西是对世界与人的非常相对的观点。远处,自由精神之王国赫然现身,奋起反抗明显的现实。陀思妥耶夫斯基早就在其《地下的声音》及他别的伟大小说中,针对普遍意识的确认无疑,提出了最大胆的"可能":"我承认二乘二等于四正确无比,不过如果要对一切加以称赞的话,我将对您说,二乘二等于五也是一桩很美妙的事。"而我们

---

① 安德烈·贝尔热(André Berge)先生在他的《当代文学精神》(*L'Esprit de la littérature contemporaine*, Plon, 1929)一书中对此有精辟的阐述。

的科学也许是无知的,我们的生活可能死气沉沉。也许我们在醒着时睡觉,眼皮朝向无足轻重的一些形态,在我们身外成为俘虏,与现实没有任何交流。

事物之间又一次显现出某种神秘的血缘关系,一切都趋于相互混同。在诗人眼皮底下展现的宇宙画面,诗人认不出它来了。它在诗人眼里显得和最异乎寻常的幻景一样奇特,一样不正常。而在他内心深处徐徐活跃起来的事件摄住了他整个内在目光,如此强烈,如此具体,以至有时迫使他怀疑起其余的一切。这些人们称之为"想象"的东西难道不是真正明显的事实吗?根据德国浪漫主义者的说法,"世界是一个梦,梦是一个世界"。在内在生活的现象和外部生活的现象之间,发生了碰撞,里外之间流露出某种和谐,一些信号回应另一些信号,一种隐匿的同一性——所有的物体和生命都会在那里消亡——在超越需要求助感官的现象、超越组成梦幻的画面而渐渐被领会。悬空于两个世界之间的诗人在半迷醉状态中朝着现实的中心前进。

这里,没有什么不是已经被 19 世纪后半叶的伟大抒情诗人所预感到、所体验到的。那么诗歌抢在了哲学的先头;作为文学上老生常谈的这种古老的生活与梦幻之间的对立继续全面地使良知获得满足。当代诗学运动所体现的简约尝试和该运动所倡议的既逻辑又过分夸大的解决方案则相反和所谓现实观的危机①直接发生关系。

二

无法一一列举这样一种精神状态在艺术领域产生的后果。至少必须指出那么多诗人和艺术家对可感知的表象越来越不放在眼里。对他们来说,忠实地表现人们一致称之为现实的东西徒劳无益!我们感官传达给我们的这些事物,这些日常的、功利主义的想法最终只变成了一种背景、一种炫耀、一种拒绝生活的方式。有形物就这样全面陷入信誉扫地的局面。大概应该从这里出发去理解最近大量作品中所体现的特殊幽默感。福楼拜就把生活视为"凄凉的笑剧"。一个深感一切事物之相对性和绝对微不足道的悲观主义者不费吹灰之力就能感觉到智性与社会的闹剧,这种闹剧通过故弄玄虚给予事物与理念某种用途、某种价值:

---

① 见 André Berge 的著作。

当人们想与暂时远离的亲人交谈时，人类迷信的一种做法就是往相似于阴沟积水孔的专用水闸扔下表达温情的字条，而在此之前，须施舍一些资财鼓励烟草买卖，尽管它是多么有害，作为交换，得到大约祝圣过的小图像，从后面虔诚地热吻这些小图像。这里并不是要批评这些手段的不合逻辑……①

　　只需换几个词就够了，替代定义上惯用的几个形容词，那么，最平常、最合逻辑的"手段"就足以显得荒谬。表面上什么都没有变，然而在这放声大笑的世界上，一切都被搅得天翻地覆了。

　　这种故弄玄虚的才思和藏而不露的讥讽，在从象征主义到现代新象征主义的时期中，最典型的代表就是《于布王》(*Ubu Roi*)的作者②。说真话，他从未间断扮演于布的角色，他的每一句话中的普吕多姆③式和浮夸的卖弄学问首先是他的主人公本身的行为。④ "这不是如文学一般美吗？"他不断重复的这句话足以证明他生活中所发生的一切对他来说和他的文学记忆一样居于现实与非现实之间。除此之外，他的另一个人物，福斯特罗尔博士发明的装腔作势的科学——幻想科学——恰恰肩负研究"支配着特殊并解释作为现今世界的补充的世界的法则"的使命；"该科学将描绘一个人们看得见而且或许应该以非传统的视角看到的世界……"故弄玄虚再一次赋予教育意味，问题始终在于摆脱对事物的"传统"的视角，并定位于这样的精神区域：事物在那里显得奇特和不合时宜。而在一切社会范畴之外度过的雅利本人的生活就足以成为异想天开和荒诞可笑的永不枯竭的源泉，萨尔蒙、雅科布、阿波利奈尔已从中做过大量的挖掘。

---

　　①　Alfred Jarry,《幻想科学专家浮斯特罗尔博士的举动与观点》(*Gestes et opinions du Dr Faustroll, pataphysicien*)，新科学小说，附有《思辨》(*Spéculations*)一文，Charpentier 出版社，1911；参阅《思辨》的开头。

　　②　即阿尔弗雷德·雅利(Alfred Jarry 1873—1907)，法国剧作家、诗人。——译者注。

　　③　普吕多姆是法国作家莫尼埃小说中的人物，平庸而自负，总用教训人的口吻说蠢话。——译者注。

　　④　见亨利·赫尔兹(Henri Hertz)的文章《阿尔弗雷德·雅利和于布王-和教授们》(*Alfred Jarry, Ubu Roi-et les professeurs*)，《新法兰西杂志》1924年9月1日号，以及拉希德女士(Mme Rachilde)关于雅利的专著，格拉瑟出版社。

由于与前面直接关联的另一个后果,形象开始了一种新的生活,至少它尽可能地拉长(直至撑断)把它和物体连接在一起的细丝。形象不但不维持与物体的联系,旨在使物体被看见和被感觉到,而是把物体作为跳板加以利用,以便跳往空间。它必须越来越挣脱羁绊,直至忘却自己的根源,直至自己成为物体。

在任何"先锋"文集(波德莱尔,尤其是兰波)里,例子比比皆是。我谨从雅利那儿借来一个例子,我们可以从中看到,形象正逃脱它的指示性功能而获得它完全的独立自主:

河流与草原

河流有一个柔软肥大的面庞,为了承受橹桨的拍打,一个布满皱褶的颈项,蓝皮肤绿绒毛,它在胸怀里、心口上搂着蛹形小岛。穿着绿色袍子的草原睡着了,脑袋靠在肩膀和颈项之间。①

显然,这样的一种画面不可能被认为是让人瞩目"真实的"草原与河流的手段的,感性世界只不过提供了借口、出发点、素材,目的在于展示居于人与非人之间的一些可塑性存在。有人将会说这就是主观主义的最终结果,不过问题比想象的还要复杂。当一些人只想洗牌,然后通过游戏创造随意性的时候,另一些人则拒绝从未经应用的形象中看到非理性的发明,或世界与诗人之间的合作的结果,而这个诗人只限于将被某个独特的感受性改变了的感觉投射到语言屏幕上,这些感觉只对他一人具有价值。在这些诗人身上,他们坚信这些形象具有一种内在的价值,它们"有某种含义",它们是某种绝对现实的昭示和信号。况且我们知道诗人中的后来者乐于把下述想法当作准则:他们的"自我"的信息并不为他们所固有,一种普遍精神通过它们得到表达。如果说类似的意图在好几个诗人、在不止一个流派那儿早已隐约浮现,然而却直到我们这个时代才广为宣扬,那可要归功于立体派画家给诗人们带来的宝贵的帮助。

---

① 浮斯特罗尔博士的《思辨》节录。

在毕加索、布拉克(Braque)①、德兰(Derain)②和他们的模仿者那儿，绘画不再满足于通过扭曲方式来表现自然，它试图一下子从模仿某种物体的必要性那儿解脱出来。感性世界向画家们提供了素材，它们按平常人看来是唯一真实的顺序展现，而画家声称以创世神的方式利用它们来创造另一个世界。这种创造的过程相当符合我们适才略作分析的流程。在这里，形式和色彩同样有它们的独立性，随着一种无法预见的法则交织在一起。可以确信的是，不止一个画家在这个纯粹可塑的世界里看到的是与一种艺术谎言、毫无意义的装饰毫不相干的东西。纪尧姆·阿波利奈尔于1912年断言："画家想要表现形而上学形态的壮美。"③关于第四维的那么多的梦话来自这样一种思想：画家不断地升华直至对事物有一种超人的关注，这就把他引至可以说是柏拉图式的世界边缘，这个世界拥有绝对的存在，与艺术家的"自我"只是一种偶然的联系。④

安德烈·萨尔蒙、马科斯·雅各布，尤其是阿波利奈尔充满激情地评论立体派画家，尤其是毕加索的探索；毕加索自1905年以来就是他们的朋友，然后才成为皮埃尔·勒韦蒂(Pierre Reverdy)和让·科克多的朋友。此外，指出这一点几乎是多余的，即在一个基本点上，立体主义画派的训条和波德莱尔的主张十分和谐，和兰波的更是彼此协调一致。从此，人们隐约领会到使诗人与画家相互接近的原则和直觉，领会到他们如何抗拒人们对理性的强制式滥用，领会到他们对于世界和现实的传统和"正常"的看法的对抗，领会到一些人供认不讳的确信或者是模糊的信仰，即认为人高于其命运，宇宙比所谓良知和普遍意识所声称的还要深沉和神奇。新诗人中的佼佼者可能相信某种唯一事物的重要性，而这个昭示，或至少说这些比世上任何东西更具有决定性、更激动人心的模糊的预示性征象，他们在生活与诗歌的边缘等待其来临。

---

① 布拉克(1882—1963)，法国画家，和毕加索一起开创了立体画派。——译者注。
② 德兰(1880—1954)，法国画家，野兽派绘画最杰出的代表画家之一。——译者注。
③ 见 *Il y a*，第140页。
④ 阿波利奈尔就曾这样写道："希腊艺术的审美观纯粹属于人性范畴。它把人作为完美的尺度。新画家的艺术把无限宇宙作为理想，只有第四维才可以充当完美的新尺度，它使艺术家得以赋予物体与他想给予此物的可塑性程度相适应的比例。"(*Il y a*)

另一些人更为冷静地寻找改变自己生活环境的手段。不过,大部分人似乎毅然决定:阻止精神在和物体接触时凝固起来,同时竭力使精神全面弥漫。

三

从1905至1920年期间法国艺术开通的所有道路上,都可看到纪尧姆·阿波利奈尔的影子。人们甚至差一点就要说在他谱写的每一首诗中都发现一个新诗人。在哪儿抓住他? 在他思想的领域内,一旦人们想阐明它,即刻便堆起层层云雾。人们退而求其次,只能就他的偏好,就他对自己的尝试所赋予价值作些推测。此外,他的慵懒,他的缺乏坚持不懈的毅力使得他的意图暧昧不清。同时也要看到他故弄玄虚的需要,虽然他常常声称:只有我才是真诚的。他首先是一个思想上的冒险家,在这里应取该词饱满的含义,他把自由、冒险、投机的观念变成真实的、富于刺激性的、危险的事情。不过一旦找到了矿脉,他便任他人去开采了。Ph·苏波(Ph Soupault)说:"只需要他写一首诗,那么一批诗就会诞生;他发表像《醇酒集》(Alcools)那样的一本书,那么他那个时代的整个诗坛便找到了方向。"[①]阿波利奈尔本人有一天自诩道:"我就跟撒下种子一样撒播我的诗歌。"

如果说存在一种持久不变的音调,若非在他完成的全部作品里,至少在他整个一生中时时奏响,那就是一种温柔而忧郁的多愁善感的音调,它让人或是想起聂瓦尔,或是想起魏尔伦,有时又想起海涅,这种音调从民间抒情的源泉中获得滋养。在他的记忆里萦绕着抒情小诗、悲歌、抒情叙事诗、罗曼曲。它们古老的曲调散发着神奇的气息,"不可避免地勾起对往昔的回忆"。只需一丝小小的信号,所有往事便浮现出来:不受宠爱、迷茫的童年,流亡者,远行者,这都是他本人:

> 我美丽的小船,啊,我的记忆!
> 我们是否航行得够了
> 在难于吞咽的恶浪里

[①] 《纪尧姆·阿波利奈尔,或火灾的反射光》,南方手册出版社,1927;也请参阅安德烈·比利(André Billy)的《阿波利奈尔》,美人鱼出版社,1923;以及H. Fabureau 的《纪尧姆·阿波利奈尔》,新批评杂志出版社,1932。

> 我们是否胡言乱语够了
> 从迷人的朝霞到悲伤的夜晚①

不过他的叙事很快就迷失在夕阳紫色的云雾里。飘浮着若干画面,然后一切便都化为一阵乐音……

> 回忆是狩猎的号角
> 余音消失在风中②

阿波利奈尔魔幻般的魅力正表现于此。一两个最简单的词于他就足够了,就能制造出一种氛围。日常琐事,平淡无奇、滥用过的题材,在他笔下骤然改观,在我们不知不觉的情况下存在于这些题材中的神秘性重新涌现,它们渐去渐远,在沉寂中自我孤立。然而它们的哀婉动人不但不消失,反而浓缩了,变得更为人性了;每行诗句都掷地有声,让人觉得它表达了永恒。在题为《远行者》(Le Voyageur)③这首令人赞叹的诗中,我们能识别其节奏的伤感与个人浪漫主义普遍化并净化到构成一首绝唱,表达了一个完整的命运:

> 你是否记得郊野的景色和楚楚可怜的羊群
> 松柏将影子投射在月光下
> 我倾听夏末的这个夜晚
> 一只小鸟颓丧而恼怒的鸣叫
> 还有一条宽敞而沉郁的河流那永恒的流淌声。

这是清纯的诗歌的范例,自然天成,从某种灵魂质素中自由迸发而出。有人经常谈论阿波利奈尔从书籍中汲取灵感,的确,他曾因此而走过弯路;有人罗列他所受到的影响。然而,他显然具有天赋,在他身上有着一种魅力,再加上生活给他带来的一切,命运使他创造了一个仙境。

---

① 《不受宠爱者之歌》(La Chanson du mal-aimé),《醇酒集》(Alcools),新法兰西杂志出版社,早写于1903年。
② 《狩猎号角》(Cors de chasse),选自《醇酒集》。
③ 收入《醇酒集》中。

甚至在战壕里，他对战争的体验在梦中进行，他把战争视为宇宙所施的魔法。这个孩子就是这样欣赏着，把因果关系置于脑后。狂轰滥炸的这个夜晚是一个欢快的时刻，天空因信号弹而星光闪烁，"月色"的炮弹相互交错，嘶鸣着抚摸"夜晚柔和的芳香"，这一切可怕的画面摄住了他的心灵。直至热恋的军人的老题材，他在提起时都带着"令人哭笑不得"的自然：

　　你是否认识骑马疾跑的基
　　在他当军人的时期……①

阿波利奈尔微笑着、叹息着为他的美人擦亮戒指的那一天，炮弹击中了他的额头。在流行性感冒夺走他的生命前，他所经历的从穿颅术死里逃生的那几个月并非他最美好的日子。他的"受祝福的岁月"，无论他是怎么说的，显然是在战争前夕。

阿波利奈尔的大部分创作始于1900年之前，派生于上个世纪末的象征主义。《动物诗集》(Bestiaire)的四行诗、《图画诗》(Calligrammes)里风趣而怀旧的图形是最无理性的文学游戏的例证。有人谈到这些诗②具有纯诗的学院式传统，旧时描述者、应景诗人的传统，这些人随心所欲地勾勒随便一种事物的形象。创作《神态》(Petits Airs)和《邮局的消闲》(Loisirs de la Poste)时期的马拉美在这方面可能是为阿波利奈尔提供了榜样的先行者之一。这种可爱的想象力既不否认自然但又以最自由的方式加以利用，在战后倾倒了最异想天开的诗人，尤其是让·科克多。

在《醇酒集》中有一些更为精雕细刻的象征主义诗篇，如《强盗》或《遁世者》，其形式或者几乎合乎格律，或者运用许多罕见的、晶莹闪亮的词语，其声调铿锵有力。某种巴纳斯式的铺张涌现在这些十二音节诗里：

　　一个口吃的人额头上射出两束火光
　　带领着一支羸弱的民族经过

---

① 《季节》(Les Saisons)，选自《图画诗》，新法兰西杂志出版社。
② 比如让·卡苏先生在1925年10月的《新法兰西杂志》上。

　　　　因日日食用鹌鹑和甘露
　　　　见过大海如眼睛般张开而自豪
　　　　长胡子的汲水人缠着头带
　　　　黑白两色对抗邪恶和命运
　　　　从幼发拉底河返回，圆圆的大眼睛
　　　　有时吸引着寻宝人……

　　然而整首诗从内部就已被一种无序原则所损害。高雅的语调、发光的形象都是圈套。暗藏着的酩酊状使话语缺乏条理，近乎滑稽剧。兰波在《醉舟》中，雅利（Jarry）在《淡茶色回忆录的正本》（*Minutes de sable mémorial*）的几首诗中，已经以此方式悄悄地进入诗歌的殿堂，为的是摇撼其支柱和亵渎其圣物。句子并不顺从外在或内在的模式，一次又一次地像是孕育自自身。有节奏的与音乐性的图式牵引着它，它的"过去"给它以重负，而轻微的冲力诱使它在几种可能性之间做出抉择。然而只需操弓就可以"发出所有的音响并开始新的和声"①，一种不易觉察的邀请敦促全诗随着铜锣转动，进而把万花筒颠倒了过来。在非常情况下，作者会产生对他所写的东西不再担负任何责任的感觉，他会有诗篇自我形成的幻觉。

　　阿波利奈尔在《强盗》、《遁世者》里大概走得没这么远。他介入其中去引导他套车的牲口，不过他没有受亚历山大体和韵脚（往往被迭韵所代替）的约束。由于人们必须表达一种先于诗节和诗句的"材料"，这些束缚因而显得更加紧迫。在这儿任何东西都只是在瞬间集合一起，束缚只有助于制造突然和偶然。而这个偶然，远不像马拉美那样想要取消它，阿波利奈尔对它情有独钟。他必须揭示存在于思想和言语之间的亲缘关系，促进它们之间通过甚至是人为的方式进行交流。总的说来他必须实验偶然，因为诗意根本是专断的、不可预见的，是任何推理不能使之诞生的自由结合，是醉鸟的嘴中衔来的新发现、未被开发的美丽的画面。美学家波德莱尔赞扬能准确完成自己所决定的事情的诗人。不过诗人最终将放弃选择，放弃决定。或许他本人不知道，他的诗句总会有某种含义的。

　　这里是与瓦莱里所设想的根本不同的一种新的清纯诗学。同样，人们声称不表示任何物体的绘画更完整地完成其造型使命，不再具有

---

　　① 兰波，《致一理》（见《灵光集》）。

表达力并且不寻求任何口实的音乐才是纯净的。剩下的是要知道一种艺术能否维持并生活在如此稀薄的大气里。这就是一般现代艺术提出来的最具吸引力的问题。在阿波利奈尔之后的更为极端的改革者将给我们指出这场论战的影响力。

在诗人的生涯里，这样的时刻来到了，即浪漫主义和象征主义的影响在他眼里已不起作用。事实上，从他作诗开始，他就已经弄乱了"诗句的旧游戏"①的规则。然而，他需要完全解脱，抛弃妨碍他自然融入到他那个时代炽热而全新生活中去的文学，抛弃日夜萦绕着他的往昔、回忆和梦幻：

> 你最终对于这个旧世界感到厌倦
> 艾菲尔铁塔牧羊女呀，今晨桥上的羊群咩咩叫
> 你厌倦了生活在古希腊罗马时代
>
> ○○○○○○○○○○○○○○○○○
> 你阅读夸下海口的广告说明商品目录招贴
> 这就是今晨的诗歌，散文则有报刊
> 值二十五生丁的刊物充满警匪的历险……

《地带》(Zone)②证实了这种挣脱束缚的努力。渐渐取代以梦幻浇灌的诗的是一种现代化的诗歌，其目的在于"歌唱以任何形式展现的生活"③。这就是阿波利奈尔的惠特曼、未来主义和预言性的一面。在1913年的欧洲，他信心十足、天真烂漫地迎接未来。他不再要求语言炼丹术去实现奇迹。能够从相连的词语中产生的音乐性，他感到厌恶，就像他厌恶传说一样。神奇应该源源不断地产生自事物本身和事件，只需人们从某一种角度去审视它们。这并不是淡漠，更确切地说是一种精神上的无所求，一种在事物周围徘徊、在特殊之中找到某种意义并

---

① 原谅我的无知
　原谅我不再懂得作诗的旧游戏……（《婚约》，选自《醇酒集》）
② 《醇酒集》的第一首诗。
③ 见阿波利奈尔发表在1918年12月1日的《法兰西信使报》上的宣言《新精神》(L'Esprit Nouveau)。

从它们出发,如雅利所希望的那样,去发明一种"给这个世界作补充"的什么天地。

《地带》属于所谓立体派、综合派或"同时主义"的诗篇。在这些诗篇里,在心理活动的涌动中纠缠一起的杂乱无章的因素、感觉、评判、回忆并列在单一的平面上,既没有背景也没有转折,而且从外表上往往看不出它们的逻辑关系。不过这里必须防止某种误会:当画家在其画布上建构某种形状,并声称这是不同于自然的秩序的一种秩序时,与此相类似的事件发展在脑子里的组成通常是很自由的。与相对消极的印象派相反的立体派画家在智力方面下的功夫,很少能在一个诗人那儿看到。画家安德烈·勒霍特(André Lhote)①有一天谈到"对一见倾心的造型利用"。这种深思熟虑的"利用"在阿波利奈尔及其大部分立体派的继承者那儿化成微不足道的东西。虽然如此,艺术意图还是存在的,即是说对于他想表露的他本身的部分,诗人是或多或少有意识地加以选择的;无论如何,继续进行着某种安排,将注意力引向一个理念或一个形象。比如在《地带》里,在诗与反诗、引发有节奏和悦耳的句子的梦的倾向与按其本来面目表达生活的欲望的"新精神"之间的冲突十分明显。这些立体主义的诗篇因而几乎不可避免地具有一种妥协的意味,这就是说它们还是艺术作品。这种乔装打扮的艺术能够只局限于一些加工,也能够使用最精巧的计谋并达到细腻的极致。智慧确实不轻易被扫地出门,任何乔装改扮都难不倒它。在不止一个方面都堪称立体派先驱的拉佛格——见他的《最后的诗篇》(*Derniers Vers*)、《冬天来临》(*L'Hiver qui vient*)——表现了智慧如何在需要时善于取代自发的生活。培育美丽的无序的欲望又将再次显露出来。

然而,灵感的自由原则把阿波利奈尔引到了别的奇遇中。我们记得题为《窗户》(*Les Fenêtres*)的诗:

> 由红到绿全部黄色消亡
> 当鹦鹉在出生地的森林里鸣唱
> 一堆比翼鸟
> 关于单翼鸟有诗可作

---

① 安德烈·勒霍特(1885—1962),法国立体派画家和艺术理论家。——译者注。

> 作为电话信息我们将它发走
> 硕大的伤口
> 让眼睛淌泪
> 这是年轻的都灵女子中一位漂亮的少女
> 可怜的小伙用他雪白的领带擤鼻涕
> 你将拉开窗帘
> 现在窗户打开了①

我还要引用最后几行：

> 呵！巴黎
> 由红到绿全部黄色消亡
> 巴黎温哥华叶赫斯曼特浓纽约和安第列斯群岛
> 窗户打开宛如一只橙子
> 光明的美丽果实

有人会说这简直是开玩笑！可能的。② 诗人的意图不是在这儿借世界（取该词的全部含义）和他自己做一番十分特殊的嘲弄吗？福楼拜说过："人世间的突发事故一旦被觉察，在你眼里看来就像被移植来用作有待描写的一种幻觉，因为所有事物，包括您的存在在您看来根本没有其他用途。"③然而如果真实成为幻觉的话，那么幻觉则被当作一种现实被感受到。幻觉制造事实，或至少强加给诗人，带着不再是纯发明或谎言的色调，它是在既非苏醒又非梦幻的居间状态下发展的。再也不能完全投入于幻觉，但又不能抽身而退，于是便走上了冒险的路程，从此必须一直走下去。这是十分特别的举止，有必要仔细研究它的心理。波德莱尔在"一种从无聊和梦幻喷发出来的能量"中看到故弄玄虚的力量④，即指注意力背离现实、在无意识那里积累的力量骤然升起并

---

① 选自诗集《图画诗》。
② 根据安德烈·比利先生的说法（Apollinaire vivant），阿波利奈尔的这首诗是在咖啡馆里写的，他的邻座参与了撰写；第一行诗："由红到绿全部黄色消亡"据称指的是一种饮料的"不光彩的涌流"。
③ 为《路易·布莱的最新歌曲》(Dernières chansons de Louis Bouilhet)写的序言。
④ 见《蹩脚的门窗玻璃制造商》(Le Mauvais vitrier)（在散文诗集里）。

闯入生活中的那一刻，它们指挥着某个荒谬或被禁的言论、某个无理或危险的行动。故弄玄虚者暗中追寻的是新的、不正常的、专断的事实，唯有向生活发出的直接挑衅能够满足他。它被迫以"意外事故"一词来回应不可预见的后果，这就是故弄玄虚者所需要的。他自己则会有摆脱他的自我和他的过去的感觉，"失去其生活的主线"，"在布墙上开一个窗口"的感觉，如最蹩脚的马拉美信徒一样。"当我们'变得干巴巴的'时候，"阿波利奈尔劝告他的朋友们说，"随便写，开始时写下随便什么句子，一直朝前走"。①问题始终在于强迫无意识和偶然同自己合作。

我们发现，在这儿，美学和伦理、生活和诗歌几乎没有区分。从纪德的无动机行为——由深夜把其旅伴抛出去的拉夫卡蒂奥的行为所象征——到现代派"无动机"然而却不可避免的形象，存在着比人们所想象的还要小的距离。在两种情况下，人求助于正常的"我"所陌生的魔鬼，人和魔鬼签约，并任自己被魔鬼所引诱。这是因为故弄玄虚者头一个需要被蒙骗。波德莱尔说："在惊奇勾起的喜悦之后，没有比引发惊奇带来更大的喜悦了。"②这就意味着惊奇勾起的喜悦仍然是最强烈的。对阿波利奈尔说来，这些由不同质的东西组成、从某种角度看是无人称的交谈诗——如他自己给它们取的名字那样——似乎给了他让自己吃惊和糊弄自己的手段。"新颖完全存在于惊奇之中，"他如此声称，"这是它具有的最新最活的东西"。③ 请看他下面一首诗：

> 谁能让我们忘却地球上这样或那样一个部分
> 克里斯托夫·哥伦布在那儿，这个使我们遗忘了一个大陆的人
> 失去
> 确确实实失去
> 为的是让位于新发现……④

然而难道一切不是永无止境地需要发掘吗？难道必须为此不再认知，真的需要失去？在这个"革命"精神里，是否青春活力让位于衰老、对"一个旧世界的"厌倦、心灵的干涸、在现时表面看来最通常的生活中

---

① 参见安德烈·比利，《蹩脚的门窗玻璃制造商》。
② 波德莱尔，《伪币》(*La fausse monnais*)，收入散文诗集中。
③ 《新精神》(*l'Esprit nouveau*)，《法兰西信使报》，1918年12月1日。
④ 《始终》(*Toujours*)，收入《图画诗》诗集。

没有能力找到生活所包藏的未知和神秘的无可奈何？极有可能,渴望新鲜感的阿波利奈尔受到想象力匮乏的困惑。显而易见,寻找他的主题数量很少,而他也乐于重复同一种意象。然而,他那随意的、制造惊奇的诗学,他那在摧毁了所有做规则游戏的可能性之后乱掷骰子碰运气的欲望,对于处心积虑地避免失败的诗人来说,这一切需要他拥有极为丰富的想象力。这种想象力必须十分灵巧,能够摆脱事物的束缚而又不远离它,同时善于通过表现事物来孕育各种类型的妖魔鬼怪。归根结底,很难说——而这一点并非他向我们发出的不解之谜中最不具吸引力的一面——阿波利奈尔是否与他在人们想象中的这个大诗人的形象相符,或者相反,他的诗以其暗示性特别强的朦胧的魅力,是否使我们对他的看法更加有利。

此外,这个革命派并非一个否定一切的人,在他身上含有某种预言家、"通灵者"的素质。如果说他鼓励"甚至把握不大的文学试验",那是因为这些试验在他看来可以给一种"新现实主义"提供素材,他大概是把这种新现实主义称之为超现实主义的第一人。① 他也可能是第一个产生不再写作艺术作品的念头的人。"他是最后一个诗人",安德烈·布雷东写到。可是诗存在着。

然而在他死前的那段时间里,阿波利奈尔比任何时候都请求人们怜悯他:

    我们到处追寻奇遇
    我们不是您的敌人
    我们想给您辽阔而奇异的园地
    那里神秘之花献给有心采摘者

    那里有新的火光,见所未见的色彩
    无法预见的千万幻影
    必须赋予它们真实性

    ○○○○○○○○○○○○○○
    可怜我们这些始终奋斗在
    无限与未来之边缘的人
    为我们的过错和罪衍宽恕我们②

---

 ① 谈到他的剧作《蒂列西亚的乳房》(*Les mamelles de Tirésias*),1918。
 ② 见《漂亮的红棕发女人》(*La jolie Rousse*),《图画诗》集的最后一首诗。

第十二章　争取行动与现代生活的诗

一

  1909年开启了现代主义的狂飙运动（Sturm und Drang）的时期，它经过了维哈仁、惠特曼和被骤然的强盛或"不会有第二次"的短暂的魅力所陶醉的整整一个世纪的运动的准备。在这一年，《一致生活》创刊。可是罗曼想强加给他的吟唱一个秩序，而他的意图实际上却是唯灵论的。马利内梯则相反，鼓吹一种全面的未来主义，若非阿波利奈尔，尤其是布莱兹·桑德拉斯在1912至1914年间，通过尽可能抓住这类诗歌含有的潜力并加以引导，试图赋予这类诗歌一种存在的话，这种未来主义也可能只产生一些支离破碎的作品。像《西伯利亚大铁路之歌》（*Prose du Transsibérien*）、《巴拿马》（*Panama*）和几首战争前夕在不同地方发表的"弹性诗"等作品，为未来十年的诗提供典范。在柏林杂志《狂飙》上，布莱兹·桑德拉斯发表了《塔》（*Tour*）：

  啊！艾菲尔铁塔！
  我没有给你穿金
  我没有让你在水晶板上跳舞
  我没有把你像迦太基的处女献给巨蟒
  我没有让你穿上希腊无袖长衣
  我没有将你命名为大卫的枝干或十字架的木桩
  十字架沉香木
   啊！艾菲尔铁塔！①

---

① 《十九首弹性诗》（*Au Sans Pareil*），1919。

然而是战争引发了与旧世界的决裂，与事物发展的古老方式的决裂。交付给死神的抽象的风景，铁器和铸铁的滥用，突然变成国际化、将全部力量投入过量生产的城市，既是"机械"的也是军事的胜利，这一切超常的现象把一些人抛入往昔的信仰和规则中，他们定格在那儿，就像定格在法国式才智可以生存的唯一的环境里。另一些人在此期间骤然晋升到成年期，感觉到他们的羁绊一个接一个地掉落，他们的眼睛朝一种文明睁开，对这种文明，他们梦想读懂其陌生的面孔。新的神话在他们的思想里找到一块可耕耘的、乱糟糟的、被众多事件翻到最深处的土地：战争、革命、机器、速度、人与物联盟、运动的神话，尤其是现实中对行动的热爱。对于这个现代意识形态，这个从尼采主义汲取滋养、被未定型的"法西斯"民族主义的耀武扬威所激发的现代意识，像德里厄·拉罗歇尔（Drieu La Rochelle）的《疑问》（*Interrogation*）那样一本书给我们带来了惊人的见证。

　　然后，重新获得了自由的人们开始出行。法国人跑遍欧洲、美洲和亚洲。他们在衡量世界的伟大，它的持久力，他们经历了欧洲和人类世界心理上的痉挛、不安和流行病，护栏倒了，旧道德被粉碎了。然而，什么时候？德里厄·拉罗歇尔悲叹道："我们什么时候停止去为旧神殿的倒塌而哭泣？"

　　这里必须注意到达达主义陷入的危机。1913年到1927年间，各种影响是如此错综复杂，以致任何东西都不能毫不受损地被隔绝。受到自身的制约的达达主义看来虽然朝着另一个平面发展，引向另一种诗歌，可是它试图对过去进行彻底的清算的做法如此贴切地回应了法国未来主义者中最敢作敢为者的欲望，以致后者不能不被马科斯·雅各布、皮埃尔-阿尔贝·比洛（Pierre-Albert Birot）在它的杂志《原文如此》（*Sic*）上以及从1919年春天起《文学》杂志的年轻作者进行的文字练习与游戏所深深触动。在战争爆发之前，马利内梯就已经要求取消句法和解放词汇。阿波利奈尔在达达主义者之前就在《图画诗》中以最荒诞的方式将他的词语排列在白纸上，而皮埃尔-阿贝尔·比洛则撰写了他的《用来吼叫和跳舞的诗》（*poème à hurler et à danser*）。从1917年起，保罗·戴梅（Paul Dermée）发表赞颂《南北》（*Nord-Sud*）杂志的诗句，也只是在有限的时日内被认为胆大妄为：

　　　　从蒙玛特到蒙帕纳斯
　　　　特洛伊之马

第三编　探索与反抗　　　　　　　　　　　　　　　　　　　　　　199

　　　　　　　　为了和平与战争
　　　你来去往返
　　　　　　　　　《南北》
　　　骏马通身金光闪亮
　　　小教堂的拱顶
　　　　　　　　冷漠的洞窟
　　　工厂的钢片上淌着油
　　　　　停尸间里蜡烛发出火光
　　　火车站
　　　　　抗拒上天美的庇护所。①

　　我们可以看到这首诗的趋向。严格地说，再也谈不上韵律法、格律法。整个句法化为几个简单的联系，直至运用孤立的词语。最常用的技巧是按词义配合和省略。这些元素"从前"可能会一起组成音符去构筑一首诗，而现在人们放弃把它们纳入一个思维体系，人们拒绝把它们做成一首诗。如果诗歌的确完全存在于意识和无意识的自然反应，而不是在其他任何地方，如果诗歌不存在于"思维的秩序和变化中"，尤其不存在于由精神所实现的既定的秩序中，而是存在于形象的自由组合之中，那么为何通过在缝隙间浇上软蜡去削弱它，为何把它衔接起来，安装在一个逻辑支架上？和其他许多推理一样，这个推理是站得住脚的。人们是否由此不再求助于可贵的节奏呢？不完全如此，这种诗有规则地搏动，但不像节拍器，而像脏腑。环绕着音符的印刷余白象征着思想在浓缩和凝固时的空白。唯有心理高峰浮现在纸上。

　　不过这里，人们可以预见到，时机到来时取代未来主义尤其是《图画诗》的影响的将是马拉美的影响，更确切地说是《骰子一掷》的影响。据保尔·瓦莱里说，马拉美"曾十分仔细地（甚至在招贴画、日报上）研究了黑白分配的效果、各类型的对照强度……在他的体系里，一页东西的整体结构应在阅读前和阅读期间吸引目光的同时，'指点'结构的走向；通过一种物质性的直觉，通过一种在我们不同的感知方式之间或在我们感觉器官的不同步伐之间预先建立的和谐，让人预感到即将在头脑里产生的东西。他引入了一种平面阅读法并将此读法与线形阅读法

---

①　《螺旋》(*Spirales*)，Birault 出版社，1917。

相连接"①。战后广告业的突飞猛进以及电影的风行更促进了平面结构理念的形成,事情就像诗歌随着其心理共同性的分崩离析而体验到遵循一种视觉统一原则的需要一般。只是《骰子一掷》带来的却是精雕细镂和深度严密的一种思维的符号,而这就足以把马拉美的做法和现代伪未来主义者的企图区分开来。后者离开纯思维所勾勒的多彩缤纷的内心世界,为的是更好地置身于事物的印痕之中,并向他们的索求提供一种无名的原生质,从而服从于任何细微的外部变化。除此之外,一个魔鬼促使他们去亲近,并非亲近诗人们一直如此又爱又恨,以致最终成为"他们自身的应和"、成为他们之灵魂的自然,而是亲近人类所策划的事物,亲近生活中最矫饰的时尚和沥青柏油的天地,这个天地包裹着我们并压迫着我们,或者把我们作为反自然来加以赞颂。

在这类诗里,句型贫乏,词汇却很丰富,充满了技术词汇、俚语、民间短语、新词,视觉形象和动力形象俯拾即是。首批画面往往能引起错觉,它们使某个纠缠不去的细节定型。它们往往极度近似,这些近似给予举动一种机械表象,给予视觉一种漫画的效果。不妨想一想保罗·莫朗的《电弧灯》(Lampes à arc)和《温度记录》(Feuilles de température)。不过许多视觉形象同时又是动力形象,因为在大多数情况下,撇开机会和环境不谈,问题在于表达冲突或能量部署,因此就有这些诗生硬的、不和谐的、急促的节奏。德里厄·拉罗歇尔在《汽车》(Auto)中写道:

> 双重搏动协调一致如拥抱。
> 血跳动在我的动脉里,
> 气体滚动在汽缸里。
> 我的脚使劲踩着踏板,
> 我的手如藤条抓住方向盘。
> 汽车将其热肚子紧贴地面。②

接着是一连串的字眼,通过它们整个生命得到完全的释放,同时也暗示着人与机器深层的协调感,人的躯体在机器中延伸同时又赋予机

---

① 《骰子一掷》,收入《杂集 II》之中,新法兰西杂志出版社。
② 《箱底》(Fond de Cantine),新法兰西出版社,1920。

器生命。

另外,这些意象中的多数被"颠倒过来"了。换句话说,比喻词语,它的任务是说明事物,使事物从未知变成已知,然而它却不取自自然,而是取自反自然,取自人性工业的生产制作中。其手法,意大利未来主义者想使之变成体系,把人工制作作为参照,仿佛参照最接近和最正常的东西。这样,一种新的联盟趋于取代"我"与景的旧联盟,以为这样一来就能使人在逐渐覆盖大地赤裸裸的肉体的机器中找回自我。布莱兹·桑德拉斯写道:

> 我所遇见的所有女人站立在地平线上
> 举止可悲,目光阴郁,犹如雨下的信号台……①

在保罗·莫朗的诗里,到处都可以看到这类特点:

> 在马路上
> 那里已经升起一弯新月
> 品红色天空掩映在
> 铰接管和赛璐珞树木间②

或许在这里,在关于这种诗歌的未来的性质和命运方面我们接触到了实质问题。归根结底,需要知道精神在什么程度上可以渗透、同化被人所改变了的机械化的世界,需要知道一部机器是否能够与我们交流,就像一片金黄色的秋叶或者被浪涛拍打的海岸跟我们"说话"那样。"在某种几乎超自然的精神状态下,"波德莱尔说道,"深层的生活在人们眼前的情境中完整地呈现出来,不管这个情境是多么平常。它成了生活的象征"。③ 至于烟囱和高炉的视野,人们知道,一个诗人可以在里头找到启示。同样,充斥我们房间的物品,一只瓶子,一盏灯,某个小摆设,一方水晶镇纸(科克多说是"沉默的旋转木马")长久以来就是诗人激情的凝聚物。为何先验地否定一种形式、一件物品和机器可能有朝一日进入魔圈?难道这个可能性不曾闯入我们的梦境中?而它有时

---

① 《全世界》(*Du monde entier*),新法兰西杂志出版社,1919,第79页。
② 《诗选,1914—1924》,Au Sans Pareil 出版社,1924,第92页。
③ 选自《火箭》(*Fusées*)。

在梦中强烈地震撼我们不证明它是我们的内心生活的一部分吗？遗憾的是,这些激情缺乏多样化。在出现了这类激情的大多数诗歌里,只有机器所象征的力量。这些情感反应的单调或许只是意味着需要时间来使人的无意识占有一个新的存在。起先,恐惧、惊吓占上风,随后渐渐地,同化发生了,一个更为紧密的精神相似网络里里外外建立了起来。只不过有理由担心这些"联盟"注定始终极不完善,因为准确地说,人不能加速无意识的神秘的工作,而机器呢,则已经过时。机器属于这样一种创造范畴:只是为了被替代和改善而存在。我们生命的一切运动加速进行,而我们生存期限的内部节奏大概并不如此,以至于机器的诗的"产量"将永远偏低。诚然,犁和镰刀可以引人无限的遐想,为何明日、后日不会轮到发电机来使人梦幻连连？因为它将消亡或者变得面目全非,除非物质进步放慢步伐……

显然不能入诗的东西不多。人们很容易就会认为任何东西都具有诗意,在这样一种特殊的情况下,并且为此必须相信诗人拥有的抒情启发和美化的功能。然而未发生新情况之前,现代未来主义者的弱点正在于此。波德莱尔所说的启示只发生在"某些几乎超自然的精神状态之中",而又是布莱兹·桑德拉斯及其追随者们似乎在他们的全部感觉器官都处于警觉状态下时,给我们提供了这样一个自我的形象:其力量只被外来的信号所固定,其注意力只集中在身体感觉的层面而既无能力亦无意志力使精神倾析和设计工作继续进行,而现实正是通过这种工作在净化的过程中变成诗的。如今从画家、电影和经验那儿增长见识的许多诗人的眼光变成为一种完善的工具,能够以神奇的速度跟随情景中最微小的变化。由于神经系统变得精细了,他们的整个身躯成为强大无比的共鸣器,可是他们的想象力由于过于经常与感性世界接触,却难于集中起来在精神世界里挖掘一个斜坡、一个深洞,并投入其间。"取消灵魂,取消心灵,等等……或在绝对必要时加以承认",马科斯·雅各布说道。① 这个做法并非没有危险。归根结底,在这里需要担心的不是主体,即便它们表面上多么革命和不规范,需要担心的是诗的源泉的某种程度上的枯竭。人是否将被事物,首先被他自己的创造物所压垮,或者他是否能够控制它们,这个问题也向诗人提了出来。

---

① 见他的《诗的艺术》,E. Paul 出版社,1922。

二

虽然如此，不止一部著作却暴露了其作者的建设性意愿。再说，战后不久出现的如《新精神》那样的杂志正是以此作为行动方向的。在该刊物里，立体派画家、阿波利奈尔的表达形式和若干建筑师的主张相接近。人们将以这种混合型的审美观研究马塞洛-法布里（Marcello-Fabri）和尼古拉·博杜安（Nicolas Bauduin）这两个"同步"诗人，或者宁愿培植"同时主义"的费尔南·迪瓦尔（Fernand Divoire）。马丁·巴尊（Martin Barzun）从1912年起就为这种同时主义制定了一般准则，然而却是布莱兹·桑德拉斯的尝试把它变成了一个学派。在《西伯利亚大铁路之歌》或《巴拿马》中，一种躁动的诗歌试图从未加工的现实中，从刚刚使人乱了分寸的事件中，或从生理思考，从每时每刻改变自我的不可意料的结合中喷涌而出。"没有真理，只有荒谬的生命在摇动她的笨驴耳朵。等待她，窥视她，杀死她"。① 短视的哲学，至多能有利于某种行动抒情诗的诞生，这种抒情诗只是用来给最没有雄心的人与物质直接和突然接触的幻觉。桑德拉斯使人产生拥抱粗糙的现实、与现实亲密接触的信念，这是兰波在成年时发现的现实（然而兰波发现之后就沉默不语了）。桑德拉斯也竭力使种种单纯的心理现实达到平衡，就像在一幅抽象画上布局色光影一般。他的自我仿佛成了一个特殊的区域，世界上的所有呐喊声都集结在那里并扩大音量，不啻是收集来自天涯海角的信息的莫尔斯收报机。

这里有着现代生活的某种史诗的雏形，某一种现代生活，呼吸着宇宙大气的旅行者、冒险家的生活。虽是冒险家，却仍不失为常人，懂得将恋人的旅行题材和思乡题材与现代性题材混合起来。此人身上的务实意志不能完全掩盖忧心忡忡的恐惧感和盼望灾难的深藏不露的欲望。于是，在最好的情况下，从这种精神肉体都置之不顾的游戏中，产生了一种悲剧诗，构成一种宇宙风暴的气氛。这是终极的独一无二的冒险，即仿佛庞大的陀螺般空转着的人类的冒险。

在这个通向史诗的道路上，我们遇见安德烈·萨尔蒙及其战后的

---

① 《危险生活的赞歌》(Eloge de la vie dangereuse)，Aux écrivains réunis 出版社，1926。

作品，尤其是《普里卡兹》(*Prikaz*) 和《人类纪元》(*Age de l'Humanité*)。① 其目的在于"恢复无人称的情感"，从不管是俄国革命还是当代法国人的不幸的事件中汲取事件所蕴含的内在的全部诗意。自此，必须中断批评性的或道德性的评判。萨尔蒙说道："刻意地拒绝一切宽恕、颂扬和批判的意念：接受神奇现象。"②萨尔蒙的诗介于桑德拉斯和阿波利奈尔的诗之间。在桑德拉斯的诗歌里，占支配地位的是未曾加工的现象，阿波利奈尔则认为生活正朝梦幻走去。萨尔蒙的诗始终以日常现实为参照，在那里，最细微的社会新闻都被启示性的光芒所照亮，或者环绕着一个神秘的光环。这是纯事件的诗歌，加布里埃尔·布努尔(Gabriel Bounoure)③如是说，它在所有方面都与纯诗背道而驰。这里的所谓纯诗是马拉美和瓦莱里所定义的纯诗，对他们两人来说，任何事件都是散文。萨尔蒙认为这是唯名论的诗歌，它转向个别，对绝对看也不看一眼，对不可企及的和令人失望的完美无缺的美感没有任何期盼。"并非一切都只是环境使然"。相当动人的谦虚。安德烈·萨尔蒙的人性意识更是动人心弦，他的爱，他的悲天悯人，以及《H时间》(*l'heure H*)所表现的战争在他身上增强的宿命和人性悲剧的感觉：

> 仲夏出发上战场
> 秋末成了征服者
> 蹒跚着将难以
> 计数的
> 炸药，倒在被精心破坏的旧世界
> 你就要四十岁了，
> 你参加了战争，
> 你不再是不久前的你
> 你将永远不是你父亲在你这个年龄时的那个人
>
> 你用你的战壕刀

---

① 见《方格》(*Carreaux* 新法兰西杂志出版社)；《普里卡兹》起先于1921年由 Sirène 出版社出版，而《人类纪元》于1922年由新法兰西杂志出版社出版。
② 普里卡兹的警告。
③ 见1929年12月1日《新法兰西杂志》。

　　　　在一个阴暗沉闷的夜晚
　　　　当天空只不过是自我焚烧的大地
　　　　吐出的煤烟
　　　　∘∘∘∘∘∘∘∘∘∘∘∘∘∘∘∘
　　　　切断了时间可悲的翅膀，不留下丝毫残余。
　　　　你的时光就是大写的时光……①

　　在这些充满激情的呼喊里，言辞铿锵，与其说是浪漫主义，不如说是惠特曼式的雄辩。因为艺术之时光已逝去，每个言辞必须锋芒辛辣，并且仍然保持着它们在审视现实时所感受到的兴奋热烈。安德烈·萨尔蒙通过对他那个时代的诗意的醒悟，成功地超越了时间的绵延和人的记忆导致的面貌的改观，并成功地在现时，而且是最具历史性的现时，仿佛紫外线或红外线，展现了诗或神奇曼妙的一些元素。

　　这种神奇与古代诗人的神奇并非一回事。它处于世界的心脏，它如噩梦般模糊不清。A. O. 巴纳布什（Barnabooth）战前采撷自各地的生之甜美已不复存在。然而生活的暴力数年来再也不怎么使年轻的作家们亢奋。他们的意志力，至少他们那接受机械文明的巨大的冒险心志已经削弱。不止一个向物质世界逃遁的企图突然停息下来，建立在物质进步概念上的意识形态暴露了它的脆弱性，而对人的力量的幻想，在被他的工业所创造的、任他摆布的物质世界上，消失了。一个反美浪潮——取其哲学上的含义——差不多和当代诗歌的现代主义和未来主义影响同时发生。另一方面，1924年以来，继达达主义而来的超现实主义、像《哲学》杂志那样的运动以及再近一点儿的一些潮流，都把精神转向梦幻，转向具体的思维，转向一种新的神秘主义，并且使人们失去对西方关于文明的理念的信心。诗歌的演变在某种程度上是受着世纪的命运所指挥的。

　　再说，从1920年起，德里厄·拉罗歇尔确信务实主义的幼稚和贫乏。机器是背叛人类的贪婪的奴隶。世界"与其饕餮的胃口不相称"。它不再满足胃口的需要，而且将越来越满足不了，因为"这是地球伟大的最后的日子"。探索了一切，蹂躏了一切，达到天空的边缘的极限之后，人类将和他的古老梦幻孤身独处，这是大西洋的梦、渴望另一种不同于获得战利品所带来的幸福的梦。

---

　　① 《人类纪元》开篇。

他绕着地球转,他的头晕晕乎乎。
圆舞
心醉神迷的舞蹈。旋转的地球在膨胀,仿佛苦行僧的袍子。
到处是圈子。
禁锢在本身的命运里的圈子。
你的命运被一幅画闭合的线条施了咒术。
你进入了封闭的图形里。①

满足人类欲望的只有地球,"上面有十五亿乘客……"。

从1924年起就已显出弱势的这股潮流并没有产生第一流的作品。这种不能说成功又并非完全失败的结局不能仅仅归咎于外部环境。一种诗歌要持续,需要找到一种形式,它自己的形式,找到一种与诗歌共存的自己独有的秩序。然而这样一个秩序却很少让人感觉得到它的存在。以忠于印象为借口的这些诗人过于被动,终于让原材料在他们的"著作"里一一并列。只需稍稍失去一点对余白和印刷技巧的信仰,只需产生被人阅读的欲望,他们就高高兴兴地认命,去写彼此相连的或多或少带上诗的元素的散文句子。这就是德里厄·拉罗歇尔、保罗·莫朗、布莱兹·桑德拉斯以及其他一些人的故事。不过必须认识到,这种诗歌的有机弱势大概来自它几乎总是受制于感觉这一事实,也就是说受外部现实的支配,外来的刺激和若干偶然的形象组合引发了火花迸发,从而组成了诗。深层的诗意是一个将根扎在完全的自我中的生命,仿佛一棵树在生长。从这些生命中可能孕育着最轻盈的想象,随后在梦幻中破壳而出,然而,总会有某种成熟,某种精神压力,不管是自觉的还是不自觉地,出现于这些诞生之前并为这些诞生做准备。

如今人们希望这些世界的画面在精神内部逐步发展,人们希望等待和看到它们变形的那一刻,它们成为象征的那一刻(就像人们看到细细的白霜晶体罩在冬天的枝条上一样),直到由它们来体现人类永恒的运动,同时又不失去它们稍纵即逝的怪异性。明天也许一个伟大的诗人将来临,一个新的维哈仁——他将与第一个维哈仁毫无共同之处——他将在一片已开垦的土地上向前迈进,并将按照史诗的模式,歌唱现代的生活与世界。

---

① 《圆形》(*Rondeur*),选自《箱底》(*Fond de Cantine*),新法兰西杂志出版社,1920。

第十三章 自由精神的游戏

一

对于伪未来主义者公开标榜接受的现代世界和文明，达达主义在停战的第二天以全盘拒绝作为回应，而1924年代的超现实主义者在毫无保留地否定普遍真实性的基础上建立他们对于精神的绝对实在性的信念。这种强烈的反应、这种新的逃逸的尝试若没有阿波利奈尔的榜样大概不会是这个样子。我们时代最极端的诗歌运动落在19世纪后半叶的后浪漫主义的轨迹上，要归功于他（和雅利），归功于他刻意沿着兰波和罗特雷亚蒙的足迹前进的意志。不过在阿波利奈尔周围发展了一种风格十分自由、对有形物和人文遗产充满着戒备心理的诗歌，其角色似乎是在生活和梦幻之间寻找一条中间道路，并以此在战时，在1914年的先锋派和1918年的先锋派之间，建立起某种联系。完成这个使命之后，它发现自己左首被达达主义所包抄，超现实主义的第一股激流将它扔给过去。如今剩下一些分散孤立的诗人，如马科斯·雅各布、让·科克多、皮埃尔·勒韦蒂——况且我们也可以把利韦蒂看成前达达主义者，他最近反过来受到该运动的冲击，而他曾为它的发轫出过力。

不用说，这样的分类必然是十分武断的，既然这些倾向都是由一些个人来体现的，而他们每一个人都沿着自己的特殊路线走，人们往往称之为立体派——为了标明它和毕加索的绘画含有的共同点——的这个诗派的本质就是千变万化和几乎不能把握的。最好的做法是揭示这些假立体派的一些面貌，并指出他们为一个新兴的朝气蓬勃的活动打开的一两条道路。

怀疑真实世界的需要始终被感受到。尚且谈不上使精神排斥物质的问题；恰恰相反，人们增加了密切接触事物的机会，但尽量使感觉进入有点妖魔化的游戏中，从而诞生一种更大的自由感。这种自由，诗人想通过在自身制造真空、窘迫来加以培育，而这个游戏在他眼里将最终和抹杀表象的游戏相似。他在自然景色中散步时只带着恶意，希望终于感悟到带根本性的混乱无序；或许他可能在灵光一闪之间瞥见一群形体所进行的疯狂的舞蹈。在此相遇之后，在他心中还将会残留一种难于表述的焦虑不安，近似于形而上学的那种焦虑不安。

挣脱现实的禁锢，这正是阿波利奈尔试图实现的目标，同时也是马科斯·雅各布的目标。雅各布"其人之奇特"丝毫也不逊色于前者，一个十分健谈之人、故弄玄虚之人、神秘主义者……反因循守旧因马科斯·雅各布达到了最极端的后果：人拒绝相认的正是他的"自我"。他说："个性只是持续的错误而已。"①日复一日给他提供离开他的牢笼的钥匙的正是嘲讽，"嘲讽让人窥见或不让人窥见，嘲讽给予作品一种距离，没有这个距离，就没有创造"②，从而使模棱两可达到无以复加的程度。在雅利的作品里，幽默在荒谬中保持着一种逻辑性，一种"教训人"的持续性。雅各布的幽默具有如此暧昧的外表，罩上那么多的反射光，以至当诗人被当场抓住在冷嘲热讽、在确定他对他自己的著作的态度和著作本身的境况时，就变得十分尴尬。仿佛有个瞬间，"导演"的笑容即将在一个阴暗的角落绽开并逐步照亮整部诗，然而突然一切又都变得模糊一片。阿里埃尔③光辉四射，在多雨的晨曦中舞蹈，突然他蜕变成一个龇牙咧嘴的恶魔，嘲笑自己，毁掉自己的作品。有的时候，马科斯·雅各布滥用幻术师的道具，同时小心翼翼地掌握着镜子的效果，使得他的隐退让人捉摸不透：

吹喇叭

三个女人在吹喇叭
迟迟在她们的浴室里
他们的教师是个粗野之人
只出现在上午

---

①② 《诗的艺术》，(Art poétique)，Emile Paul 出版社，1922。
③ 犹太-基督教中的大天使，意为"上帝之火"。——译者注。

金发孩儿捉螃蟹
用手捉螃蟹
一言不发。
这是一个奸生子。

这个秃头孩子有三个母亲
本来一个就已足够
父亲是个阔佬,但是个可怜虫。
他待他如猪狗
　　　(签字)
　　缪斯之心,你蒙蔽了我的眼睛
　　人们看见的是我在吹喇叭
　　周日在冶娜桥上
　　袖上挂着一个牌子。①

　　人与事的荒谬,普遍化的荒谬感贯穿了全诗,仿佛是用隐显墨水画上去了一样。
　　在雅各布的诗里,几乎始终有一种故弄玄虚的意图,也就是说一种无缘无故的根本不以现实为参照的虚构的需要,或者(更经常的是)带着一种表面化的现实主义,只不过是幌子而已;而完成了的诗篇应该是令人失望的,因为它从文学或道德的角度来看永远不是它表现出来的样子。它到底是什么?"我们在我们手里掌握着一种尚无名称的、被赋予妖魔般的生命的东西。"②我们始终不知道,作者本人大概也不知道它的身份,它所代表的东西。世界也一样使我们失望,我们永远摸不透"它意味着什么"。嘲讽在这儿仿佛一种精神的防御性反应,这个精神拒绝增添对任何东西的信任,也拒绝成为"随便什么"。这种退缩和穷尽分析的表现可以在不止一个同时代的诗人那里观察到,首先一个要数保尔·瓦莱里。如果说千真万确,拒绝天地万物的欲望是我们时代的根本本能之一,相去甚远的两个人的汇合倒是十分奇特。如果说《中心实验室》和《Cinematoma》的作者喜欢模仿资产阶级那种表现良知的

---

① 选自《中心实验室》(*Le Laboratoire central*),Sans Pareil 出版社。
② 让·卡苏(Jean Cassou),《新法兰西杂志》,1928 年 4 月 1 日。

手势，并且用一种无法模仿的嗓音重复一些"先入之见"或一些平庸的温情款款的话语，这也绝非偶然。他这样做是在为自己驱邪，从他的思想中清除所有阻碍他在内心实现他所钟爱的清空状态的废物。

　　再说，马科斯·雅各布的这种实践在历史上并非找不到相似点。人们说他更新了雅俗混合的诙谐诗体，说他焕发了东拉西扯和杂拼诗的青春。他本人把他一大部分诗文定性为滑稽诗。然而，17 世纪的诙谐文体作者，乔装改扮的大师们，通过把寓言、画像、多愁善感的主题和从龙沙到戴奥菲尔的前代诗人不止用滥了的而且是滥用的全部隐喻手法从抒情变成滑稽①，并且出于反讽而恣意发挥，将它们一股脑儿"廉价抛售"。似乎可以说马科斯·雅各布或多或少有意识地献身于同一类的事业。在一个产生了伟大诗歌的世纪之后来到世上，并决心不去尝试重复过去已多次做得很好的事，他戏谑性地模仿"真正"的诗歌，就像他戏谑性地模仿新闻体一样，而且人们在大多数情况下并无法认出它们的原型。

　　然而，这个诗人却成为天使的熟人……"普罗塔哥拉②，不要再耍把戏了。沉默降临你的身上！"他写一些神秘的诗篇。他的脸不再咧嘴强笑，反而显出意想不到的平静和纯真：

> 我等待着傍晚的安详出现在你肥沃的平原上，
> 奥尔良人？田里遗忘的镰刀，
> 卢瓦尔河是亚当艰苦劳作之永恒象征。
> 呵，远方的远景？岛上布满絮片云的灰蓝天空，
> 教堂的灰蓝天空？沉睡的村庄，
> 遥远树木的远景在小麦

---

① 封特奈尔在他的第一篇《死者之对话》中通过斯卡隆的嘴（向塞耐克）说："啊！我看您不懂得玩笑的美德。里面蕴含着全部智慧。可以从一切东西中提取笑料。如果我愿意，我甚至可以从您的作品中，极其容易地提取笑料……这难道不意味着愚蠢可笑处处支配一切，世界上的一切事物本来就不值得去认真对待吗？我把您的维吉尔那神圣的《埃涅阿斯纪》改写成滑稽诗，没有什么比这更能让人看到美妙和可笑是如此接近到相接的程度。一切都和这些远景作品很相似，分散四处的图形比如说可以对您展示一个皇帝的模样，如果您从某一个角度去看的话；一旦改变了角度，相同的这些图形就成为一个乞丐。"

② 普罗塔哥拉（前 486—前 410），古希腊哲学家。——译者注。

脆弱的海洋上，上帝祝福的丝一般柔滑的希望。①

马科斯·雅各布是否真的找到了他的慈悲的避风港？当一个人从来就声称自我逃避时，要毫无保留地献身实属难事。"精神自由"可能就只是掩盖无能的隐秘的一面，没有能力占有任何东西、没有能力用自己的智慧创造任何东西的结果，于是便无法逃避漫无边际的变形的机能。若从这个视角去考虑，马科斯·雅各布的探索具有一种榜样的意义：拒绝接受（即便是暂时的）一种形式或使一种形式固定不变，这种相当于对存在的拒绝可能揭示了他内在的弱点。不过必须避免把一种才智封闭在固定不变的命运里，这个才智从未停止玩弄并挫败任何预言。最近一个布列塔尼的民间歌手，盖尔人莫文②恰到好处地体现了这种才智。可是，民间歌手并不歌唱他的快乐或他痛苦。他把他的嗓音借给了剥鳟鱼皮的人、第一共和国的宣誓派教士、丢失了自己的帽子——美丽的醉鬼帽子——的醉鬼。我想，这才是最根本的：马科斯·雅各布需要一个写作对象、一个使之活起来的人，而这个人不应该是他自己。这个人若与布列塔尼荒原上的狼人或狂风稍稍相似，那将更使他得到成功。

二

一个如此超脱的诗人，面对着其细节和偶然同样缺乏价值的世界，必须毫无区别地接受他的感觉、他的想象或他的梦想带给他的东西。一种显而易见的现实主义——取上个世纪以来该词所蕴含的传统的意义——构成这个新荒诞诗的特征。对这种诗来说，似乎一切都是好的，而且一切都在它那儿混杂交错，就像在杂货店里的货架或报纸的广告页面上一样。阿波利奈尔在他的1918年的《宣言》中对于这种相似性颇多褒扬，马科斯·雅各布走得更远，如果我们知道许久以来就试图同化被认为是丑陋的形象——而最现代的丑陋使未来主义者亢奋——的诗歌却总是反对给狭隘平庸和荒唐可笑以一席之地。但是，荒唐可笑

---

① 《旅行》，选自诗集《穿粉红衫的苦修者》(Les Pénitents en maillots roses)，Chez Kra 出版社，1925。

② 雅各布以盖尔人莫文的笔名从1927年起为一家杂志撰写诗篇，后结集出版，书名《盖尔人莫文之歌》(Poèmes de Morven le Gaëlique)。——译者注

的概念本身经过这些诗人的努力之后,处于变化之中,或者是一种普遍化的反讽把它的局限带到无限远,或者是已具有历史性的某种荒唐可笑——比如战前巴黎郊区的荒唐可笑——让人在它身上看到"意想不到的深刻"。重要的是场景、事件、社会新闻、表面上最不起眼的东西出现在视野里的角度。一切就像存在着一个精神场,从那儿可以发现事物纯诗意的一面,即完全武断和新鲜的一面。然而,这个精神场,没有比固守其中更艰难的事了!引导读者在他身上找到这一点并通过恰到好处的手段让他感到震动又是何等艰难!而若没有这个震动,诗对读者来说终究缺乏生命。因此,这类诗的完满的功效不能被客观地证明,而只能通过经验、通过个人体验得到彰显。对于任何真正的诗来说大概也是相同的,不过这里向读者寻求的不可或缺的同谋关系属于一种特殊类别:他必须表现出一种可塑性特别强、浸透着一个时代的氛围的敏感性。在这方面,与理解马拉美著作所需要的循序渐进地朝纵深挺进的努力毫无共同之处,雅各布、科克多,往往还有阿波利奈尔以及众多追随他们的诗人的作品可能产生作用或可能不产生作用。这种诗严格地说不蕴含秘密,因此也不能被定义为费解的诗。它渴望以一见钟情的方式被爱上,而它所冒的危险——若干年后便看得相当清楚——就是未来将再也找不着传播它满载的电流所必需的条件。它最大的运气就是碰见一个富于"神秘感"(如科克多所说)的读者,与诗人本人的神秘感不谋而合。

然而,这种神秘感并不确切存在于心境中。它反而表现在一些不寻常的场合:表面上毫无关联的事件之间神秘莫测的关系,不可言明的情况之间的衔接,相似的魔力不顾任何理性引发的情景之间的组合。诗并不勾勒舞蹈者的呈同心圆的圈圈,不管何种舞姿,总是把他带回到他的起点;有一种内在的动力驱动着诗,它推出一些行动,一些现象。只不过它所据以活动的环境并非日常生活的环境,也不完全是梦幻中的环境。它维持在一个中间地带,介于真与不真(或人们所如此称谓)之间,在一块神奇的、具有故弄玄虚的某些形态的、现代荒诞的地域上。这里始终涉及一种心理探索,即便人们极易分辨出引发幻象的感觉和视觉错误;仿佛诗人的使命就是将其整个生命变换成一连串的奇遇、冒险、情境,旨在使他确信世界永远稀奇古怪。是一种"灵魂修炼",从某种意义上来说,是一种自省,是对出其不意的神秘的执著的追求,这种追求能使人有所发现,能带来各种各样的技巧。下面是让·科克多题为《天使的背》(*Dos d'ange*)一诗中关于这种日常幻景的若干情景:

梦中一条虚幻之路
还有这虚假的后门
皆是谎言,披露它的
是来自上天的天使。

不管是否梦幻,
从上面看到他
便发现了谎言,
因为天使们都是驼背。

至少他们的影子佝偻
投在我房间的墙上。①

皮埃尔·马克·奥尔兰(Pierre Marc Orlan)写《蒙玛特的西蒙娜》(*Simone de Montmartre*)一诗的第二章时用的是另一种语调:

独眼灾星,在一棵树背后
树丛入口处
独自玩幺点扑克牌。
以他邪恶的独眼监视着
马路、田野与河流。
就这样,乔治,西蒙娜之情人,
铁青鼻端压在《电酒吧》的窗玻璃上
左手握着骰子将它微微摇动
嘴因忧郁而扭曲。
他也一样提防着不可估摸的偶然
钻入电车与出租车之间
宛如面容单纯的丝绒木偶。②

在最顺利的情况下,神秘和荒诞的感觉似乎自然而然地从生活中喷涌而出,不用诗人装神弄鬼使之产生。这样,在马科斯·雅各布的散

---

① 《诗集》(1916—1923),新法兰西杂志出版社,1924。
② 《诗全集》(*Oeuvres poétiques complètes*),Capitole 出版社,1929。

文诗里，匪夷所思的意象有时竟让人毫不勉强地全盘接受下来，特别是他关于战争（1909年）、革命、普遍性灾难的幻象方面，这些幻象多半是梦境活动的结晶。作者的这段话颇有预见性：

夜间，外边的大道积满了雪。强盗是士兵，他们用笑声和大刀袭击我，他们把我洗劫一空。我拔腿逃跑却又陷入另一个方块地之中。是否某个兵营还是一家客栈的院子？那么多的大刀！那么多的枪骑兵！雪花纷飞！有人用一根针管扎我，想用这毒针杀死我；黑纱罩着的一具骷髅的头咬住我的手指。昏暗的路灯往雪地投射出我死亡的光辉。①

我们看到在这些文本里，尤其在最后一个诗篇里，诗意不来自语言、节奏（马克·奥朗的自由诗只是散文而已）和任何一种"炼丹术"。情景往往被直接记录所代替，语言建立在口语的基础上，通常甚至不超过口语的水平。马科斯·雅各布借堆砌新闻体的全部套话来表明他及他那一团体的诗人的决心，即放弃任何语言创新的念头。另一方面，通过在有形物和精神之间建立隐喻和对应网络来描绘自我的内心状态或抒情性遐想的色彩的做法越来越被漠视。主要手法在于集合几个相当脱离常规的心理变化②，其周围有着大片的余地，使这些心理变化甚至在现实的中心地带，立即暗示着一种非理性的元素的存在、一种令人不安的气氛的存在或者甚至是与雅利想使之成为他的幻想科学研究对象的世界"互补"的另一个世界的存在。

显然，这种超能量的存在可能在诗句、诗歌之外得到表现。童话、小说吸引了马科斯·雅各布、让·科克多、皮埃尔·马克·奥朗、约瑟夫·戴泰伊这一群诗人。科克多1920年以后的作品，不止是他称之为"戏剧诗"的作品，大部分都像是一种投影，必须从远处在镁光灯光下观看，投射的内容是一整套不同寻常的步骤和诡异的启示，它们构成一个数字。这个数字具有错综复杂的线条，这正是诗闪闪发光的、神秘莫测的形象本身。

---

① 马科斯·雅各布，《骰子杯》（*Le Cornet à dès*），Stock出版社。
② 见《骰子杯》序言。

三

阿波利奈尔宣布了创作灵感绝对自由的原则，他和马科斯·雅各布似乎在战前好几年就已隐约看到它大部分的后果，这个原则最终要使不加控制的发明创造、思想不受约束的喷涌合法化。我们都知道，这种对无所拘束自由驰骋的精神的信赖作为超现实主义者的信条，被排列在首要位置。马科斯·雅各布没有走得这么远，他（跟随他的还有几个包括布莱兹·桑德拉斯在内的后未来主义者）有时发表的一些诗既不乏对方言的模仿，亦不乏拿同音异义词作的文字游戏，这些诗还像一种口头独白的简单标注。人们可以揣摩这样一种试验能够带来什么好处：话语传播的速度加大，思想及其表达方式之间距离（以及歪曲）越来越缩小，而语言的真实性相应增大的感觉，任一些表面看来无目的的变化浮现，从而使自己感到意外的可能性，最后是感觉身上有一种自主力，这种力量在"现实"世界的生存条件之外施展其能量。

然而，任何一个"立体派"诗人都没有使一部书充满这种性质的即兴之作的奢望。没有人完全放弃结构、艺术。相反，马科斯·雅各布断言他的计划是"以精选手段进行公开的自我表达"。他感觉到在实现各种结合的过程中把干脆彻底的放弃作为方法之前，还必须跨越一步，这一步可能导致作者及其作品之间的关系彻底改变。为了解释这种克制，不能不提及几种影响，并重申立体派画家的建设性意图以及众多思想原则的调和。这些思想原则赞颂清晰明了的形式、干净利落的线条、简洁而引发联想的表达方式，而这些思想原则许多隶属于前卫文学界。从阿波利奈尔的《动物小唱》的四行诗到中国和日本的短诗（在法国人们模仿日本俳句），再到儒勒·罗曼的颂歌，尚且不提纪德的教诲、瓦莱里和图莱的榜样以及对马拉美始终如一的崇拜。来自各个方面的一系列作品（和箴言）似乎多多少少给科克多所说的"最低限度的美感"作了一个注脚，同时也对封闭诗的撰写加以激励，这种诗所用手法十分简洁，因而能够获得诗歌创作的高产。因此我们看到马科斯·雅各布在《骰子杯》的序言里以散文的形式宣布诗的"法则"，写出《诗的艺术》，而让·科克多在经历了《珀托马克》(*Potomak*)所记述的跌宕起伏的"转变"之后，坚持基本上规则的格律。令人称奇的是，在这里看到了法国的传统品质，虽然经过了更新，以及一种往往十分可爱的情趣如何屈从于一种至少在表面上尽可能远离传统的艺术的要求。

让·科克多这个香榭里舍街区的放肆无礼的年轻侍从、新精神的伟大设计师,曾经是这种立体派"荒诞主义"的班维尔(Banville)①,也是这个"古典左派"(如他自己所说)的杰出代表。在他身上有某种唯美主义者的成分,一个受到王尔德、马拉美和波德莱尔滋养的唯美主义者。在他身上全面涌现的 75 年来法国艺术的传统,培育了他十分敏捷的聪明才智,稍有点生硬,巴黎式——如果存在过巴黎色彩的聪明才智的话——而且让人觉得似乎是产生于 18 世纪的伏尔泰时代的聪明才智。不过他自感足够富足,可以抛弃这些传统并摆出一副神童的样子。

他的诗就跟杂耍的技艺一样,趋于自给自足,仿佛一束绚丽多彩的反射光,隔绝于各有名称的事物和各有躯体的生命。他写道:"一首诗必须一道一道地解去把它和使它生成的理由捆绑在一起的所有绳索。诗人每剪断一道绳,他的心便跳跃起来。当他剪掉最后一道绳时,他的诗便豁然现形,独自冉冉升起,宛如一只球,天生丽质,与大地没有丝毫联系……"②在毕加索的绘画里,科克多认为真确看到了寻找其本质的物体的这种柏拉图式的升华。近似的想法曾困扰着他的音乐家朋友,尤其是普兰克(Poulenc)和奥里克(Auric)③。不过,不管是有意识还是无意识,呈现在这里的是诗人的马拉美主义。整个作品就跟一座纸牌房子一样,用尽可能少的材料维持,当整体陷入无价值的危险增大时,应力便达到最高限度。另一方面,飞快捕捉到的原始感觉只因其指示价值而被接受;对于一切情景、一切事件的带有成见的精神,即能永远周而复始地让自己诧异,这种精神本能地分离出根据新关系进行布局的一定数量的符号。对现实的参照几乎全然消失在难于估摸然而却比真实的自然更真实的形态面前。

这种魔幻现象建立在对相似物的无限微妙的感觉上,驾驭这个感觉的是一个特别敏感的神经系统。诗人在"内心沉寂的草原"上看到海底动植物区系繁荣昌盛,他听见一种星状音乐与他的血液的节奏环环相扣,他在这个深渊里认出现实事物所暗示的未知的雏形。"我做人感

---

① Théodore Banville (1823—1891),法国诗人,技艺超群,属于帕纳斯派。——译者注。

② 《职业秘密》(*Le secret professionnel*),Stock 出版社。

③ 普兰克(1899—1963),法国作曲家、钢琴演奏家,为阿波利奈尔、科克多、艾吕雅和阿拉贡的诗谱写了许多曲子。奥里克(1899—1983),法国作曲家,以谱写芭蕾舞曲和电影音乐著称。——译者注。

第三编 探索与反抗

到痛苦……"在《好望角》(*Cap de Bonne Espérance*)这首诗里可以读到这样的句子。对生与死的感觉,对可能解脱的模糊的希望,这就是科克多的诗作中最美的意境喷涌而出的源泉。于是人的各种感觉(而且是最器质性的感觉)前来互相碰撞,直至精神的荒漠,在那儿人们仿佛听到马拉美的天鹅发出的声音:

> 冰冷的鸽子一场战斗
> 满面挨上您的旗帜的拍打
>
> 冰冻给海洋水族馆
> 　　　戴上手套
> 身上淋满了油我窒息
> 在海水浴中
> 海水渗入鼻孔
> 海水
> 肥腻寒冷
>
> 坠落的危险
> ○○○○○○○○○○○○○○○○
> 晒成古铜色
> 被吸住
> 我的内在躯体蜷缩在
> 心的周围
>
> 无尽头的斜坡
>
> 海浪汹涌起伏令人退却
>
> 一株桤木王
> 在他掌心中
> 他摩挲,他爱抚我的心
> 静默的美人鱼
> 　　在舵手的胸怀里
> 　　发出她们尖厉的歌声

　　　　飞得越来越高
　　　　唯有脏腑发出信号
　　　　机器并
　　　　没有升高

　　　通过水洼的高度①

　　在这首《死亡邀请》(*Invitation à la Mort*)的诗中，源自生理和五脏六腑的诗情渐渐从现实的拥抱中释放出来，并最终让人领会到它的星体在内心天空的跳动，马拉美正是朝这儿掷出他最后的骰子。

　　然而，过于自恋的那咯索斯常常为影子而抛弃猎物。对美，对有着优美画面的明信片，对极端文雅的举止的爱恋，上层社会的这些遗产残留于二十五岁左右就实行苦修的科克多身上。他并不"当场逮住（在他梦中惊醒）天使"，而是有时满足于用彩带装饰的阿拉伯式曲线简单地招架几下。威胁这个"古典左派"的诱惑之一就是典雅倾向。再说还是很可爱的典雅倾向，如果有人想先验地以不知什么清教徒的教条对它加以鞭挞，那将是大错特错；"落入野兽派和立体派陷阱"②的玛丽·洛朗笙(Marie Laurencin)的名字可能是这个倾向很好的体现。这就在于抓住意象，就像人们对待第一批蝴蝶那样，用尽可能少的字眼，用很少的几种颜色，通过将优雅和放荡不羁混合在一片米粉云雾中，以此把意象"配置"起来。在写《魔鬼俯身》(*Diable au corps*)之前，雷蒙·拉迪盖(Raymond Radiguet)特别擅长下面这种文体：

　　　　　　　秋

　　　　你知道的，无可比拟的林中草莓
　　　　仿佛采撷你的人手里的炽热火炭：
　　　　私设小学的课堂和笑声
　　　　自发地进行。

---

①　《好望角》，再版时收入《诗集》中，新法兰西杂志出版社，第106页。
②　科克多如是说。（《诗集》，新西兰杂志出版社，第239页。）

在瞄准它的猎人那里
秋天是否想掀起
年轻岁月在我们心上激起的涟漪?

受伤至死,自然,
装出一个幼稚的夏娃的面容
染红脸颊的并非羞怯而是果酱
你成熟的胆量
极力配得上
五叶地锦的叶子。①

　　这实际上是一首酸涩的情诗,丝毫也不能动人心弦。魅力存在于别处,存在于一些敏感地带,这个地带,也是人们通常所指的才情的源泉。何谓才情?伏尔泰自问:"一会儿是一种新的比喻,一会儿是一种细腻的暗示。这里是对一个词的滥用,表面上是指一个含义,而实际上又暗示另一种含义;那里是不大相同的两种理念之间微妙的关系。这是一个奇异的隐喻,这是一种寻找,寻找一件物品初看并不体现但的确存在于他身上的内涵;这是将两种相距遥远的东西连接在一起的艺术,等等……"②得知拉迪盖将马娄伯、拉封丹、特里斯坦·艾米特尊为他的老师之列,人们一点儿也不惊奇。某种肯定不可忽视的诗情可能诞生于出自无限精妙与嘲讽的才智的出人意表、拐弯抹角和尖酸刻薄,旧制度的文学对此已作了充分的演示。在缺乏"神秘"和"荒诞"的情况下,拉迪盖、帕斯卡尔·皮亚(Pascal Pia)、勒内·沙吕特(René Chalupt)及其他人满足于对事物的"俏皮"而"放肆"的视角。他们在一边和马科斯·雅各布竞争,一边倾听阿波利奈尔美人鱼的歌声的同时,向让·佩勒兰、乔治·贾博利,向图莱最后的信徒们伸出手来,并在战后荒诞派运动的尖顶编排了潇洒大胆的芭蕾舞的几个花样。

　　就这样,这个文学"立体主义"的一大部分,不管从其原则上看是多么革命,在假装投身于无意识和偶然之后,穿过逶迤曲折的小径,和最敏锐的法国才智会合。这一部分人甚至委身于传统小诗歌可爱的缺

---

① 《火红的面颊》(Les joues en feu),格拉塞出版社。
② 《哲学辞典》(Dictionnaire philosophique),"才情"(esprit)条目。

陷之中。或许图莱和瓦莱里的榜样、区别于达达主义的虚无主义的需要促使这些诗人看重蓄意接受的约束可能带来的好处。

　　无论如何，从17世纪的雅士到不屑于理念与感情的为艺术而艺术的"玩弄字眼的人"，到一种特殊种类的纯诗——产生自阿拉伯风格和俏皮话的游戏——目前的代表人物，从属关系是很难否认的。这一次依然如此，我们受邀来欣赏一种"无序之美"，它在大部分情况下不失为一种"艺术的效应"。不过这种艺术由于过分卖弄风雅，越来越善于伪装，所展示的表象越来越不利于它。阿波利奈尔的反抗似乎并非完全要引向这样一种文学。

第十四章　达达主义

一

　　大概需要发生一桩大事件——战争，才使得兰波关于"改变生活"的愿望引发一股激情，才使得年轻人觉得起而反抗道德、文学、显而易见的现象及其日常进程是唯一可取的态度。如果人们只愿意把达达主义的运动看成是一种方式粗暴而滑稽可笑的巴黎丑闻，那么他们就注定丝毫不理解20世纪20年代深刻的精神危机和无政府主义式的个人主义潮流，以及拒绝服务的立场，这种潮流将如此众多的传统规范和旧信仰搅得天翻地覆。

　　在这里并不想"叙述事情的来龙去脉"，只是回顾一下达达主义的至少三个渊源①。一个在美国，以马瑟尔·杜尚（Marcel Duchamp）和弗朗西·皮加比雅（Francis Picabia）为代表；一个在苏黎世，特立斯坦·查拉（Tristan Tzara）1916年在那儿创建了一个小组，取名达达，该词无任何含义；最后这些人于1919年在巴黎和几个年轻作家建立了关系，他们的普世怀疑态度已经使他们相互接近，又刚刚（3月份）出版了第一期以反用法命名为《文学》的杂志。查拉及其朋友们的目标看来首先是策划一场"巨大"的故弄玄虚（针对过去、现在和未来的文学流派），广告宣传的现代资源被一个流派所利用，而该流派却带着全面否

---

①　见 G. Ribemont-Dessaignes 在《新法兰西杂志》1931年6月和7月号上发表的《达达主义的历史》（l'Histoire de Dada）和 E. Bouvier 的《当代文学入门》（l'Initiation à la littérature d'aujourd'hui），La Renaissance du Livre 出版社，1928。

定的、"于布王①式"的意图。然而,"达达"的理念、情感——并不因此而妨碍他们赏识"特立斯坦·查拉可钦可佩的叛逆精神"②——的原生地更确切的说是法国,虽然那个时代的恐惧感让人以为是德国插手了这宗阴谋!

《文学》杂志的合作者——至少是最年轻的那部分人,因为杂志首先接受了瓦莱里、纪德等人——在可能是法国战争年代最阴暗的1917年平均二十岁。生活摧毁了他们身上对于"现实"世界的所有幻想:将众人置于其控制之下的道德、堕落的宗教、精于弹道计算的科学、人类从未经历过的"神职人员最大的背叛",这些可能就已足够了。至于文学,它是军事专栏作家的猎物。瓦莱里不久这样说:"我们的文明,我们知道我们都是会死的。"③达达主义即是推倒一切?对安德烈·布雷东、路易·阿拉贡、菲利普·苏坡尔来说,一切都已倒塌;至多是对废墟列一张简明的清单,同时对失败,更确切地说对一种文明的消亡作出认证而已。

达达主义如此以激烈、系统性的怀疑主义的面貌出现,很快便导致否定一切。人什么都不是。查拉说:"从永恒的角度看,一切行动都是徒劳无益的。"安德烈·布雷东指出:"一个人留下他在地球上走一遭的痕迹是不可容忍的。"于是,一切都有其价值,一切都无价值。"什么是美?什么是丑?什么是伟大、强壮、弱小?卡邦提埃(Carpentier)、勒南(Renan)、弗什(Foch)为何物?不知道。我是什么?不知道。不知道,不知道,不知道"。对于乔治·利伯盟-德塞涅(Georges Ribemon-Dessaignes)的这些言词,布雷东甚为赞赏,认为它体现了极度的谦卑。④ 无非是随便发出一种评判,无非是想把真和表现可笑的自负的伪区别开来,因为辩驳是不可能的。同一个时期,爱因斯坦宣称,一切都因环境和人具有相对性,而世上任何东西都没有丝毫重要性。

荒谬,幼稚,胡言乱语!人们尽可以哀叹这种非人性的否定,不过必须懂得,它们发生在一个特定的时代,而且从"哲学"的角度看,是符合逻辑和合情合理的。此外,这些观点还和雅利学派的幽默表演家的

---

① 于布王是阿尔弗雷德·雅利同名喜剧的人物,极其荒诞可笑。——译者注。
② 原文如此,locutus est,安德烈·普鲁东。
③ 见《精神危机》(*La Crise de l'Esprit*)。
④ 见《信步》(*Les pas perdus*),第93页。

游戏不谋而合。比如这个雅克·瓦谢（Jacques Vaché），安德烈·布雷东1916年在南特与他相识，此人的阴影似乎悄无声息地操纵着达达派的命运。瓦谢是这样界定幽默的："一旦知情，便对一切都怀有戏剧性的无用和无味的感觉。"在大多数情况下，对于始终存在的对无限的唯一构想，以及对于惯例或随意性制约着我们的一切行动的确信无疑，产生了这样一个效果：在人自身看来，将人及其生命陷于荒谬之中。

对文学的指控是达达主义者最主要的关注。最好的文学始终是模仿，最真诚的人始终仰赖他人，这种现象自有人类而且是能思维的人类以来便是如此，因为他们是专断的传统，首先是理性的俘虏。再说根本不可能自我认识，最有远见卓识的人在其镜子前自我想象，自我组合，自我背叛。这里，保尔·瓦莱里的箴言给在污秽和文化饥荒的年代欣赏过《年轻的命运女神》的作者的年轻人带来了宝贵的帮助，他们甚至在若干季节里常常听到他的声音："一部著作总是造假（即是说是一种制造，不能使作者与之相应和，因为作者写作是一气呵成），是一些各不相同的状态协作的结果……"①或者："即使是最小的涂改也是强奸自然。"对此，作品不多的弟子们立即呼应："那么让我们选择自然、真实，一气呵成，哪怕因此而放弃著书立说……"眼下，达达主义只满足于赞同诸如此类的宣言："寻求一种有节奏的、数字的、押韵的、叠韵的语言的努力受到与思想纲要不相干的环境的阻碍。"②

然而，如果说任何著作都是虚假的，并不仅仅因为人们无法要求写作的人要真诚。除了艺术的约束之外，通用语言是"最坏的规范"，既然它要求我们使用不属于我们的惯用语和词语组合，在那里我们找不到任何与我们真正的本质相关联的东西，词的意义本身没有固定的价值，而且其价值只由集体通过滥用权力强加给我们："人们完全可以知道'你好'这个词，但却对分别一年后重逢的女人说'再见'。"③像"不宜"这样的词完全可能以令主体满意的方式表达一种感情，况且，它自然而然地脱口而出更充分证明运用它的合理性。诸如此类的种种论调让·珀兰（Jean Paulhan）战前便已在他的杂志《旁观者》上发表过。当前的问题在于如何使理论产生效果。是否有必要让人理解，这个问题无关紧要，写作是一种个人的行为。为何写作呢？这是《文学》的编辑们向当代的作家提出的问题。郑重其事或动人心弦的回答受到嘲讽，

---

①② 《与Fr勒菲沃尔的对谈录》，书籍出版社，1926，第107、60页。
③ 安德烈·布雷东：《信步》（Les pas perdus），第77页。

最谦卑、最冷嘲热讽的回答才被接受,比如瓦莱里这样的回答:"我因懦弱而写作。"或克努特·翰荪(Knut Hamsum)的回答:"我为缩短时间而写作……"

公众对此自然是莫名其妙。他们要求艺术,不管是何种艺术,他们要求最现代的艺术。他们看见的是指手画脚,听见的是晦涩的、骂骂咧咧的、亵渎神明的言辞。于是,当最一本正经的人叫喊说是疯子,最宽宏大量的人温柔地批评这些急于初尝禁果的年轻人时,真正的罪人则陶醉于"触怒他人的贵族式的快乐"。而这种快乐,还有志同道合以及巴黎文学生活的争吵带来的所有快意都不能遏制一种几乎与绝望无甚差别的苦涩的快感,即鞭笞使大家遭受最大痛苦的压榨人的社会,鞭笞战争刚刚暴露出其贫乏羸弱的文明,鞭笞必须毫不延迟地声明其完全无效的伪现实的快感。"根本无法容忍强加给我的命运,不公正使我的良心深处受到伤害,而这种不公正在我看来是绝不能拿原罪来开脱的,因此我不能让我的生命去适应人世间任何可笑的生存环境……"①,安德烈·布雷东的《傲慢的忏悔》(*Confession dédaigneuse*)开篇就是这样一份高傲的信念宣言。不管文学自1919年以来是如何利用成为时尚并往往被附庸风雅的人丑化和贱卖的这些主题和这类词藻,我们不能轻视这种悲剧性的焦虑。假设达达主义诗歌有朝一日完全被人遗忘,有几句话却值得留在我们的记忆里,这是古往今来人们所写过的最为惊心动魄的话,它们道出了人类风雨飘摇的生存环境和不能甘心情愿地接受其命运的人的痛苦。

再说《文学》杂志社的作家们甚至在他们的"诗作"中也时而会以朴实无华的方式进行表达。比如路易·阿拉贡就向自己低吟了这首《时代的模样》(Air du temps):

> 你是否没有足够的陈词滥调
> 人们毫无笑容地看着你
> 他们长着玻璃眼睛
> 你经过,你在浪费时间,你经过
> 你数到一百为了再消磨十秒钟,你作弊

---

① 见《信步》。

你突然撒手人寰
别害怕
迟早有一天
只剩下一天了,然后有一天
然后一了百了
不再需要去看人类和他们不时
抚摸的瓢虫
不再需要夜间自言自语为了不听见
壁炉的哀怨
不再需要抬起我的眼皮
也不需要浪费精力
也不需要不由自主地呼吸
然而我不想死
我的心钟低声吟唱一首古老的希望之歌
这支曲子。我熟知。不过歌词
歌词究竟说的什么
傻瓜①

　　于是沉默,放弃一切文学？这正是兰波的教诲。这样一种牺牲的观念倒是很有魅力,然而,把思想转换为行动,停止抗议,停止写作,却并非易事。再说,在达达主义运动中除了毫无保留的否定之外,尚有别的东西逐渐显露出来。在彻底否定之后,某种现实依然存在。诚然,遗留的并非理性,并非才智,亦非情感,而是潜意识深藏不露的源头,而养育生命,并指挥着心灵,直至我们的最高行动的正是潜意识。很快加在第一批口令之上的是这个套话：精神专制。达达主义诞生的苏黎世是与弗洛伊德有很深渊源的精神分析学家布勒莱尔、荣格的城市,而路易·阿拉贡和布雷东有过实验精神分析法的机会。这里的问题不在于泛性论,而是已获得诸如皮埃尔·雅内(Pierre Janet)一些人的支持的这种理论:我们有意识的行为不过是表面化的行为,往往我们在不自知的情况下被一些无意识的力量所引导,正是这些力量构成了"我"的脉络。而且,按照雅克·利维耶尔的说法,弗洛伊德还强调"意识固有的

----

① 《周而复始》(*Mouvement perpétuel*),选自《诗集》,1920—1924,新法兰西杂志出版社,第 26 页。

虚伪",强调"促使我们自我掩饰"、促使我们寻找我们的行为和言论的正当理由、促使我们不断地挖空心思以自我美化或至少自我"调适"①的普遍倾向。绝对的怀疑,奇妙地证实了瓦莱里关于文学上的造作和不可能的真诚的言论。弗洛伊德对达达运动的这种影响有时受到质疑。这个影响实际上微不足道也是可能的,但诗人们与维也纳哲学家的邂逅却不能不说是一种暗示。

从此,人们大致看可以猜测到,《文学》将如何提出艺术的问题,更确切地说,如何提出表达方式的问题:唯有无意识不会撒谎,唯有它值得发掘。有意识的和唯意志的努力、创作、逻辑都是虚幻。所谓法国式的清醒只是一文不值的提灯而已。"诗人"者至多可以准备陷阱,就跟医生在病人面前出其不意地抓住无意识并使其不能作假一样。目的,雅克·利维耶尔说得很明确:"在生命让步于相容性之前把握住它,在它处于支离破碎时,准确地说,在它处于原始的协调一致期间抓住它,赶在冲突的观念出现并迫使它自我还原、自我建构之前。以唯一原始的逻辑混乱的一体性来取代必然后天的逻辑的一体性。"②至于艺术,再也不被提及,至少再也不提写作这样的活动,即便这里涉及的是极为自由的写作,但如果它让人联想到著作,那便是需要摈弃的。难道这就是伟大的浪漫主义探索的终结吗?这个探索在法国开始的那一天,有一位理性、社会、文明、现实之敌人,一个原始主义之使徒,证明说,唯一的"完满而充实"的幸福就是消失在完好无损而"纯洁"的精神地带。

二

我们刚才所说的很像达达主义诗歌的一种理论(把发誓在一起的词语连接起来)。实际上,信号旗下掩藏着种类繁多的商品。在安德烈·布雷东周围的年轻诗人组织了起来,他们接受阿波利奈尔、雅各布、桑德拉斯、利维蒂的影响。对文学的反抗运动出于一种无法战胜的宿命,于 1919 年已经回归了某种传统。由此,我们不妨翻阅一下《文学》期刊,便隐约看到多种轨迹纵横交错。

---

① 《演讲笔记》(*Notes pour une conférence*),1924 年发表于《绿盘》(*Le disque vert*)月刊。

② 《感谢达达主义》(*Reconnaissance à Dada*),新法兰西杂志出版社,1920年8月1日。

在这些先行者之中,有必要给皮埃尔·利维蒂保留一个重要的位置,此人战时在《原文如此》和《南北》上发表作品。我们有幸发觉这个人深入浅出地谈论一种难于理解的诗学。他说道:"诗人所处的地位艰难而且往往危机四伏,处于互相切合的两块平面的交会点,一个是梦幻,一个是现实。诗人被禁锢在表象之中,处于局促狭隘的天地,况且这只是想象中的世界,庸人对它心满意足,诗人却要越过世间的障碍以到达绝对和真实。在那儿,他的精神轻松自在地活动。正是要在那儿追随精神,因为所谓存在,并非这个模糊、畏缩和被蔑视的、您在路边不留神碰撞到的肉体——这个肉体和其余的一切一样都会通过——而是书本的形式之外的这些诗篇,这些精神与现实炽热的接触之后沉淀下来的结晶。"①只有"长期、浩大而经过推敲的全部感官的错位"才能导致这种接触。如兰波一样,利维蒂也声称企及未知即真实。他如潜水者一般进入介于梦与真之间的狭隘的地带,然后"轻松自如"地如梦游者般漫步于人世间。奇迹在那儿等待着他:太阳绕着一栋房子徘徊,一道钟声归于沉寂,说一句话,飞来了一只鸟,风,手,另一只手握着雪。相反,人为之费力的东西却沦于虚无。

如此形成了一种利维蒂称之为可塑的诗歌。纯精神方面的可塑性,没有偶然的迤逦多彩和象征,整体感觉支离破碎,去除了一切逻辑也去除了全部人类价值的整个关系。存在的意识、运动的意识绝不显露,一切都不具名。利维蒂在谈到与他相似(也相似于《城市》中的科沃尔)的一个人时说:"他不叙述他的旅行,他不会描写他见过的国家。或许他什么也没见到,而当有人看着他时,为了害怕人们向他提问,他低下眼睛或者抬眼望着天空。"②他的每一首诗都在一片一片地重新合成一个静物,在此静物上笼罩着一种奇特的焦虑不安:

  一切都已灰飞烟灭
  风呼啸着吹过
  树木在簌簌颤抖

  牲口都已死亡

---

① 《毛手套》(*Le Gant de crin*),Plon 出版社,1926,第 15 页。
② P. 利维蒂《天上的浮萍》(*Les Epaves du ciel*),新法兰西杂志出版社,1924,第 23 页。

　　　　什么人都没有了
　　　　　　瞧

　　　　繁星停止闪烁
　　　　　　地球不再转动
　　　　一张脸伸出来
　　　　　　头发驱散黑夜
　　　　仍然矗立的最后一个钟楼

　　　　敲响了子夜。①

　　一切都让人预感到某种形而上学的事件迫在眉睫的威胁,而人们终于呼唤人类的搏动,呼唤人类的呐喊,去冲破沉闷而单调的大气。
　　不可能想象比这更为质朴无华的、更不在乎词藻是否华丽、形象是否优雅的诗歌。象征主义以及来自兰波梦想摆脱的"诗歌古风"的种种风格在这里所剩无几。仿佛是一个人出于质疑所有的而且是最通用的文学手段和技巧的欲望,重新开始学习说话。皮埃尔·利维蒂说:"毕加索决定把他所获得的渊博的知识和经验视为粪土,并准备重新学习——即是说一切从头开始。"②一切从头开始,这是年轻诗人和绝望的道学家唯一的希望。安德烈·纪德对这一点太了解了,他为了讨他们的欢心,在《文学》的第一期发表了他的《新食粮》(*Nouvelles Nourritures*)的一个片断:"破除。我清扫了一切。付诸行动了!我赤裸着站立在处女地上,在有待重新殖民的天空后面。"然后,提出了这个问题:"啊!谁来把我们的精神从逻辑学沉重的锁链中解救出来?"有一个时期,即 1917 年至 1919 年之间,与阿波利奈尔和马科斯·雅各布相比,与让·科克多这个近似于立体派画家的激进主义的美学兼道德的激进主义相比,皮埃尔·利维蒂似乎更能体现这种深深的天真烂漫。他对安德烈·布雷东和菲利普·苏坡的影响很大,对路易·阿拉贡的影响更大。他的影响和布莱兹·桑德拉斯、后未来主义者和现代广告的影响相互交织在一起。在停战的巴黎,招贴画和灯光下的广告的语言制

---

　　①　P.利维蒂,《天上的浮萍》(*Les Epaves du ciel*),新法兰西杂志出版社,1924,第 99 页。

　　②　P.利维蒂,《毕加索》,Stock 出版社。

造了新的幻影。一股恶风,"时代之气息",把所有东西从它们原有的地方连根拔起,随后把它们拽入旋风之中。不过,利维蒂和后未来主义者的行动并不指向同一个方向。前者提供了直觉艺术的一个范例,它通过一种第二视觉去寻找与内心现实的沟通;后者邀请诗人面向现代社会,并放任自己听从感觉而重新自我塑造。

内向、外向,这些都是过于简单的术语,因为它们让人想到绝对的反衬。实际上,保尔·戴眉(Paul Dermée 1886—1951)、皮埃尔-阿尔贝·庇洛(Pierre-Albert Birot)具有未来主义影响的诗和利维蒂的诗之间,距离并不很大。大家通常只记录思想的巅峰时刻,在纸上布局心理区域,把它们作为诗歌的色点。在不止一个现代派的作品里,只有经过存在的"中心实验室"之后才产生表层的感觉。不过,在理论上,在两种态度之间,在感性和现时的诗歌以及精神的具有梦幻倾向的、超越时间的诗歌之间明显的差异显露端倪,而1915年到1925年及此后的文学真正的演变证明了这种区分不无道理。

至于"绝对"的达达诗歌,不言而喻,它给人以极端松散的强烈印象:"自由状态的词语、支离破碎的句子、杂乱无章的句法,有时夹杂着一些借自现代广告的话语。"这是否发自无意识的声音?这是否对查拉所主张的方法的实践:"拿起一张报纸,拿起一把剪刀,挑选一篇文章,将它剪下来,然后剪下每一个字,把它们放进一只袋里,摇动它……"①人们在犹豫不决。达达主义者大概也在两条路之间犹豫不决,一条是神秘之路,一条是故弄玄虚之路,在"事关全局"和喜好伪装的玩笑之间,在温顺地屈从于无意识的指令和呼唤外部和语言碰撞的偶然之间举棋不定。确实无疑的是,这两种道路往往会合在一起,从而产生一些晦涩难懂的一连串的话语,除非例外,唯有精神分析学者或许会在这样的话语里找到乐趣。

不过有一些短小的诗篇虽然贴上了达达主义的标签,却浓缩着一种特别的氛围:

> 飞机编织着电报线
> 源泉唱着相同的歌
> 马车夫的约会里开胃酒橙黄色

---

① 见《达达宣言第七篇》(VII Manifestes Dada)。

然而火车头的机械师有白色的眼睛
女子在林中失去笑容。①

在菲利普·苏坡的这些诗行中，人们感到掠过了一股有如巴黎郊区春天一个清晨的新鲜气息。特里斯坦·查拉在一个时期里刻意写一些独出心裁的东西，里面笔误和荒唐可笑的笔法俯拾即是：

令人不安的一声清脆喊叫抛向秋天这棋盘。请您不要搅乱我半言半语的
　　　圆润。松散。
宁静的夜晚美丽。浇灌改变一个少女沼泽朦胧的道路。
· · · · · · · · · · ·
斯巴达人把他们的话语置于山丘上，为的是使狐狸咬啮和扯去他们的五脏六腑。一个摄影师路过。他对我说，怎么您竟敢在留给句法的田野上驰骋？我对他说，话语有五十层，这是一座直通上帝的大楼。这是真的，因为摄影师只是发痒总公司的寄生虫。②

单纯的好奇心（？），况且无足轻重。

相反，保尔·艾吕雅从一开始就以奇特的方式运用语言。他自然而简洁、毫不生硬地使词语偏离它们习惯上指称的事物。人们以为看到了最熟悉的词语的新生，它们重又变得单纯质朴，准备着迎接任何一种探索。它们所暗示的各种各样的可能性，以及对它们与周围事物联姻的影响力所抱的怀疑洗清了它们任何功利主义的罪愆。下列语言画面名叫《沙龙》(Salon)：

被准许的忽发奇想的爱好
　　　喜好太阳
　　柠檬
轻浮的含羞草。

---

① 《罗盘方位标》(Rose des vents)，Au sans pareil 出版社，1920。
② 《反题》(L'Antitête)，Cahiers libres 出版社，1933，第46页，发表于达达主义时期。

使用的手段清晰明了
　　明亮的玻璃窗
　耐心
　有待穿通的花瓶。

太阳，柠檬，轻浮的含羞草
　　在玻璃杯最易破碎时
　它含有
　　这颗球状的金子
　　这颗滚动的金子。①

诚然，能够窥见类似于主体的东西；不过，主体在这儿是擅入者，而对外部现实的任何参照都向这个太阳投下阴影，使这个花瓶、这个玻璃杯、这颗轻巧的金子破碎。在有选择的、净化了的语言和读者的敏感性之间产生了交流。关于此，保罗·艾吕雅曾用几句话作了解释，我们喜欢这些话的简洁，同时又因它的简单而感到遗憾："美或丑在我们看来并非不可或缺。我们总是更为关切强势或优雅、温柔或粗暴、单一或繁复。"②还必须强调下述信仰声明："这很难，不过还是试着坚持绝对的纯。那时我们将会发现把我们联系在一起的一切。那些饶舌者感到满足的令人不快的语言……让我们简化它，把它改变成可爱的、真正的语言……"在这个诗人竭力达到绝对纯和空的境界里，语言在放弃其媒介的职能的同时，向往一种自主的存在，并引发一种模糊的、不合逻辑的快感，以及某种摆脱重力的感觉。"我梦想新的和谐，"安德烈·纪德当时这样写道，"一种语言的艺术，更加细腻更加坦率，不加修辞，而且不挖空心思地去证明什么"。③

安德烈·布雷东则这么说道："一种天大的错误让人们相信语言的天职是方便人与人之间的关系。"

或许人们有权利珍爱这些词语的结合，为了它们带来的无私的满足，为了它们鼓励自我享受和扩展梦幻的力量而在思维中形成的新的心理沉淀。然而，一种不可战胜的新的倾向强迫人们去对这种语言化

---

①②　发表于《文学》第五期。
③　见前引《新食粮》的段落。

学产生兴趣,就像人们俯身看一座熔炉,里面在产生几块点金石。"人们如今知道,诗应该引向某个地方",那时安德烈·布雷东就已如此断言。① 总的来说,在个别情况下,关键在于知道,每当人们不把模仿一个典范或表达一种感情放在心上而打破传统组合时,所产生的语言偶然性是否只是一些无后果的游戏,或者它们是否能够在某种情况下,而且几乎在我们不知不觉时,与任何具有真正生命的东西相应和。借口在我们所见到的现实中,在逻辑学涵盖的思维里,没有什么东西可以保证这些发现的价值,因而以为我们有理由忽视它们,我们难道不更应该把它们看成是一种现实的显露和信号,对此现实我们尚未有意识或者我们仅仅有一种泛泛的意识,看成仿佛所有生命都参与的一个精神世界里时断时续的颤动吗?难道我们不能设想这样一种可能性,即摆脱一次相对性,而在诗歌,也就是说在语言的帮助下,到达母亲们的神秘领域?达达主义者就是如此防止自己成为纯主观主义者的。然而,这样的一种关注使我们远离最初大声宣告的否定;如此浓厚的神秘主义在促进达达主义的死亡——它的死亡本应出自自身的愿望——之后,又使得它的变形和复活成为可能。

---

① 见关于《玛尔佗萝之歌》(*les Chants de Maldoror*)的按语,《信步》。

第十五章 超现实主义

一

"最近几年,我看到了某种精神虚无主义的危害,其恶行就在于无时无刻不在提出最普遍也最徒劳的信心的问题"。安德烈·布雷东①1924年就是以这番言辞背离了他的过去和达达主义的。对他来说,关键是为新的出击浪潮打开一条道路。追求梦幻、神妙和完整诗歌的浪潮,反抗现实的仇恨的呼声,渴望精神的完全自由,所有这些都杂乱无章地出现在时而急迫时而怀旧的《宣言》之中。② 从此,在他前后程度不同地领导或"影响"的杂志(《超现实主义革命》(*la Révolution surréaliste*)、《超现实主义为革命服务》(*le Surréalisme au service de la Révolution*)、《论丛》(*Variétés*)、《文献》(*Documents*)、《牛头人身米诺陶洛斯》(*Minotaure*))里,安德烈·布雷东专心致志地界定在他看来唯一"纯"的立场。欢迎一些人,同时将另一些人正式逐出团体之外,俨然一个超现实主义的圣·茹斯特,他把他的团体——初时的志同道合者只剩下两三个——从具有"东方信仰"的无政府主义的主观主义引向某种有着秘术色彩的撒旦主义,引向辩证唯物主义,引向试图注意区别精神的内在世界和物体的内在世界的学说。

一条相当令人迷惑不解的路线,至少初看如此。在《共产党宣言》

---

① 见《超现实主义革命》(*Révolution surréaliste*)第二期。
② 如果我们要写历史的话,我们就要提及这样一个事实:超现实主义运动在归顺安德烈·布雷东的冲动之前诞生于好几个地方,同时也要提及伊万·格尔(Ivan Goll)所起的作用。

里,马克思有句名言,即努力改造世界的时候到了,这个世界,人们试图对它做出诠释的时间太长了,而且徒劳无功。布雷东及其朋友们对这句话是赞成的,但他们不同意让改变这个世界的意志损害了认识它的愿望。① 他们努力使自己始终处于把这两种活动分隔开来的峰顶,而人们可以认为,他们希望因此而增加这种精神的能量和运气,为了树立这个精神,在1925年前后,他们中有些人愿意牺牲一切。此外,若对超现实主义列一张图表,那就少不了要把异端和异端者考虑进去。在革命的阵营里,不管是诗歌还是其他革命,不随大流者并非总是最乏味的。

从最狭窄的意义上看,超现实主义是一种写作手法。从广义上说,它是一种哲学态度,这种哲学态度同时又是一种神秘主义(或者说曾经是一种神秘主义)、一种诗学和一种政治。1924年的《宣言》对第一层意义作如下界定:"心理自动性,人们通过它进行口头、笔头或任何一种形式的表达,这是思维实实在在的运作。这是在摆脱了理性的任何控制、不受美学或道德观念约束下思维的记录。"自然,这种记录——作家只不过服从于"声音"传达的命令——仅在有利的条件下进行,主体必须超然于周围的现实去思考,尽可能地关闭朝外部世界敞开的大门(感官),让自己的理性沉睡,使自己保持在接近于梦幻的状态,然后倾听(但不作有意识的努力)和写,随着思维加速的节奏写。在这里,危险的是瞬间脱离黑暗,豁然开朗走到一片林中空地,找回了自己的意识。毋庸置疑,不少诗人在一些幸运的时刻,会产生盲目服从自己的思维的印象。不过这样的事情难于维持。此外,若把超现实主义的所有表达形式都看成是自动式写作手法,而且只把口授的、不加任何控制的文本看成是"真实的"作品,那是错误的。布雷东1932年曾这样说:"我们从来没有声称任何一篇超现实主义的作品是自动写作的完美范例。甚至在'不指引'的最好的作品里,必须说,也看得出某些碰撞……一般来说存在着诗歌的安排方面最低限度的导向。"②如此看来,完诗,一如保尔·瓦莱里的纯诗,套用马拉美的话仍然是一种夸张。

安德烈·布雷东和菲利普·苏坡把《磁场》(*Champs magnétiques*)

---

① 见《连通器》(*Les Vases communicants*),Cahiers libres 出版社,1932。
② 《致罗兰·德勒内维尔的信》(*Lettre à Rolland de Renéville*),《新法兰西杂志》1932年5月1日,后发表于《曙光》(*Point du jour*),迦利玛出版社,1934。

称之为他们的作品中配得上超现实主义名称的最早（1921年）的作品。① 开头的句子很美，动人心弦，充满了抒情意味："今晚，我们俩站在河边，河水因我们的绝望而泛滥……我们想到酒吧里的微光、在倒塌的房子里举行的光怪陆离的舞会，在这些破房里，我们留下了我们的生命。然而没有什么比清晨五点在屋顶上缓缓流动的亮光更令人懊丧的了。小巷悄悄地隐退，林荫大道热闹起来。一个夜行者走近时向我们微笑，他没有看到我们那昏眩的眼神便悄悄地走过去了。送牛奶的车驱走了我们的呆滞，鸟儿飞上天空，去寻找神食……"如人们所看到的，晨曦染红了浪漫艺术家的天空，这里荒谬性极其微小。然而《磁场》的其他篇章绝大部分是另一种性质。如果说句法是正确的话，通篇则杂乱无章，在阅读的过程中形成的观点和形态时时因缺乏逻辑性而被推翻和否定："一股瓦斯爆炸正在酝酿，此时，一群衣着华丽的女子头朝底出发去地球中心旅行。有人跟她们谈到过隐藏的太阳。被造的空间大片大片快速朝极地移动。白熊的手表指示着舞会的时间……"或者："在一个盛满深红色液体的玻璃杯里，急剧翻腾的气泡制造出白色的火箭，掉落时成为模糊不清的窗帘。目光暗淡无神的男人走过来，在廉价住房粗糙的玻璃橱窗上阅读他们的命运……"

路易·阿拉贡说："名叫超现实主义的瑕疵就是错乱地、感情用事地运用令人愕然的景象。"② 大多数的超现实主义作品展开时，就像一连串几乎连续不断的意象，不管它们属于何种性质，都具有一个共性，即挑战良知。不过，波德莱尔早就培育某种"不恰当的表达手法"，引起大学和学院批评界的一片责难——参阅布吕内杰（Brunetière）——但却使诗歌受益匪浅。让我们再来读一读《头发》(La Chevelure)：

粗大的发辫，请做载我的浪峰，……

在这里文笔显得十分凝炼简洁……

蓝色的头发，黑夜张起的穹庐
。。。。。。。。。。。。。。。

---

① 由 Sans pareil 出版社出版。
② 《巴黎的农民》(Le Paysan de Paris)，新法兰西杂志出版社，1926，第81页。

> 在你那头发的岸边绒毛细细,
> 我狂热地陶醉于混合的香气……①

再看《不满足》(*Sed non Satiata*):

> 比起酒、鸦片和夜晚,我更喜欢
> 你嘴唇的灵丹妙药,爱在那儿卖弄炫耀;
> 当我的爱欲源源朝你传送时,
> 你的眼睛是座水池,任我的烦恼吮吸。

抒情诗的改观以不严密的逻辑、矛盾的词语为代价而获得。这种现象自然没有出现在波德莱尔的作品中。在所有隐喻中,潜伏着超出词义的误用,而诗的神奇功能在任何时候都首先来自词汇之间以灵活和暗示性的方式所实现的非理性的结合。在古典时代,这样的例子在法国或外国的才女雅士,尤其在贡戈拉(Gongora)②的作品里俯拾即是。然而在兰波称之为"通灵第一人"的波德莱尔那里,想象力开始意识到它的创世功能。建立在"通感"的神秘观之上的想象力预感到有一个伟大的任务要它来担当,即通过"怪异"的意象来揭示一切事物之间的主要亲缘关系,揭示它们参与了物体和灵魂沐浴其中的精神,参与了万物的"黑暗与深沉的一体性"。这样一种玄学,波德莱尔的大多数后继者并不准备接受,不过若只考察意象,四分之三世纪以来,必须承认,词汇超现实主义的误用体现了一种演变的终结点。这种演变线条完全清晰,可以毫不费力地区分出各个不同的阶段,人们把诸如洛特雷阿蒙、雅利、圣-保罗•鲁或梅特林克(写《暖室集》(*Serres chaudes*)时的梅特林克,战后诗歌运动的真正先驱)这些诗人和兰波、马拉美排列在一起。梅特林克有一段时间专门追求将灵与肉结合在一起的词语,如"谦虚的木犀草"、"我的欲念缓慢的棕榈树"、"缺席的淡紫色的草"。

在绝对化的超现实主义者看来,形象的领域里一切都是可能的。而错误恰恰就在于想知道是否有一种办法,可以察觉到相互结合的词语之间的关系,而这关系在某种程度上被理性所认可。第一批浪漫主义者及他们的读者认为,形象所表达的关系是可以得到论证的。圆规

---

① 郭宏安译。——译者注。
② 贡戈拉(1561—1627),西班牙诗人。——译者注。

的开度扩大了,而诗人天涯海角地去寻找他们的等价物。形象越来越不适用于物体,终于不再反映感性世界里的任何东西。随着形象越来越独立和陌生,它便更加缺乏理性,更加派不上用场,最终它显得像是一种内在的创造,像是一种"感悟"。似乎皮埃尔·利维蒂于1918年给予形象的定义逐字逐句地被安德烈·布雷东团体的成员所接受:"形象是精神的纯创造。"利维蒂明确指出:"强有力的形象的本质就在于它产生自两个相距甚远的现实之间自然的靠拢,只有精神捕捉了(它们之间的)关系。"还有这个至关重要的保留:"如果说感官完全赞同形象,它们却是把形象扼杀在精神里。"①最一丝不苟的超现实主义者做出了如下诠释:"如果感官赞同形象,即便是稍稍赞同,它们便是扼杀形象……"保尔·艾吕雅后来这样说道:"必须使宇宙失去感觉。"

保尔·瓦莱里于1919年在第一篇《列奥纳尔·达芬奇的方法引论》添加的按语里断言,一切事物都能互相替代("一切都是平等的"),因为精神的本质就是拉近物体和"随便什么"形式的距离。对超现实主义者来说,这种替代潜能,无意识自然而然地付诸实施。但是,它并不限于创造抽象关系,它使得事物互相参与,它以神秘的方式区分它们。这样,在梦中,矛盾律的框架打碎了;一切都可以被一切替代,而不停止存在,也不丝毫失去其具体的能量。事物之间外表上的不同只不过是理性和习惯的产物。"在物质的多样性里重新找回了精神的单一性",这就是根据一位现代诗歌的评论家②对形象下的定义。这位评论家补充说:"形象只是同一性原理的神奇的形态。"每一篇超现实主义文本都以回归混沌为前提,在此混沌内部浮现一种超自然的浪涛,最混杂的词语之间"令人错愕"的化学组合、一些新的合成的可能忽然闪电般呈现。

这样便出现了一些别具诗意的意象:"在色彩斑斓的玻璃杯里……各色美酒";"当我睡觉时,我的喉咙是一个带有绢网标记的戒指"③(保尔·艾吕雅);"在桥上,猫头状露水摇摇晃晃";"睡眠的美丽的细木工"(安德烈·布雷东);"带着水晶指头的狂热"(皮埃尔·利维蒂);不胜枚

---

① 《毛手套》,第 32、34 页。
② 皮埃尔·盖冈(Pierre Guéguen),登载于 1929 年 6 月 1 日的《新文学》(*Nouvelles Littéraires*)。
③ "授意"的形象?可能。不过,无意识记性很好。在 Jeune Pargue 的催眠曲结尾,我们可以读到:
  门低矮,这是一枚戒指……那儿穿过薄纱……一切死亡,一切欢笑,在喋喋不休的咽喉里。

举。必须指出,因为怪诞,这些形象从逻辑上说或多或少显得荒谬,或多或少令感官困惑迷惘,然而却引发一些感性的表象;磷火忽而这儿忽而那儿跳起,光照、电磁波夜里远近传播。精神,不管它如何小心翼翼地与外界隔绝,却无可奈何地只能依靠外界元素的滋养;它在叙述自己不管多么私密的故事时,也只能借助于既有形体又有名称的形态。就跟通俗意义上的通灵者一样,不能不通过句子和寓言传达(往往泄露)隐晦的、本身不可言传的知觉。然而超现实主义诗人应努力阻止以任何方式使用其语言来达到实用的目的,并为此滥用缺乏任何明显的智性或感性的表达方式,这样,在清晰的观念世界和已知的现实世界里寻找参照的行为便成了一场虚幻。难就难在:创造,或不如说不由自主地无意识地使自己形成另一种性质的显而易见,纯粹属于心理的显而易见,如果这种事是可能的,这些显而易见的东西被强加在我们身上某一个内在和富于诗意的感觉上,而这个感觉可能和我们深层的生命感混为一体。

二

或许必须知道如何回答向心理学家提出的关于语言不合规则的应用的问题。人们试图把语言和我向的、不合逻辑的,特别是不合群的思想联系起来,布勒勒·德祖里克(Bleuler de Zurich)把这种思想和有导向的以适应现实的思想区别开来。可是对布勒勒·德祖里克来说,我向思考十分清楚是病态的,而且不能将它和自动性现象相提并论。人们提醒说,当代心理专家竭力从其病人那里获得的是怎样一种自由和杂乱无章的独白。人们还谈到醒着的梦,即雷翁·铎戴(Léon

Daudet)①所说的"未被人所了解的现象"。这种醒着的梦几乎不停地绕着我们的内心转动徘徊,仿佛一只缓慢的万花筒,在意识深处引起一些无形的和逐渐消逝的图像,其命运神秘地与"自我"的情感活动联系在一起。在这方面,精确的调节将是必要的,因为在脑子里如此初露端倪的萌芽状态的心理现实一般来说存在于语言范围之外。另一方面,我们不久前看到保尔·艾吕雅和安德烈·布雷东专心致志地模拟各种不同类型的精神病患者的胡言乱语,并"未在此过程中体验到相应的意识状态"②。这是十分重要的供认。事情的发生就仿佛思维等同于不具人格的等离子体,能够屈从于最难于察觉的指令,能够勾勒任何动作,能够发出任何话语。我们可以想象一匹种马,得益于适当的训练,人们可以从它那儿获得一切,一旦人们给它下达指令,它便驯服地完成任何最荒唐的使命。安德烈·布雷东说:"对我来说,最高的形象就是表现最高程度的任意性的形象,对这一点我并不隐讳……"③从这儿出发,到把他的自然语言的炮制定在任意的取向上,定在"安排成诗的"的取向上——另一个时候,则定在精神弱智或急性躁狂症的取向上——只有一步之遥。

总而言之,无论从文学或从心理学的角度来审视超现实主义的文本,都会引导人们将它们视为文化的产品,而且是最先进的文化的产品,而绝非或多或少存在于每个人身上的语言创造功能的自由发挥的

---

① 在《醒着的梦》(*Le Rêve éveillé*)里,人们可以读到这样一段话:"梦与我们的日常生活混在一起,即便是在醒着时也一样,这种混淆比梦学家曾经设想而且现在仍然设想的还要经常和全面得多。的确,在正常人那里,醒着的梦(这个未被人所了解的重大现象)几乎以恒定的状态存在着。甚至当我们和我们的同类谈话或面对着一出好戏,或者当我们在行动或就某个特定的问题、任何一个问题进行思考的时候……在我们的精神里有着比重很大的梦幻……梦幻应被视为……某种记忆的残存、各种各样的意象——而这些意象本身又是一些一代传一代的人之碎片、自我分散的数不清的因子、一种无可置疑的现实的警示和神秘交感——持续不断地穿越精神领域,这种穿越的原理我们一无所知。"也请参考让·卡佐(Jean Cazaux)的《超现实主义与心理学》(*Surréalisme et Psychologie*),Corti 出版社,1938。

② 《洁白无瑕的观念》(L'immaculée Conception)(导言),José Corti,1938。

③ 《超现实主义的宣言》,Chez Kra 出版社,1930,第一版,第60页。

成果，①一种人们可以尽可能想象得很弱的意识下的创造。然而，在阿拉贡、布雷东、苏波、艾吕雅的最深沉的记忆里却充满了对浪漫主义和后浪漫主义诗歌的回忆。超现实主义者是否普遍成功地给人以一种自发的、具有梦幻色彩的、放任自流的思维的真实形象，这一点非常值得怀疑。相反，他们似乎往往只引发相当表面化的机械运动，几乎总是在作者无可奈何下引发"受指引"的文学思潮的传播。"黑色并非如此之黑"，《年轻的帕尔克》如此说道。

让我们走得更远：假若阅读近年来系列创作的某些诗歌，我们会以为见证了一种逻辑的任性的游戏。这种游戏与其说有趣，不如说单调乏味，而这种逻辑为了取乐，或者出于厌倦，肆意自我嘲弄，与此同时，我们却从未停止悄悄地欣赏它的灵活自由。而对于这些"模拟试验"又该说些什么呢？诗人的意识状态在这些试验里没有任何变动。将内心体验到的具体现实与字眼之间的分离看成是自然而然的事情，没有比接受这种观点更为严重的征象了。取代达达主义者们发誓远离的艺术赝品（瓦莱里如此指称一切"著作"）的仅仅是一种心理赝品。在我们看来，这种试验——收集在《纯洁无瑕》(Immaculée Conception)集子里的文本可以作证——必须做，而且它帮助我们明白为何对它们大声宣称的、人们不能不加在这么多的超现实主义者头上的东西如此淡漠。皮埃尔·利维蒂说："一部著作的价值取决于诗人与其命运的撕心裂肺的接触。"②这句明智的话足以说明这些作家所面临的危险，即为了空幻的东西而舍弃现实的事物和使语言失去其生命的精髓的危险。

对超现实主义者的方法和表达方式采取否决的态度并先验地加以排斥大概是完全不合理的。重要的在于意识到，我们与之打交道的，尤其当涉及自动写作或如此称谓的写作时，是一种这样的手法：可以使存在得以展示，甚至在理论上应比别的手法更有利于深层的无意识通过形象和象征的方式得到尽情发挥，然而这个手法又无论如何不能必然地、无误地完成这一职能。

---

① 不过1933年12月，安德烈·布雷东重申他最初的断言："超现实主义的本质就是宣告了所有正常的人在下意识的信息前一律平等，一向自始至终地宣称这种信息构成一种共同的财富，有待每个人索取他那一份……我说，所有的男人、所有的女人都可确信他们有绝对的可能随意求助于这种语言，它没有任何超自然之处，它对所有每一个人都是启示的媒介本身。"（《自动信息》，收入《曙光》之中）

② 《毛手套》，第48页。

三

然而，超现实主义有别于某种任笔尖随意勾勒的方法。安德烈·布雷东及其朋友们将他们的调查研究推向不同的方向，他们想让他们的事业发挥巨大的影响。在他们看来，打破固有词语的结合即是打破大多数人形而上学的确定性，即是摆脱对事物的约定俗成、随意的视角。"我们社会的平庸难道不主要依存于我们的陈述能力吗？"①一种僵化的语言，在那里一切自由的介入都受到紧紧的约束，这样的语言强加给我们一个僵化的、生硬的、墨守成规的世界的视野，这个世界与想对它做出诠释的观念一样死气沉沉。我们还记得诺瓦利，他把自然看成"石化的魔棍"。而如果我们称之为真实的世界仅仅是一种想象，一种"成功了"的想象——至于其成功的方法无从知晓——仅仅是一个旧梦，我们出于习惯、懦弱、不可饶恕的无所作为让它成形，而如今它把我们禁锢在蛹壳里呢？关键还是在于必须满怀希望地打开窗户，希望终于进入一个有无限自由的世界。

从广义上说，超现实主义代表浪漫主义的最新尝试，旨在与现实脱离关系，用别的现实来取而代之，后者充满活力，正在生成，其活动的轮廓细致入微地渗透到存在的底层。在这里有必要重复安德烈·布雷东《宣言》开篇如此美好的几句话：

> 对生活，对生活中最摇摆不定的东西，即现实生活，是如此确信无疑，以至最终失去了这个信仰。人，这个归根结底的梦幻者，对其命运不满的程度与日俱增，伤心地环顾所有这些他曾使用过的东西，这些东西是他漫不经心的态度或他的努力，应该说始终是他的努力给他带来的，因为他做出了努力，至少他没有不屑于去碰碰他的运气（他所称作的他的运气！）……

人，这个归根结底的梦幻者，大概也是永恒的孩子——"因为或许童年是最接近真实的生活的"。这种怀疑现实的倾向，好久以前诗人们就已把它培育成他们最宝贵的官能了，从此它达到了绝对。心理学家

---

① 安德烈·布雷东《关于现实的演说的引言》(*Introduction au discours sur le peu de réalité*)，新法兰西杂志出版社，1927。

可能会在此揭露客观与主观的混淆,对思想的巨大威力的"魔幻"般的信仰,认为这种思想能够改变世界。他还会揭露感性现实的存在小于精神世界的存在,或者不如说,感性现实只存在于精神世界,依附于精神世界的想法,因为宇宙灰蒙蒙的中心就是这个自恋者那喀索斯的灵魂纤细的尖顶。当然,这一切与其说经过设计,不如说被朦朦胧胧地预感到。纵使如此,超现实主义信息的精髓仍然存在于精神对于全面自由的呼唤,存在于生活、诗歌在"他处"的信念之中。根据这个信念,生活与诗歌需要去征服,冒着危险地、两者一起地、两者相互地加以征服,既然两者在终端会合并混淆在一起,目的在于否定这个虚假的世界。证明游戏尚未结束,一切都还可能被挽救。

有人会说,这种主张在浪漫主义、波德莱尔和兰波之后毫不新鲜。人们还会补充说,这是神秘主义,疯狂,况且还是天生的疯狂,需用心理学来加以解释,可以把它归入文学史之中,归入人类精神史之中。"原始主义,幼稚症",对于这些肤浅的言辞,批评家会兴冲冲地以科学精神与文明之类的词汇与之相对立。又有人会谈到"退化思维"。不过,在那些并非满足于收集韵脚的人之中,古往今来,有多少诗人走到这一步!有多少人曾经在一霎那间,确信自己通过一个隐喻掌握了全世界!他们以令人赞赏的自如抛弃了逻辑的所有原理,他们分辨了对立体,他们在现时或成为现时的过去呼吸到了永恒的气息。他们把这些变成了经验,具体且无可辩驳的经验。而他们的读者在一瞬间认识到这是真的。这就是事实。

超现实主义者的特性就在于想成为夜之王国的君主,被奇异的北极光、磷光、从无法探测的深处浮现的幻影所照亮的王国,在他们身上有着一股深深的怀恋之情。他们还因不能逐渐上溯到源头而无比遗憾。在此源头,所有的可能性和平共处,不互相排斥,直到任何决断之前的混沌一片。这是没有名称的、无边无际的中心发源地,兰波在他内心感到了它的灼热。我从安德烈·布雷东的《第二份宣言》里摘录出下面这句不容置辩的话:

> 一切都让人相信存在着某种精神支点,从那儿出发,生与死、真实与想象、过去与将来、可交流与不可交流、高与低不再被感受为相互对立。然而,除了给这一支点定位的希望之外,若想在超现

实主义的活动里寻找另一个动机,那是徒然。①

这就是绝对的叛逆,这是本身属于达达主义原则的对于显而易见的拒绝,以及一个人企盼靠拢"世间之外的任何地方"的不合常情的要求。超现实主义借安德烈·布雷东之口声明将全力以赴加以确定的这个精神支点,是否真的有别于假设中上帝关于创造的观点?

叛逆在这儿具有波德莱尔、兰波,尤其是洛特雷阿蒙身上业已存在的几乎魔鬼般的性质。大概需要一些特殊的环境和新的屠杀,才使得人们爱上出生在1870年战争门槛上的名叫马尔多罗的魔鬼。是否应该在这些大大超出疯狂的模拟练习的歌声里,看到"理论恶意"之外的别的东西:在一个可怕的夜晚发出他那亵渎神明的话的发怒的大天使的火焰?洛特雷阿蒙是否仅仅是一个心理现象,抑或是形而上的事件,"罚入地狱的好消息"的预言者?至于我,我认为他的著作的精华存在于其意象的质量,存在于这些意象释放出来的无与伦比的感动,存在于它们传播的神奇的光晕。因为洛特雷阿蒙什么都不期盼,他预感不到善与恶之外的"至善",他不传达任何信息,而《诗》(*Poésies*)在观点上的改变只是表面上反驳了《歌曲》(*Chants*)里的半模仿而已。事实是,陷入黑色梦幻与歇斯底里的言语之地狱的同时,他满足了触犯天条的需要。但是,和撒旦签订盟约并非易事。在路上并非轻易就能遇到想遇到的人。再说,造反对许多人来说意味着无望和不可能的逃逸。②"我不相信上帝,"罗贝尔·戴诺(Robert Desnos)说,"可是我有无限感。没有人比我更有宗教精神。我不停地碰到无法解决的问题。我愿意接受的问题全都无法解决"。③ 剩下的是使他的脸孔挛缩,使目光里某种形而上的光泽更加闪亮。不止一个人在这个诱惑面前屈服了。什么!如果因为存在着附庸风雅的焦虑和绝望,就否认这种叛逆的真诚和必要,那将是幼稚的。

然而几个新来乍到的人尽管什么都不期盼,并实践"一贯的失望",那也是枉然。他们仍然主张一种方法,说真的,这对崇拜精神的超现实主义诗人来说是唯一自然而积极的行为,这就是神秘主义的方法。以

---

① Chez Kra 出版社,1930。
②③ 1924年3月1日的《欧洲杂志》(*Revue européenne*)。

兰波为对象的思索使《伟大游戏》(Grand jeu)①的志同道合者提出如下建议：

> 一个人根据某种所谓神秘主义的方法能够直接感知另一个世界。对这另一个世界，他的感官本来是无法估量，他的悟性也是无可奈何的；对这个世界的认知标明个人意识和另一个意识之间的中间阶段。这种认知共同属于这样一些人，他们在他们生命的某一阶段，绝望地想要超越人类固有的可能性并勾勒了死亡的起点。②

这另一个意识，超个人意识，就是东方哲学和秘术的普遍灵魂。这个死亡起点，就是告别一切有限事物，即自身的消失、二元论的最后决定、融合于整体之中、在流亡于"个别"世界之后的回归，回归美好的神秘主义者的统一体，回归这个绝对的不确定性，这种不确定性就是至善，其性质就是虚无的特性本身。

在所有的哲学中，经过千年传统的传承和充实，秘传思想的确让人感到它是最容易和超现实主义一致的思想。对另一个世界的预感，一个超现实的，可能把内部和外部、主观和客观兼容并包的世界，这个世界的信息可能通过"弃绝感性"，在自身内部清空一切来接受，以便抓住时空之外产生的具有预言信号的意象。这种预感，这个信仰，看来是超现实主义者及他们潜在的神秘主义开初的拒绝带来的最正常的后果。

他们首先自然是沿着这个方向前进的。他们的鼻祖，他们不仅在浪漫主义或后浪漫主义诗人——理性主义时代真正的"灵感获得者"——那儿找到，也在预言家和幻想家那儿找到。与波德莱尔、兰波——在他们看来这两人都被天主教的圣经注释者所连累，前者尤甚，至于后者，难道人们没有看到《醉舟》获得的荣耀十分可悲地大众化，甚至在沙龙里也被捧上天吗？——相比，他们更喜欢洛特雷阿蒙，出于对丑闻的偏好，同时也因为不屑于资产阶级的欣赏。聂瓦尔是一个更为重要的参照，在所有法国人之中，唯有他并不满足于"勾勒"死亡的起点；还有雨果，在他的（最不受人关注的）部分著作里；在外国，有威廉·布莱克(William Blake)、荷尔德林(Helderlin)和诺瓦利。有多少诺瓦利

---

① 杂志，只出了三期。——译者注。
② 《伟大游戏》，第二期，1929。

的《片断》突如其来具有了现实意义！然而，和他同时代的几位德国浪漫主义者一样，诺瓦利是一个"被授以秘术的人"，而他的神秘唯心主义则带着哲学秘传的印记。

不过，正统的超现实主义者逐渐抛弃了这种唯灵论的立场。他们屈从于一个强势行动，这个行动对《哲学》杂志和《精神》手册的青年作家——他们在回应《东方的召唤》（"东方，东方，你呀只有象征价值！"①安德烈·布雷东出于不可或缺的修辞的需要如此感叹）时与这些青年作家曾经相遇——也产生了影响，他们在不无争吵和内部分裂的情况下走向辩证唯物主义和某种共产主义。路易·阿拉贡1929年底就如此断言："给最近这些年留下烙印的……是二十年前人们所固有的个人主义的奄奄一息和寿终正寝。"我们应该说是学说上个人主义的死亡，因为"掩盖自我"比放弃它更容易。而法国特有的无政府个人主义的酵母，长时间与浪漫主义者、象征主义者和现代派的反抗不可分离，它不可能在几年内就消亡。无论如何，人们在1930年左右见证的是超现实主义的理性化的尝试。"没人比我更具有宗教精神"，罗贝尔·戴诺曾经这样说道。这些宗教精神后来竭力抛弃任何超自然的的理念、超验性的原则。在他们看来，通过精神"改变生活"的意愿是没有效果的，如果这种意愿不加上切实改变事物状况的务实的愿望，甚至先有这种愿望的话。

最高的抱负，即要求诗歌具有认知和生命上的绝对，这种抱负是否将因此而破灭了呢？尽管激烈的言词引起反感，这是否一种回归理性的奇特的形式？对此难于做出断然的回答。一方面，面对着革命机会主义、妥协和共产主义宗教的"变种"，安德烈·布雷东始终颂扬原则，并在任何场合都捍卫了更加接近乌托邦的与托洛茨基主义相近的强硬的态度。另一方面，他试图不顾一切将两种革命立场协调起来，一种社会的，另一种精神的，它们的相互关系不可能一劳永逸地加以确定。然而他敢于声称——在这一点上必须感谢他——他认为革命不应是一个"目的"，唯一合法的目的是"对人的永恒使命的认知"，而最重要的是，所有的人，一旦社会生活改善了之后，能够觉悟到"人类环境确确实实的不稳定性"。这样，至少在带着相对感和绝对感的基础上，捍卫了悲剧感和绝望感。

---

① 1924年，在《论现实的导言》的末尾。在《曙光》杂志上转载。

如果我们审视超现实主义初期的基本立场，我们大概会认定，在法国（法国之外存在德国浪漫主义团体）从来没有任何诗人派别有意识地将诗歌的问题和存在这个至关重要的问题如此混同一起。至于想要知道这种诗歌是否带来了任何程度上的普遍性"启示"，这个问题本身是幼稚的。离通常思维和生活方式如此之远，如何希望所获得的成果具有能被"外界"承认的价值？兰波不是很快就放弃只献身一个使命的想法吗？

　　是的，大概从外部看起来，一个如此不合理的求索只能以失败告终。而从内部看来，似乎这个求索也只能是不知所终，只能给这个失去掌握的"凹陷的世界"留下这个精神支点，这个最后的话语。也许——应该说出来吗？—— 一般的超现实主义者，不管正统与否，缺乏耐心。他们想强行突破无意识①，强暴宁愿向更天真的人披露的秘密。在朝真正的基督教或非基督教的神秘主义的道路上迈进时，他们缺乏力量，我指的是，缺乏任何一种信仰，缺乏某种意向的连续性，缺乏对比自我更为内在的某种东西的忠诚。

　　有人会提出异议说，如博尔蒙神父所指出的，许多诗人曾经是假神秘主义者，他们从他们（宗教）的不完美中获取一些道德力量。不过，人们可以责备超现实主义的大部分内容徘徊在折衷之间，讥笑艺术而又不敢与之决裂，最多嘴上说说而已。他们无法从他们的记忆、他们的习惯、他们坏的文学意识（同时一边声称为科学而努力，一边向弗洛伊德借助神话而不是方法，况且还是值得商榷的方法）里解脱出来。他们的形象本身，他们故意表现出来的杂乱无章，都证明他们难于超越否定以及与感性和理性决裂的初级阶段。在布雷东及其朋友们的普罗米修斯式的雄心壮志和他们长时间宣扬的"实践诗歌"的决策以及他们的革命激情催生的行动和文学作品之间，存在着根本的比例失衡。这种失衡，大概是一种命运的嘲弄。大约这就是他们止步不前和屡屡出言不逊的原因，为的是确保他们"不循规蹈矩"，由此他们在事关社会问题方面尝试直接行动，以证明他们准备奋不顾身。归根结底，自始至终，就是对于耶稣再降世的追求的问题，虽然他们对此不大愿意承认。尽管出于使命感，他们是多么愿意让自己绝望，而且虽然阿拉贡直言不讳地向他们指出"不存在任何形式的天堂"，逃避现实的需要、企及另一个现实

---

① "我们不强行突破无意识"，弗朗兹·艾伦（Franz Hellens）1925年就已在月刊《绿盘》如此写道。

的欲望折磨着他们。我们看到他们在行动与诗歌、宗教行动与世俗的行动之间犹豫不决。他们曾经梦想昭示艺术全面的、胜利凯旋的诗，这唯一的真理，这神奇而纯洁的花朵，然而，这种诗却大致只能在完全变成行动和精神存在的灵魂（或人们如此称呼的东西）那里才能汲取汁液，从而确保她的生命和成长。

第十六章 超现实主义诗人

一

　　值得庆幸的是,在超现实主义者之中,有人,有诗人。诚然,可能有一种学说会使某个过于温顺、过于想要服从它的作者失去方向或甚至毁了他。不过,不同的另一些人,高于某些作者的那些人,宁愿进化为自由战士。他们以无法模仿的手法渐渐掌握了一个孤立的、无名的王国,这个王国从此以他们的名字命名,在有利时刻发出若干引起轰动的话语,必要时可让信徒们和书呆子们放心或者担心。

　　就这样,路易·阿拉贡,这位因其卓越的才华而能够准确地做他想做的事的散文家1928年就戏言:"假如您追随超现实主义的某些方法,写一些可悲的蠢话,这只能是可悲的蠢话。没什么可说的。"①对阿拉贡这样一个在他高兴时重理智的、极为严格的逻辑学家,人们不禁要问,他是否只是在偶尔并且以等着瞧的方式下当过超现实主义者的?他最为重视的是造反,他认同达达主义者的叛逆、超现实主义者的叛逆、共产主义者的叛逆。冷嘲热讽而且玩世不恭,但又是城市里的一分子,并且需要交际,以便有机会践踏别人,他本来可以回归伏尔泰传统(见小说《安尼赛》(*Anicet ou le Panorama*));沿着他进攻性和侵蚀性的思路,他本来可以同样轻易地实施这种"败坏道德"的能量(福楼拜梦想着有朝一日承担的能量),而与此同时又在他身后留下一部光彩夺目的绝望的诗歌,仿佛一缕暗暗的尾流。在很长的时间内,一方面害怕被定位在无可挽回注定是愚蠢荒唐的世界、离他所厌恶的人或远或近的

---

① 《风格论》(*Traité de Style*),新法兰西杂志出版社,1928,第192页。

某个地方；另一方面他的喜欢无序以及他拒绝对厌恶及仇恨以外的任何东西感兴趣的做法，把他禁锢在亵渎神明和单调的破口大骂的圈子里。他对丑闻的热衷连续通过狂放的色情、污秽的言谈得到满足，他惟妙惟肖地扮演了凶神恶煞者的角色。加布利耶尔·布努尔（Gabriel Bounoure）说："阿拉贡发现，最有效的清洗就是以污洗污：把一个大的下水沟引到奥吉亚斯（Augias）①的牛圈里。"②危险之处——兰波对此深有体会——就在于此后难于清洗自己身上这么多的污泥。

人们可以认为，阿拉贡的使命应是放弃"耕耘文学天赋"——由于太高傲，对他的命运、他的前途、他的存在丝毫不放在心上——而《巴黎的乡人》（Paysan de Paris）③是散文的一个杰出的范例。撇开别的不谈，这里有的是高雅的嘲讽以及对日常神奇怪诞的现象的具体展现。在这种日常现象中，借用波德莱尔的语汇，"最丑陋的事物的命运"，变得高贵起来，恐怖本身和可悲的罪恶"变得神奇美妙"（不过，诗集《欢乐之火》（Grande Gaîté）、《被迫害的迫害者》（Persécuteur persécuté）响应了兰波的号召：现在是杀人者的时代！）。

然而，成为共产党员的阿拉贡在他心中扼杀了诗人的他，而不留下任何痕迹。给自己套上紧箍儿，压下心中的激情之后，光芒四射的无政府主义者投身于军事文学事业。在题为《乌拉尔万岁》（Hourra l'Oural）（1934）的诗集里，绝对因循守旧的几乎扮着鬼脸的诗如果不是"特来（向诗）告辞"，难道是别的什么吗？我们不无遗憾地把这一点说出来，但也不否定最近出版的小说的价值，甚至是其文学价值，这些小说是对"社会主义现实主义"的理论最好的注解。

相反，安德烈·布雷东十五年以来把他的命运和超现实主义的命运融为一体。作为散文家，甚至是古典散文家（我想说：上了该上的课并且记得这些课），文章里雄辩和专断的表达俯拾即是。安德烈·布雷东虽然也写了一些不太受约束的诗，但是他还是在散文里真正感到自如——自然是因为他遵守句法，有一天，他这样对他的读者们吐露心声。对此，我们不妨指出，"心理自动主义"要求不停顿地往下写，这就

---

① 希腊神话里的厄利斯王，他的牛圈极其肮脏，大英雄赫拉克勒斯引阿尔甫斯河水在一天之内将牛圈冲洗干净。——译者注。
② 《新法兰西杂志》，1931年3月。
③ 发表于1926年。——译者注。

相当正常地导致散文的产生。在一句话、一个补语、一个形容语之后移行就已含有"作诗"的意图。

在超现实主义的实践里,在它对诗境的绝对的探求里,布雷东毫不妥协的态度并不比在理论上有所减弱。如果不同意后退一步并毫无保留地倾注到散文上面的话,那是根本不可能理解他的。这种散文以侧对步移动,节奏均匀,如柔顺而无结节的木材般流畅光滑。他的专长是神奇曼妙。"唯有神奇才是美的",我们在1924年的《宣言》里读到这句话。神奇首先存在于意象中。它到达大气,变轻、变形,被一种仿佛是紫外线或红外线的不正常的光笼罩着。某种朦胧的不安,有时变成焦虑,如夜半的魔鬼般漂浮摇曳。没有什么比某些"入口"更动人心弦的了,这些入口把我们带到另一个世界的中心。只需几句话,新奇感便达到了顶峰:

> 只要今晚有太阳……

或者:

> 临近子夜码头附近,
> 假如一个披头散发的女人跟随着你,毋须留意。
> 这是蓝天……

或者:

> 白色的大冷冻室在时代的夜晚
> 把颤栗分给全市
> 为自身歌唱
> 歌曲深处与夜晚相似
> 做什么都做得很好……①

下面是《不折的鹰》(*Epervier incassable*)的开头:

---

① 《白头发手枪》(*Le Révolver à cheveux blanc*),Cahiers libres 出版社,1932,第71、72、76页。

巡逻队在宿舍里完成它那例行的花招。夜里，两扇色彩缤纷的窗户半开半掩。从第一扇窗户潜入长着黑眉毛的邪恶，苦修的少女从另一扇窗探出身来。再也没有别的来扰乱这睡眠的细活。人们看到一些手笼在潮湿的手笼里。在空荡荡的大床上，荆棘盘根错节，而枕头在表面多于真实的沉寂里飘浮。午夜……①

几乎永远是在午夜，光辉灿烂的太阳向黑夜投下一团阴影。这种诗的弱点或许是它的不连贯，神妙几乎永远没有时间在诗里得到发挥，象征永远没有时间在诗里编织成绵延的心理植被或者一则寓言，层层意象不可避免地破碎。怎能不设想安德烈·布雷东在这方面服从一个定见：在梦里（因此在诗里）他只愿看到紊乱无序。他这样做或许不对。如果让事物自然而然地"协调起来"，这难道是大恶吗？难道有必要让自然去自我防御，防御它开创有机整体的倾向吗？

声称只是一份笔录的佳作《娜嘉》(Nadja)、《连通器》(Vases communicants)的几个片断、最后是《疯狂的爱》(Amour fou)给我们显示了变成现实的神奇。一个人梦想他的生活并体验他的梦境。从理性的角度来看最不相关的事物联系在一起，这在他看来是再明显不过的事。展开了一些对精神来说引起震撼的接触，在昏眩中精神预感到一系列不确定的链接。旧日的焦虑重又浮现，还有悲哀的诗。人的防御一瞬间被粉碎，再也没有什么东西来为他掩盖充满威胁的符号领域。聂瓦尔之后是安德烈·布雷东，但是布雷东不做最后一跳，他不愿也不能"勾勒死亡之起点"。魔法消失之后，他手里拿着卜测地下水源者的棍棒，解释他对于真实和魔幻世界之间所有切合点的假设，以及他窥视这些切合点的意愿和决心。②

在此峰顶，他想站稳脚跟，他的眼光投向深渊，仿佛装备了千里眼，这是爱情的赠与。在《疯狂的爱》里，神秘、玄奥、寻找生活的"缺陷"（在生活里出现"客观的偶然"）的感觉不但不让精神受制于解读的乏味的苦差，而是使它的翱翔所构成的形而上的影响更加广泛深远。我不知道有哪本书能在这方面超过《疯狂的爱》。在这里和在别处一样，其哲学意蕴并非无懈可击，但其诗情画意却无可置疑，达到了如此完美的存在。"在无定形的内部"，流畅而又耐读的散文找到了依托，在布局一

---

① 《白头发手枪》，第 44 页（先是发表在 Clair de terre 中）。
② 《连通器》，第 171 页。

场惊涛骇浪。而这部散文以越来越动人的道德强度所勾画的是人的形象。超现实主义的探索把他引到这个边缘，引到这个点上，在那里，人们只能感受到沉寂背后的这些周而复始的击打声。《旅行者》(Voyageur)①的回忆再次浮现："请开门吧！我哭泣着敲打的这扇门……"

二

语言的疯狂大概是在罗贝尔·戴诺的某些诗里达到了顶峰。达达主义危机之后的几年间，戴诺尤其致力于通过单纯的机械手法引发一些语言组合，而他对这些组合根本不感到需承担任何责任，仿佛它们是匿名行动的果实，其诗的特性只在事后才觉察得到。实际上这是试图让词语独自去思维，然后再来看会有什么结果。这不啻是幻想重复那场捕鱼奇迹②；不过，奇迹十分稀少，而这个方法最终令人失望，至少对读者来说如此。

梦随后给戴诺带来某个东西、某个物质的等价品，即便该物质逐渐消失，却也需要用一些词语来暗示其存在。在题为《黑暗》(Les Ténèbres)③的集子里，有一股梦之诗流，优美动人，清晰严谨。它揭示了一些传奇性生物萦回缠绕的存在，它们在梦中替代了物质并在整个思想场里流连忘返。但是罗贝尔·戴诺作品里自动主义的力量以及在自由状态下的词语的惯性将使得内在于超现实主义的"灵巧流畅"达到他最新的成果：表面上遵循着亚历山大体甚至四行押韵或迭韵诗的规则，一个声音低吟或吼叫出失去理智的话语，话语里漂浮着一些意象，如诡异的一座座孤岛，它们取自浪漫主义、缪塞和雨果直到阿波利奈尔的共同宝库。一大骗局！已知和未知混杂在一起，形成一片混沌，向人们扮着怪相。人们以为见证了溢出外面的集体无意识的异想天开。一部机器在空转，因为精神已经和词语决裂，并把它们抛弃给形形色色的不规律的爱情，从中似乎诞生了一种矫揉造作的没有灵魂的情感抒发。这种体验很奇特，值得去尝试，但一次就够了。

菲利普·苏坡的作品则全然不同，他的诗境完全是"内部的"，隐藏

---

① G.阿波利奈尔，《醇酒集》(Alcools)。

② 圣经故事：西蒙及其伙伴在河里捕鱼，辛苦劳作了一夜，一无所获。耶稣见状指点他们往深水处撒网，结果捕到了许多鱼。——译者注

③ 选自《肉体和财富》(Corps et biens)，新法兰西杂志出版社，1930。

第三编　探索与反抗　　　　　　　　　　　　　　　　　　　　253

于自身,仿佛消遁在自身中,一动不动地消失在清醒的梦幻里。诗人看见从生命的深处升起彩虹色的气泡,气泡里有时有灰色物体的倒影悄悄地在他周围游动。下面这首诗,他在梦幻之中,气喘吁吁,以为自己已经穷途末路:

> 夜幕降临,燥热的夜晚
> 光阴虚度
> 夜晚之后
> 这是最后时刻
> 唯一重要的时刻
> 力量减弱,神秘的夜晚
> 而时刻已临近
> 最终还必须
> 俯身朝向阴影
> 这个征服者
> 朝向这个结局这把火
> 朝向灰飞烟灭
> 气息沉寂折磨
> 勇敢一点儿,一秒钟
> 而已
> 缓慢的进程即将结束
> 消失的亮光
> 天上的风请等一等
> 一个字一个手势
> 一次
> 我举起手。①

如果说诗歌恰恰是逃避任何限定,是一种音乐氛围,是一个光芒四射的波澜起伏的世界,那么菲利普·苏坡的某些诗就以其不确定的意象似乎抓住了这个游移不定的精神的本质。这种超现实主义不留下丝毫修辞学的痕迹。这是一种不加修饰、十分贞洁的诗,因为它的躯壳已

---

① 《临终》(*Condamné*),发表在1936年10号的《新法兰西杂志》,《诗全集,1917—1937》,G.I.M.出版社,1937,第184页。

经蒸发掉了。这个根本不顾虑学派的技术要求的超现实主义存在何处，如果不是存在于殚精竭虑的努力之中？这种努力是为了在精神的极限感知生命的面貌。所有这一切没有丝毫不是菲利普·苏坡所固有的，没有丝毫不是延长了深沉的人性音符，即被窒息的怀恋。从1920年起，这个音符就使往往徒有达达其名的诗歌脱颖而出。毫无疑问，在这儿，我们是生活在阿波利奈尔和皮埃尔·利维蒂的影响范围，而不是正统的超现实主义的传统之中。

在一个时期内，超现实主义似乎促进了诗歌里新的情欲形态的诞生。达达主义者煞费心机的作品依然点缀着性的象征和醒目的猥亵词语。毫无疑问，这是潜意识要求的结果，正是近来被弗洛伊德大肆宣扬的所谓潜意识。一股撒旦的气息从马尔多罗（Maldoror）①的铁匠铺飘散出来，和波德莱尔的蒸汽混合一起之后，使整个大气更加沉甸甸，把萨德（Sade）②侯爵的黑蝴蝶散布得到处都是。淫欲和死亡把它们的魅力和它们的伤痕搅在一起，如两条相交在一起的蛇，在罗杰·威特拉克（Roger Vitrac）、路易·阿拉贡和罗贝尔·戴诺、乔治·里伯盟-德赛涅的想象中共舞。或许有必要举出另外一些人的名字，即超现实主义画家的名字，并且说明世纪之恶的特点。在这些现代人和福楼拜、戈蒂耶、佩特律·波雷尔（Pétrus Borel）、菲罗泰·欧内迪（Philothée O'Neddy）之间，在年轻的法兰西和昨日及一百年前的法兰西之间，一条地下的传承链自动建立了起来，从而在半公开的状态下延续了阴郁的浪漫主义的传统……

　　　　灵敏的肉体生命与爱情的流亡
　　　　两具大骷髅相邀
　　　　嘴对嘴相互磨碎
　　　　在咖啡和夜晚的蒸汽里

---

①　洛特雷阿蒙《马尔多罗之歌》（*Les Chants de Maldoror*）里的主人公。——译者注。

②　萨德（1740—1814），法国作家，作品多描写性虐待，长期受到批判和禁锢。超现实主义作家为他的作品恢复名誉，视他为绝对自由的鼓吹者。——译者注。

在别处，罗杰·威特拉克使诞生自心理生活的混浊的源头的画面冲破阴影涌现出来：

> 回响的钟声荒凉的牧场
> 饥饿的人民倒映在你美丽的脚下
> 我关注你的前额这片泡沫叶子
> 我的声音在你心中点亮一尊血的雕像①

显而易见，我们这么多当代人把脑海里的东西倾倒出来的意图以及"供认一切"的需要，就跟我们在纪德和普鲁斯特那里读到的那样，在这里和超现实主义者的追求协调一致。不管是心理学家还是诗人，在战后的年代里，通过他们想要从"自我"的晦涩中提取最美丽的怪物的共同意愿汇合在一起。而且的确仿佛一切都混淆在自我之中，而且心甘情愿的带上我们目光的颜色，只需一丝模糊的弗洛伊德式的观点就可以看到生活的所有底面都染上一层色情的颜色。

然而超现实主义风格的新爱情诗，人们首先在保尔·艾吕雅的作品里发现。大约1924年以来，艾吕雅的思想围绕着爱情的现实转动，或者围绕着孤独的现实——所谓孤独，只是爱情的缺失——转动。他的思想越来越近、越来越深地贴近难于捉摸的这一点，即肉体、精神、现实主义和理想主义——借用安德烈·布雷东的词汇——"不再以对立的方式被感知"的问题。

这种诗歌的形而上学的性质，在于它把爱情变成一种宇宙悲剧，使全世界都在关注其解决方案；它发生在"完全朝着令人眼花缭乱的混乱延伸的深不可测的黑暗里"②，人们只能感到它的存在，却不能通过心理学的方法或公式加以渗透。

这种诗歌的氛围是清纯：

> 少年时，我往清纯张开双臂。这只是朝我永恒的天空翅膀的扑打，这只是心的跳动，在被征服的胸膛里跳动的爱恋的心。我不能往下掉落了。
>
> 对爱的依恋。实际上，亮光令我心旷神怡。我在心里保留了

---

① 《诙谐》(*Humoristiques*)，《新法兰西杂志》，1927，第41、45页。
② 《即时生活》(*La Vie immédiate*)，Cahiers libres 出版社，1932，第37页。

足够的亮光,为了观看夜晚,整个夜晚,所有的夜晚。

所有的童真女都是不同的。我总是梦想着一个童真女。

在学校里,她坐在我前头的板凳上,穿着黑罩衫。当她回过头来问我一个问题的答案时,她眼神里的天真无邪使我如此局促不安,以至她出于对我的窘迫的怜悯,伸出她的臂膀勾住我的脖颈。

在别处,她离开我。她登上一只船。我们互相间几乎形同陌路……①

对纯真、爱情的绝对的炽热、不可更改的渴望跟随着艾吕雅。他不知道他是谁,他朝什么目标向前迈进,什么启示在等待着他——迟迟不来的启示。有时候,在《新诗集》(*Nouveaux Poèmes*)(1926年)里,沉浸在似水柔情中,他不禁爆发一阵欢声笑语,随即进入宁静、明亮的心醉神迷之中:

一个女人更漂亮,比起我生活其中的世界
于是我闭上眼睛……②

飘摇不定的安宁。人们不能在爱情中安居乐业。在那里欲望与绝望、存在与缺席相互交替,而孤独很快就在那里支配一切。在这个精神世界里,心灵在致命的沉寂中如一潭死水,"爱之新星"将不会升起。

然而,她靠近了,她远去了,始终活着,任何东西都只存在于她的目光里,存在于一个漫长的梦里。梦中,夜晚与白昼混淆,一切事物不断破碎,为的是重获新生,徒劳无益地,在一片间杂着黑暗的天真无邪的光彩中、在有时被灵魂的谦卑而温柔的狂喜中断的焦虑中新生。这是另一种性质的做法,比骑士的爱情的做法更为凝重,尽管后者是多么崇高,比把一个贵夫人作为偶像崇拜,对她俯首帖耳的做法更加凝重。这是一种魔法,一种"占有",这种占有使自身的占有成为不可能,使孤独成为始终张开大口的深渊,使爱情成为比生命更强的诱惑。而在这"孤独世界"里,没有任何回应,没有任何回声,听不到任何令人安宁的声音

---

① 《生活的底面或人类的金字塔》(*Les Dessous d'une vie ou la pyramide humaine*),Cahiers du Sud 出版社,1926,第 17 页,《方块王后》(*La Dame de Carreau*)。

② 《痛苦之地》。

从超验的彼世降落。

让·卡苏（Jean Cassou）先生说得好，此诗高潮迭起；它不从一点迈向另一点，也不穿越任何空间去将一些心理源联结起来。同样，时间的绵延对它来说无关紧要；重要的是现时，艾吕雅的诗期盼通过粉碎时间的外壳在现时建立起永恒。可是这个永恒自己燃烧起来毁灭了，可燃性特强的这个诗歌自我摧毁，没有留下任何可以界定的残余。人们以为呼吸着一种纯净的精华，盲目的、将外边的事物拒之门外的另一个自己所给予、所强加给诗人的精华。诚然，在他的夜晚、在外部世界的反映越来越模糊的画面之间追随保尔·艾吕雅是很困难的。于是，某件物品的影子，一只手的影子，一只手，带来一股清新的气息：

> 在我面前这只手让风暴解体
> 它理直并使攀援植物开花
> 准确可靠是否你的手是否一个信号
> 当寂静还沉重地压在池沼上
> 　　　　在井底下在清晨。
> 从不窘迫从不措手不及是否你的手
> 对着叶子发誓掌心朝太阳
> 让叶子作证，是否你的手发誓
> 接受小骤雨也接受滂沱大雨
> 丝毫没有闪电的迹象
> 是否你的手这个阳光下令人骇然的回忆。①

渐渐地，不赞同任何类似于舍弃的做法，也不放弃他那"内心"诗人的命运，但更坦诚地保持自己的本来面目，富于生气而又悲痛欲绝，足以不再思虑只适宜于引发诗学可爱的混乱的超现实主义的方法——保尔·艾吕雅找到了更为有效的话语：

> 你清淡的血勾勒的温柔小路
> 漂亮女人走在上面
> 是青苔覆盖了荒漠
> 黑夜却永远不能在上头留下痕迹或车辙

---

① 《容易》（*Facile*），G.L.M 出版社，1935。

清纯空气里每时每刻邂逅的处处沉睡和梦幻的美人
○ ○ ○ ○ ○ ○ ○ ○ ○ ○ ○ ○ ○
紧握的双手毫不沉重。

人们毫不倦怠地在内心深处重复着这种语言的变化，在这语言中，世界上全部的爱似乎浓缩在一起，融会在一起，消失在透明之中：

我们把纯净完美之水引向
洪水泛滥的夏季
引入具有你的肉体的形状与颜色的大海
○ ○ ○ ○ ○ ○ ○ ○ ○ ○ ○ ○ ○
我的理性啊！发现生命之价值
比不上睡鼠嗜睡的道理
除非爱①

今天，在聂瓦尔之后很长时间，或许唯有保尔·艾吕雅在所有法国人通用的语言里，遇到了某种称得上令他志得意满的东西。典雅的痕迹、温室（类似"笑的花边"或"忧郁的木犀草"，尽管很可爱）的意象少了。留在心底深处的只是白昼的亮光、火焰的闪烁。从此诗人存在于世间，同时又令人难以置信地超脱。由于情感宣泄直至完全释放的程度，因此他所存在的地方，悲伤和愉悦相混淆，痛苦和希望的破灭没有留下任何残迹。于是，话语，如鸟儿的歌唱一样清纯，词语清新得如第一日那样纯真，无休止的机遇，无穷的魅力。于是，超越任何事物的是《人》(*l' Homme*)：

甜美的小憩。郁郁葱葱的小溪，层层叠叠的山丘，万里无云的天空，繁茂草木下的淤泥，清澈的饮料，平静如镜的河岸，太阳的影子，鸟儿轻盈婉转的歌唱，丰盈，匮乏，表皮布满细孔的人又饥又渴。人，站在其死亡念头的高处，沉思地瞧着乐善好施的神秘。②

---

① 《即时生活》，第29页。
② 《中道》(*Juste milieu*)摘录（1938年），选自《展示》(*Donner à voir*)，迦利玛出版社，1930。

诗人是给人以启发的人，艾吕雅说道。他给予词语一个灵魂。有些词语在这儿非它不可：优雅这个词，显然这个词。面对这种显然不想有任何含义、除了实现其本身的完美没有其他目的的诗，有些读者执意谈论不文明。他们不喜欢那么多被同化的文化被否定，不喜欢理性的力量促使这种语言大放光彩，使得迷惘的孩子深邃的目光——在这目光里近来拖曳着一道来自西班牙的火光——必然和词语交接在一起，就像水晶球一般：

> 我记得午间可怕的海洋
> 我记得被照射在金色风暴上沉重如铅的
> 灼热的太阳封锁的乡间
>
> ○○○○○○○○○○○○○○○○○○
> 我记得这个黄头发灰眼睛的女孩
> 额头面颊乳房沐浴在绿荫与月光中
> 记得这条昏暗坚硬的小路，那里苍白的天空
> 自掘一条道路仿佛人们的深吻……①

三

团队里的所有诗人之中，特里斯坦·查拉是最迟让人看到他的真实本性的。从 1930 年起，他发表了《近似人》(*Homme approximatif*)，一首史诗，唯一可以合法地归入超现实主义范围的鸿篇巨制。《狼饮水处》(*Où boivent les loups*)，更具抒情性的诗集，以及《反题》(*Antitète*)，里面收入了在长达十五年期间（头几篇散文创作于 1916 年）创作的一些散文，表现了作者坚持置身于"被梦幻征服"之前的"朦胧的现实"②的努力。奇怪的是，这样一个似乎献身于诙谐的游戏并对极端无序顶礼膜拜的诗人，在丝毫不放弃其要求，只是通过加深这种无序的情况下，渐渐迈向庞大的创作工程。这种创作在逻辑上的杂乱无章让人感到的虽然并非内在的秩序，但却是一股强大的活力，一种"诗的力量"，一种威力，这股力量竭力"拿捏暴风"，并孕育出十分形象化的

---

① 《诗歌全集》(*Chanson complète*)摘录，迦利玛出版社，1939。
② 《反题》，*Cahiers libres* 出版社，1933，第 185 页。

一套套词语。

若把查拉看成始终猛打猛冲的唯一而且同一个乐队的指挥,那对特里斯坦·查拉来说不免有失公允,他有时也会歌唱〈半声〉(*mezzo voce*):

水中是哪位佳丽
在水里变换痛苦
边走边一首接一首歌唱
眼睛紧紧把她凝视

沿着岛屿胡言乱语……①

不过他很少把精力倾注在"婉约"上。血液,死亡,"土地咧嘴强笑","蛇蝎般"的土地,所有强暴的本能,一切模糊的冲动,人的痛苦,有时候希望,构成一种悲剧氛围,他乐于在心灵深处感受此浓浓的氛围。

它们死了,被流星尾迹横扫而去的空间
它们在鸟儿血红的阴影下
扩大——生存在暗礁密集中的孤岛
那儿爱情给了我们,作为永恒的明证

有着明亮眼睛的黑色青春割断了预兆之路
我的青春拴在冷漠的门槛
死亡——轻蔑随着太阳在我心中升起
跨越一堆堆丑陋

或许有一天将喷薄而出
万丈光芒
终于额头从泥泞中抬起仿佛吃奶的婴儿
远古的光芒将伴着你远行②

人们感到在这儿重新找到了兰波式抒情散文的若干节奏。这样

---

①② 《狼饮水处》,Cahiers libres 出版社,1932,第 69、86 页。

一种相似性意味深长。在查拉身上有叛逆青年的冲动、灾难的萦念,他的"话语"具有预言色彩。同样不能否认的是,他受着"神秘叠韵"的吸引,虽然不能说明这些谐音是在何种程度上被刻意制作的,在他的诗或散文里始终闪现某种语言炼金术,它部分建立在微妙的变化或元音和辅音之间极不协调的基础上。

然而这种诗境,特别是当人们从它史诗性的角度上审视它时,在《近似人》里,上升和膨胀,如冒着泡沫的海潮,因某种绝对原生态的、不开化的、初级的东西而显得新颖独特。我们在此诗境中所感受到的首先是异彩纷呈的语言。"在每一块石头底下,"查拉说道,"都有一个词语窝,世界上的物质正是在这些词语快速旋转下形成的"。① 毫不抵抗地顺从它们的旋转——在"除了遗忘,无人在那儿冒险涉足的地方迷失于自己的内心世界之后"——让它们自由地聚合和分离,仿佛被旋涡的运动卷走的微粒,这就是培养一个世界的物质,这就是在悲剧性的分娩、在痛苦的春祭中促成"生命的血迹斑斑的所有假说"。狄德罗喜欢把创造看成来自偶然的迟到的果实、来自无数次失败和为了克服混乱展开的徒劳无益的尝试之后突然到来的好运气。在《近似人》里,我们看到的确实是乱糟糟的一场梦。不过,在这个从内部雕琢、用喧嚣纷扰的力量拍打的无定形的独块材料之上,一些形状豁然显现,这些互相认识的形体有一个名称:明了易懂的美丽的诗句从材料无名的蠢动中挣扎出来:

　　土地用它焦虑不安的拳头把我紧紧捏住……

　　而沿着血管海笛在歌唱……②

不仅一些孤立的诗句脱颖而出,取得了诗的地位,而且一堆堆完整的海藻现出轮廓,漂浮着,仿佛一座座孤岛。然后,随着诗的进步,火跃动着四处蔓延,一个元素喷薄而出,火;它光芒四射,无往而不胜:

　　成吨的风倾倒在灼热沉闷的堡垒上
　　鲁莽的冲力掌握中的龙骨,我是谁

---

① 《反题》,第183页。
② 《近似人》,Fourcade 出版社,1930,第14、17页。

我返回得不到慰藉的起点,冒着热气,嘴角噙着词语
一朵花被粗鲁狂热的风折断
穿着页岩状衣服,我等待
被氧化的沙漠的痛苦
火焰熊熊燃起。①

"单单言语就足以让人看清,"查拉如是说,在他的几首散文诗里有弥足珍贵的类似的真情吐露,"他以一个极端的突发手势把意义和言词融合在一起"。② 因此问题在于赋予词语一个以上的含义:一个名副其实的存在。它们趋于再一次成为真正的"世界的实体"。命名,预兆(Nomina, numina),雨果说道。这些巨大的变革以及创世的暗地里和反面的画面确实更多地让人想到雨果而不是兰波,在创世里,那么多无名的东西"在涂上沥青的死亡的沟壑里"声嘶力竭地叫喊。我也想到纪尧姆-萨吕斯特·杜巴塔(Guillaume-Saluste Du Bartas),《星期》(Semaines)的作者,他描述创世以及所有被归置到各自位置上的物件,按照精神绝对无误的顺序,被全能和慰藉的上帝一一照亮。物体、生命、"近似的"人,在这儿被赤裸裸地加以模仿,恢复了它们绝对无意义的本来面目,它们被从原始的无序引向有序,这是原生态的、不可理喻的现实的秩序,是智力所绝对无法理解的秩序。

即便我们重视那些从安德烈·布雷东那里获得了"出版许可"的作品,每当我们审视所有贴上超现实主义标签的产品,它们的相异性每每让我们感到吃惊。在查拉粗犷的诗作和艾吕雅清澈透明而难以估量的沉淀之间,或者说在戴诺的雄辩和安德烈·布雷东的无目的性的神妙之间差距委实不小。必须大力展示的"所有人共有的精神实质"无疑并非共有财富,而是别的东西,每个诗人都有其命运、其形象。而如果说这个对于人的大调查,这种认识"生命之内情"的计划没有获得任何具有普遍性价值的结果——我想说可以通过理性来传达的结果——那么还存在一些诗人,那些来自深层的浪漫主义的最后的诗人,象征主义正是从这个深层浪漫主义汲取了他最宝贵的养料。

---

① 《近似人》,Fourcade 出版社,1930,第 156 页。
② 《反题》。

第十七章　在超现实主义之外

一

"一句完美的话是最伟大的生命体验的最高点。"①对于法格的这一宣言,皮埃尔-让·茹沃和儒勒·苏培尔维耶尔毫无疑问会表示认同。远离超现实主义,超越团体和学派,这些人,以及包括圣-琼-佩斯(Saint-John-Perse)在内的另一些人,都已到了不惑之年,他们给予战后诗歌真实的面目。怀着在激情和探索的终点终于实现占有自我的欲望,怀着找到不歪曲他们思想的语言的希望,他们实现了自我更新,他们生活得很充实。试图以一般通用的尺度来衡量他们没有多大的意义。使他们互相靠拢的正是每个人都处心积虑地坚守为自身定下的法则,还有在他们想象力的产品之中作出选择的需要,以及在初看与古典及浪漫主义没什么关联的诗歌里建立一种活生生的具有个性的秩序的需要。

在安德烈·纪德撰写《沼泽》(*Paludes*)(1895年)时,雷翁-保尔·法格已经发表了《唐克雷德》(*Tancrède*):

　　慈善的手温暖着
　　另一只冰凉的手,贞洁地。
　　麦秸上有一丝阳光
　　在垂死者门前。
　　把女人抱在怀里但不搂紧

---

① 《灯下》(*Sous la lampe*),新法兰西杂志出版社,1929,第46页。

宛如小鸟或是利剑。
嘴在远处微笑
务必使人好好死去。①

　　音阶和琶音悄然变得哀婉,被称之为"变体"。在年轻的法格身上丝毫不变的,是他对唯一的需要摸索而执著的寻找:"有一个晚上,我找到了——我觉得我找到了——使我幸福的东西。"②因为没有什么是值得被置于感情之上的。

　　法格的创作初期受兰波(作为歌谣作者的兰波)、魏尔伦、拉佛格和雅利的影响,其时象征主义正在人性化,而大自然重又出现在寒冷的黎明;保尔·弗尔、詹姆斯、亨利·巴塔伊、夏尔-路易·菲利普恢复了生机,四周浮现一丝忧郁、乡愁和满怀希望的氛围。在他1902年的散文诗里,法格试图再度从音乐汲取灵感。人们或许会说这里指的是德彪西的音乐,是《牧神午后》《前奏曲》的魔力。同样深刻的印象主义,同样流畅的阿拉伯艺术的影响,在表达游移不定的心境时同样的微妙细腻;欲望在振翼而飞时受到挫折掉落下来,如同波德莱尔的喷泉。而自始至终"山丘后小提琴在震颤",还有不可企及的幸福的主题:

　　成排的灯亮了。键盘在波浪边闪亮。夜光虫连成一片。听得见沙滩上潮涌潮落时动物缓慢的沙沙声……

　　满载的小船在黑暗中抵达,水母的透明伞状体在黑夜里斜斜上升,逐渐浮现,如燥热的夜里的初梦……

　　若干奇特的行人骤然现身,如远处的浪花,突然涌来,带着含蓄的温柔。缓慢的形体离开地面,移动空气,仿佛大叶棕榈树。虚弱时刻出现的幽灵列队行进在岸上,来自远古时代的音乐与思想在此终结。在别墅前,在从前如此明亮如今黑黝黝的花园里,熟悉的脚步唤醒了死去的玫瑰……

　　一个古老的希望,不愿意在亮光下停止挣扎……回忆,就像人们不敢从记忆深处挖掘出来的回忆那样,以尖锐的声音呼唤我们……它们发出强烈的信号。它们呼叫,仿佛这些洁白温柔并有着

---

①　《唐克雷德》(*Tancrède*),1911年由新法兰西杂志出版社再版。
②　《诗集》(*Poèmes*),集后有《为了音乐》(*Pour la musique*)一文,新法兰西杂志出版社,1919,第33页。

金色细脚的鸟儿,在我们经过沙滩的某一天,躲避着浪潮……①

降半音的、哀怨的小调久久萦绕耳际。与此同时,萨曼、盖兰、戴帕克斯在谱写哀歌,而詹姆斯在撰写《樱草的悲哀》(le *Deuil des Primevères*)。法格和詹姆斯一样拥有诗人的这种天赋,即"能因李子而感动"②,具有因接触到小小的事物,因对往昔最模糊的回忆而心灵震颤的官能。不过,他几乎总是在遥远的童年时光发现他的生命的真谛,发现诗情。在记忆里,就像在梦里一样,某种气味,某种叫声,一只拖船发出的歌声,"炽热的灵魂的笨拙",这一切,归根结底都十分真实。有人把这一点与普鲁斯特相联系。然而,法格从来不会冒险去做穷尽分析,他把引起感觉本身的综合印象并列在一起。而这些印象组成一个内心世界,在那里,城市的某种自然景象,烟雾下灰色的或淡红色的城市,平民大众的巴黎,凄凉然而充满人情味。火车站先于未来主义吸引着他,还有那黝黑的火车,特别是当信号机慢条斯理地点燃它们的灯光时。那时令人感动的与其说是它们的威力,不如说是它们的忧郁,以及它们在身后留下的划破夜空的怨歌:

当车厢被装满了,火车低声数数,随着一声叹息缓缓启动。拳击师的算子,硬硬的胡须,深色的胸廓,硕大的海星,涂满滚烫的油脂的乳房,照亮的图像,所有避车洞里的灯,红光映照下满是煤污的员工,凡此种种,使火车头呈现一幅美丽的画面,宛如一个彩色装饰字母。窗户上写着符号和字母。隐喻后面是酒吧车厢。后车厢有它的红宝石式挂灯、它发红的眼睛和它的黑色气息。

升起一股强烈的充满挫屑的空气。黑夜如死狗般重又归于沉寂。它是沿着轨道被杀死的。它在哪儿?

隐形者,你可以坐在道碴上。

墙那边,现在可以看到城市的窗户在哭泣。③

和茹尔·罗曼、路易·阿拉贡、弗兰西斯·卡克一道,雷翁-保尔·法格属于巴黎诗人后来者中的一个。

---

① 《诗集》(*Poèmes*),第 80 页。
② 我总是想当纪德在《人间食粮》里写这句话时想到了詹姆斯。
③ 《根据巴黎》(*D'après-Paris*),新法兰西杂志出版社,1932,第 80 页。

不过,我们刚刚看到的这段诗文摘自最近一本新书。既是绘画也是音乐,接近于漫画式的绘画,栩栩如生的场景。在法格年轻时的诗篇里,客体总是很遥远,重新找到的、浮现出来的、以音乐的方式处理的感觉,使它的存在并不比梦幻强多少。如今,法格把客体纳入一个隐喻、比喻、推测的网络之中,他向前飞奔去迎接它,以轻快、生硬、尖锐的词语将它穿透。诚然,如此诞生的东西并非对事物客观的视觉,毋宁说是一种幻觉的、闪闪发光的视觉,精神和感官都难于将它摆脱。

另一方面,诗的变容被一种卓绝的幽默所支配,成为法格特色的组成部分。他的做法是在世界与自身之间维持一种不易察觉的、多变但又足够大的距离,以确保他的判断能力,以抵御泛神论的诱惑和表达温情的需要。这也是通过扭曲事物,弄乱创世的画面,在世界面前"壮胆子"的做法,这一切纯粹出于爱。法格的旧诗可唱,而现在的诗则像是口语。生死攸关的生物功能,通过词汇得到运用。因为它需要所有的词语,拉伯雷的词语,科学词语,现代技术词语。贾博利耶尔·布努尔先生(M. Gabriel Bounoure)看得很准,认为他身上表现了某种《拉摩的侄子》(*Neveu de Rameau*)的特点,"患上清醒的精神错乱"①,巧妙地模仿事物细微的变化。从收集在《空间》(*Espaces*)集的诗中,产生了一种广袤如宇宙,同时又十分诙谐、与"幻想科学"公式决绝的诗篇。人们会想到雅利笔下弗斯特罗尔(Faustroll)博士的思考以及于布王式的疯癫,不过关键始终在于人类伟大的历险;在《东风》(*Vulturne*)的结尾,最后审判日,从扩音器里发出了上帝的声音,传入太空里迷失的灵魂的想象上的耳朵里。

法格的诗表面上像是即兴之作,实际上它离无法支配的偶然性十分遥远。法格把混乱加以安排整理,使之变得有条不紊。"在他看来,诗是唯一不该在里头做梦的梦"。② 这就足以把他和超现实主义者区分开来。"对宇宙十分敏感"的法格通过肉体和物质来寻找精神。他把想象力投向滑溜溜的轨道,后来他之所以同意退却,只是为了尽快行走在巴黎的大街小巷上。他是数量可观的这样一些诗人的后继者,他们多愁善感,冷嘲热讽,才华横溢,和他一样是不折不扣的巴黎人。

法格在最初的尝试中就已使用无韵诗:

---

① 见1929年7月1日的《新法兰西杂志》上的一篇文章。

② 《灯下》(*Sous la lampe*),第63页。

>　　旁边房间发出声音
>　　最后指法弹奏出乐曲
>　　长而蓝如一道马路
>　　您能否在那里发现
>　　大颗泪珠按铃
>　　在我藏身处的通风口
>　　我每日的期待？……①

　　他做自由诗,"受着十二音节诗的约束"(他还可以补充说:还有八音节诗)的自由诗,它们对十二音节诗或八音节诗的偏离,就像人们对待重心那样,人们总是定期返回到重心那儿去。然而散文在向他招手,一种从节奏和音色的角度来说越来越远离"诗韵"的文体。1900年左右的"诗篇"用一种或许过于音乐化的文体写成。《厚度》(*Epaisseurs*)、《东风》(*Vulturne*)的风格较为有力,聚集了力量以便高高抛出他的泡沫画面。法格说,他写出了神怪故事、科学笑谈,所实现的创作从其主题来看完全可能是诗篇,但出于事实有时也由于评论却是散文。如果确实无疑,从理念和词源学的角度看,在这方面不确定性占据支配地位的话,我们将会犹豫着不把这些作品当成"散文诗"。由于搬出了世界上最好的理由,把诗句(格律诗或自由诗)和诗区别开来,把形式、节奏与实质区别开来,人们今天注定再也不可能一下子就取得一致,既然在是否诗的问题上,个人感觉是唯一的判官。

　　在法格身上有一种幻梦气质。他有时会唤醒佩罗(Perrault)和安徒生,召唤林中仙女和维维也纳,蘑菇,黄荧和林荫大道阴影里的深蓝色怪物。② 没有这么成功,不过也不乏魅力的弗朗西斯·德米欧曼德尔(Francis de Miomandre)在《轮回》(*Samsara*)③里,和"存在与不存在的旋风"玩把戏。或许是超现实主义者的尝试,尤其是布雷东的尝试,鼓舞他任其想象自由驰骋。他对于职务、动物、云彩的变换、光线在淡绿色的水中的移动、物表的光彩无穷尽的变化显得温情脉脉,充满人情味。缠绕在他的蜿蜒曲折的句子里的长藤形成复杂的图画,不过线条清晰而显得

---

① 《空间》(*Espaces*),新法兰西杂志出版社,1929,第13页。
② 《诗集》,第100页。
③ Fourcade出版社,1931。

生硬。在他的花园里阳光过于强烈,因而不可能真的是神秘的花园。1900 年的法格令人想到《序曲》里的德彪西。如果弗朗西斯·德米欧曼德尔的荒诞手法在细枝末节上少一点班维尔的色彩的话,那么可以说他与拉维尔(Ravel)比较接近。

他也一样选择了散文,就像新诗人中其他许多人一样,就像圣-琼·佩斯(Saint-John-Perse)写《阿纳巴斯》(*Anabase*)时一样,如果只看某些印刷上的布局,他写大部分的《赞歌》(*Eloges*)时就已这样做。不过,《阿纳巴斯》的散文诗颇有章法和韵律,通篇组织得井井有条,匀称和谐。就像法格的自由诗一样,里面占据支配地位的是十二音节诗和八音节诗。正是这些稳定的、与思想和节奏完全协调的音步赋予圣-琼-佩斯的语言高贵和雄辩性。(此外,与保尔·弗尔相反,诗人在任何时候都不限制自己脱离这些不变的节奏。)

《赞歌》①(1904 年至 1908 年)诞生于几种决定性影响的交叉口,其中有兰波和克洛代尔的影响,马拉美的影响,或许有《人间食粮》的影响,也可能还有亚洲抒情诗人的影响。然而,基本品质已经在这些诗中得到表现,这些基本品质一旦加以培育,将赋予《阿纳巴斯》特有的韵味和力度。首先是这种对于遥远的大地和海洋里的事物的独特的友情,这些事物具体、成熟、神秘、肉感、无限古老,又无比新鲜。关键在于和它们生活在一起,真切地融为一体,感觉到它们完美无缺的宏伟博大。每天清晨,当大地现出第一缕曙光,它们重又获得新生,壮美博大,一如往日。或者这是灵魂这个"大女孩"的赠与,将它们维持在孩童时代,泡在注入了天真烂漫精华油的盆浴中,新鲜清爽,湿漉漉的,犹如潮湿大气中一道道的水流和绿色植物。

> ……于是,像我们一样以根茎为生,沉默不语的庞大兽类变得高贵起来;
> 于是抬起了更长的眼皮,投下了更大的阴影……②

在圣-琼·佩斯著作里关键词比比皆是:美、大、凝重、纯、浩瀚、恩惠、温柔、自如、欢乐。盐被归还给宇宙,正是得益于盐,所有的事物牢牢掌握着它们的精髓。与此同时,语言也必须重造一副清澈透明和晶莹富态

---

① 1925 年由新法兰西杂志出版社再版。
② 《赞歌》。

的肉身。永无休止的关于词语的洁白无瑕的话题！微妙精细直至典雅考究的艺术(在《赞歌》里)充分注意到这一点,以此作为逆转语法秩序、像在高更的绘画里一样更新抽象艺术、汇集具有生命力的笔触的特殊方式。确实,这种陈述中表现出来的优雅高贵的礼貌——似乎是亚洲古代文明的礼貌——这些协调一致的"客套",这些"礼仪",和诗的内涵丝丝入扣,十分和谐。

在《阿纳巴斯》①里,出现了一种新的简约的风格,一块坚硬的土地,一方与世间相称的天空,流浪的部落,无限的绵延不绝。迂回曲折的运动,甜美的飘泊流浪,情感的抒发,这一切都从属于所要达到的目的——史诗。从第一页开始,一种广阔无垠的自然以粗线条在孤独中形成,人性高高竖立,对自己充满自信,这一切通过言简意赅的话语表达出来:

在三大季节上有幸安营,为我这片立下法律的土地,我悉心问卜。

清晨兵器多美丽,汪洋一片,任我们兵马驰驱的土地,不见果仁。

却令我们享有不可腐蚀的天穹,太阳虽未经命名,它的威力已同我们在一起。

而且清晨的大海恰似精神的那份傲岸的气度。

威力呵,你在我们夜行道上高歌！……于清晨这纯粹的时分,我们可是对梦,我们远祖的梦,有所知晓呢？

和你们在一起还用一年光景！粮道,盐商,公共的东西都放到准秤上！

对岸上的人们我决不拢手当喇叭去呼喊,我决不用珊瑚虫红粉抹在斜坡上。

划定通都大邑,但是我有心和你们住下去。

营帐入口处一片荣光,我的力量和你们在一起！那纯洁的思

---

① 新法兰西杂志出版社,1924。

想象盐粒似的牢牢扎根在光天化日下。①

我看不到战争期间和战后的尝试,有哪一篇能达到《阿纳巴斯》和《年轻的帕克》的高度。把这两部截然不同的作品相提并论可能令人惊讶。不过,仅仅配得上"创作"一词的唯一事实……都堪称完美绝伦,而在我们今天,对于完美的趣味已不多见。再者,在瓦莱里和圣-琼·佩斯那里,人们可以看到集象征主义和古典主义之大成的尝试,若从其结果来说,两者的尝试大不相同。

二

皮埃尔-让·茹沃的诗,其最高形式的诗,让人想到这些自流井,它们穿透岩石和干燥的土地,从井里喷出甜美纯净的水。再说,这两个元素,一个是火山般充满欲念的冷酷,一个是天使般优雅甜美的温柔,在他的诗里相互制约,仿佛悲剧里两种敌对势力,悲剧本身以其毫不容情的拳头紧紧揪住诗人的心坎。

战前,茹沃与修道院派结盟。战争期间,他同他们一样对事件做出反应,抖掉他便鞋上的灰尘,以正义的名义进行谴责,他也一样确立自己为"二三件神圣事物"的监护者。② 不过斜坡上一个声音已经向他发出呼唤,他必须独自爬上这个斜坡。放弃寄希望于儒勒·罗曼号召"一致"觉醒的这些欧洲芸芸众生的身上,他迈向孤独而冰冷的高坡。他以无声的脚步跨越"灵魂的清晨的世界",为的是寻找另一个火苗。极为苦涩的经验、撕心裂肺的爱情在那儿等着他——并使他陷入最暗无天日的痛苦中——等待他的也有解脱的手段、一种新生(vita nuova)的预感。一时间宗教感化和诗的灵感混合在一起,皮埃尔-让·茹沃把诗不多不少只看成一种精神历练而已,一瞬间,借着感悟闪烁的亮光窥见世界以及到达爱的神圣层面的可能性。在那里,人们看着所有对立物均消失在人间事物固有的虚空之中。

此次旅行的后续部分——因为不可能涉及结局和担保,既然天地间的一切,人们总是正在赢得或失去——把茹沃引向一种对生命和存在的神秘观。不过他没有进入任何体系,在他的神殿里没有任何象征

---

① 叶汝琏译。——译者注
② 和 J. 罗曼一样,在《欧洲》杂志上。

性的支柱。上帝停留在他的云彩后头,藏而不露。如若他通过埃洛希姆(Elohim)①的口说话,人们怀疑是否真是他在说话。神的诗歌,而不是上帝的诗歌。茹沃献身于"最不为人知最谦卑和最战战兢兢的宗教理念"。有时他剩下的希望只是一只栖息在光秃秃的树枝上的鸽子,因为诱惑就在那儿,"尘世及尘世上的享乐的意识"也一样根深蒂固。

他的诗篇几乎全部由罪恶感或者说逃避罪恶感的希望来操纵。有时候一种令人脸红的焦虑笼罩着全诗,就像血液从纵横交错的静脉流在活生生的肉体里一般。无法"凝视着其肉体和心灵而不顿生厌恶之感",无法使目光离开"罪过的世界的一面"②,于是诗人任自己沉迷于弗洛伊德的普遍情欲说的魅力。恶暴露它在善那里的伤口。用基督徒的语言来说,撒旦存在于创世之中,就跟它存在于苹果里一样,他向上帝争夺果肉。茹沃想象着"在地球这块奇异的土地的沙滩上"原罪发生之前的撒旦:

> 撒旦看见高高的乳白色的浪潮退却
> 在他脚下,海岸瞬间扩大,光秃秃的一片
> 仿佛掉光了毛发的秃头。
> 一颗淡红模糊的太阳变成液态
> 另一颗在天的另一头发声喊
> 因狂怒和厄运,而新生的
> 自然过于疲倦,竟至无力呻吟。
> 一个毛茸茸的符号出现在太空
> 未来的怪兽或魔鬼,
> 它遮盖了尚被阳光映红的空间
> 用眼泪和哭泣。③

原罪的氛围,美好的日子昏昏沉沉,太阳压迫万物,吞噬生命,激化肉欲。爱的现实如一把利剑突然剥去外衣:

> 千真万确,我从未曾祈祷过

---

① 希伯来语,即上帝。——译者注。
② 见《血汗症》(*Sueur de sang*)的前言,Cahiers libres 出版社,1933。
③ 《失去的天堂》(*Le Paradis perdu*),格拉塞出版社,第42页。

>   身材高大腰身柔美的女人说，
>   但给他我的乳房、我的肚子和我的青春
>   他将得到满足。①

而男子屈服于存在他身上的卑劣的需要。治愈之方只能来自于放弃、沉默、修行。从肉体挣脱出来，从"荒漠世间"挣脱出来；太多的话语，灰烬中的灰烬；如此，树木，男性的象征，脱皮去叶地死去，为了新生：

>   由于舍弃眼睛，黢黑的夜晚，
>   舍弃双手，这些人间徒劳无功的雇员
>   舍弃心这腔血液
>   舍弃嘴，美丽滴血的切片
>   舍弃词语，它们不再是魔力和永恒
>
>   树逃逸，任其叶子掉落。②

净化是唯一的道路。只有那样，当诗人最终对万物的"黑暗"变得盲目时，无辜感将如一股气息流遍他全身肌肤，"本原的露水"将润湿他的双唇，而

>   一个更为真实的世界，其明亮的色调十倍
>   于世间……

将在耀眼的蓝天里为他绽开——这是我们生活其中的世界本身，然而又是另一个世界，贞洁、根本、人性和无限神圣，在那里，生存的偶然性被存在本身所取代。而上帝在风中说话，灵魂与烟尘一起上天。

然而这个"更真实"的世界，对名副其实的神秘主义者来说，是不可言喻的。假如 P.-J. 茹沃就是这个神秘主义诗人，那么他必须抛开意象，或者用到他的著作里时他至少必须带着他特有的细腻、谦卑、迟疑——他在表现迟疑时多么令人感动——从而使得这些意象开放、透

---

① 《诗全集》，新法兰西杂志出版社，1930。
② 《诗全集》，1930，第 92 页。

明,有时也具有陌生感,就像一份译文中的词汇。不要把这最后一个特点看成是弱点。这里确实是一份译文,是用法语表达的灵魂的语言,目的在于呼唤完全超越我们的感官的、没有形体的东西。日常话语,其功能本来是把我们引向一般的事物和思想,现在却必须把它们隔绝开来,清理它们,改变它们的环境,使它们相互驱逐。正是在这样的努力过程中,显露了诗人的用意,即贴切地表达占据他的思想的奇特的力量。于是,他逐步达到了类似于绘画和音乐上的淡出。人性和神秘意义上的优美雅致驱动着这些光的运动,它们在精神的太空实现和谐,宛如鸟儿的歌唱。题为《莫扎特》的诗篇开头可让人对此轻盈曼妙有所体会:

> 献给你,当我倾听你夏日的彩虹:
> 幸福始于半高的太空
> 忧伤的剑
> 被万千云彩和鸟儿的倾诉所覆盖,
> 草原上一株楼斗菜被镰刀遗忘,
> 使日光不胜喜悦
> 倾诉留恋,如此苦涩的温柔
> 您是否经历过夏日六时的萨兹堡
> 快乐得簌簌颤抖太阳下山被云彩吞噬。①

在一片绿树婆娑、回荡着乐曲的绿洲,焦虑一时消除了,负担失去了重量。不过,幸福仍然胆战心惊。只需一个眼神,血即刻再次流淌,生活再次将其盈红的铁搁在人的肋部上。近年在阅读《血汗》(*Sueur de Sang*)、《天物》(*Matière céleste*)时,人们可能担心,由弗洛伊德的思考所维系的性的纠缠会把茹沃的诗引入地狱圈里。鹿的形象差一点没有以单调的白色玷污了漫长的噩梦,上帝的儿子在作品里更多以唏嘘啜泣的母亲的儿子、钉在十字架上、过于被宠爱的面貌出现。为了使诗人挣脱这种接近乱伦的沉思,历史在四分之一世纪之后必须清醒过来,政治事件和人类的贫困恶化足以孕育人类内心的悲剧。在他面前又一次展开迎接普遍无意识的灾难的一块广袤的地域。这些灾难在机关枪扫射声中在自由的黄昏一幕幕地展开。对事件的肉体的味道特别敏感

---

① 《诗全集》(*Oeuvres poétiques*),新法兰西杂志出版社,1930,第 24 页。

的 P.-J. 茹沃使夸张和预言性话语的运动得到复兴。① 在他的诗里又重现了天空,这是启示录的天空。白马、棕红马、黑马——现身……

> 出现了最不祥的第四匹马
> 人类语言尚未描述的马
> 黄色的你在光天化日之下照射我们
> 如何在看见你时不因看见了而失明
> ．．．．．．．．．．．．．．．．．
> 你黄颜色而你的形体在你的骨架间滑动
> 落到你两排肋骨上
> 绿色的碎片掉落时更加透明
> 尾巴光秃而骨盆下是支架
> 为了周而复始没有善终的暴力
> 化学之风
> 通过你的鼻孔和你发白的眼睛吹拂。
> 去死吧,公马! 第一个罪恶的象征
> 在历史宁静而金色的绿地里……②

这些来自上天或地狱的气息,就像在威廉·布莱克的作品里一样,神圣的慰藉和魔鬼般的诱惑之间的交替构成这个生存的氛围和背景。皮埃尔-让·茹沃的诗只有当它表现为闪烁的线条,在沉默和绝对缺席的背景上描绘出来,即惊异或沉醉的灵魂脱离了坐骑,展开双臂迎向内心的深渊,迎向上帝或迎向作为原罪精神的"反面上帝",只有这时,他的诗才更具震撼力。

谁若想统计于勒·絮佩维耶尔所受的影响,就不能不列举拉佛格、克洛代尔、兰波、惠特曼、罗曼、莱克。他关于例如莱克的思考似乎促使他将生与死的隔离墙变得尽可能的薄而透明。然而絮佩维耶尔与他任何一个老师都没有相似之处。在这一点上他是如此"不可替代",以至今天我们可以毫不费力地看到,若他不存在,若没有轮到他来向最新一

---

① 见《死者的复活》(*Résurrection des morts*),由 G. L. M. 出版社于 1939 年 7 月出版的诗篇。

② 《新法兰西杂志》,1939 年 1 月 1 日。

代的诗人施展有效的,甚至比艾吕雅、茹沃或法格更明显的影响,战后的诗歌将会遭受多大的损失。

于勒·絮佩维耶尔是灵魂转生说、生命变形说、神秘的心灵感应说的诗人。基于此,"同一个即另一个"得以成立,基于此,一切事物于无形之中相互沟通,交换他们的心灵波以及他们的信息,使得"从最靠近土地的乡村"人们可以听到"海底深处珊瑚的形成"①。他是反自恋者②,总是急于打破自我的桎梏,急于将自己置于灵魂的密切监视之下;"与永恒相通",与无限相通,急切要置身于动物之中,水之中,石头之中,或许他从潘帕斯草原的天空的某种气息中诞生,或者是从面对着群星闪烁的夜色的南大西洋的一颗白色泡沫中诞生。宇宙对他来说,和超现实主义的期盼正相反,是"受着神经无限的支配的"。自我逃避,逃脱自己,这个希望始终困扰着他,但并非为了逃避土地,逃避世界。相反,他需要空间与时间,过去与未来,生与死,星球间无垠的空际,第一批星云,以及用"沉默背后"的轰鸣加以策划的种种奇异的探险。

絮佩维耶尔的诗歌的主要驱动力,是对世界和存在的形而上的感觉,是形而上的焦虑。因此,绝对不要想象什么高傲的姿态、普罗米修斯式的冲动。雨果发动胸甲骑兵向绝对发出的冲锋、名叫阿瑟·兰波的"可怕的劳工"的亵渎行为、形形色色的浪漫主义的叛逆——直至超现实主义者的叛逆——所有这一切离他的本性很远很远。在他身上不存在基督教的热诚或者反基督教的狂热,不存在对上帝的报复。诗人-苦役犯是清白的。他是温柔、亲切、讨好、谦虚的,虽然他懂得需要时高声呼唤亡人。他的图腾崇拜的动物是蜥蜴。他像它一样地等待,一动不动,窥视着任何信号,"有人甚至会说他以蜥蜴的方式思考"。为了捕捉秘密,最好悄无声息地前行,同时侧耳细听:

> 存在,小声说话,
> 隔墙有耳
> 可能把我出卖给死亡,
> 把我的面孔藏在

---

① 《无辜的苦役犯》(*Le Forat innocent*),新法兰西杂志出版社,1930,第 82 页。

② 见皮埃尔·古冈(Pierre Guéguen: *compte rendu du Forçat innocent*),发表于 1930 年 3 月 8 日的《新文学》。

> 枝叶后面
> 让人把我混同于
> 人间之影子。①

从絮佩维耶尔的初期作品里,发出一种对南美和大洋洲大自然的纯洁无瑕的情感,一种轻盈松快的诗意,随着阵阵波涛往前推进,驱赶着海洋植物和花朵,卷起长长的水花,化成长长的水浪倒毙在沙滩上。一股长浪业已贯穿这部诗篇,这是推动船只并使之前后晃动的长浪。从此之后,絮佩维耶尔再也没有完全回到坚实的土地上。当他抬起眼睛,他便看见天顶如"桅杆顶"那样摇晃。《天体运动》(Gravitation)的诗篇不再是地理学,而是涉及宇宙进化论,浮现在诗篇里的天体运动和太空景象转换成想象中的画面,对大海难的挥之不去的恐惧使诗篇处于巨大的冲击和震撼之中。在《无辜的苦役犯》(Forçat innocent)诗集里,这种宇宙进化的诗增添了新的内涵,并且在始终以宇宙为客体的情况下渐渐地转变成心理玄学的诗歌。从今以后,直至最遥远的银河岸边,"天空中充满人情味",尤其是不再有死亡,不管是生灵还是记忆。我们曾经的一切,我们的感觉,我们的欲念,跟随着我们,散发在太空中,仿佛一些无形物、抽象的隐形的模子,我们沐浴其中的液体,四处游荡,引导我们的思想,在我们不知不觉之中指导我们行动。

> 悄悄行动的死人
> 我们总是把它们混同于静止
> 迷失在你们的微笑里,一如消失在雨中的墓碑
> 拥挤或因空间太大而窘迫的死人
> ○○○○○○○○○○○○○○○○
> 你们吸足了血
> 使我们口渴的血。
>
> 你们看够了
> 海洋,天空和树林。
>
> 你们摆脱了嘴唇,它们的道理和热吻,

---

① 《无辜的苦役犯》,第128页。

　　　　你们摆脱了我们的手,它们到处跟随我们却没有平息我们的欲望

　　　　○○○○○○○○○○○○○

　　　　可是在我们身上再也没有什么
　　　　比与你们相似的这份冰冷更真实……①

　　和保尔·瓦莱里去埋葬其先祖的海边墓地对生命与死亡进行思考一样,于勒·絮佩维耶尔选择了奥罗隆-圣-玛丽(Oloron-Sainte-Marie),他的父辈们生活的城市。在那里,比利牛斯山的激流"垂着眼皮流淌,因为它不愿人与影子有不同",以低沉的嗓音来歌唱他对于生命与死亡之间的难于取舍,以及他对"有着石灰质面孔"的羊群谦卑而又温柔的请求,这群羊想要悄悄去与沉睡在地底下的盲骨相会。

　　不过,诗人,跟梦游症患者一般,把手放在一支蜡烛的火焰上,为了确信他还活着。② 诗人丝毫不放弃变形的线索,任何东西对他来说都不陌生——只有他的灵魂,命令他保持他的本色的灵魂。沉重的约束……对于一切生长、活动、飞翔、在湍急的河床里滚动的东西,他感觉得如此清楚,以至一种深深的连带关系把他和这些东西联系在一起:

　　　　石块、暗中的伴侣,
　　　　请友好一点,请温顺一点
　　　　○○○○○○○○○○○○○
　　　　日光,你非常暖和,
　　　　夜晚你十分泰然
　　　　在你周围我的心徘徊……③

　　一切都从石头中出来,直至傍晚如思绪般活动的鸟儿,直至在太空的未知里交换目光的牲口和人类的眼睛。而絮佩维耶尔对未来的起源的需要,不亚于对过去与现在的起源的需要:

　　　　千万年以后的景象

---

①③ 《无辜的苦役犯》,第 72、17 页。
② 《天体运动》,第 37 页。

> 一个少女仍然睡意蒙眬
> 双壳贝,龙骨螺,我的贝壳
> 请给我培育它,培育它吧,
> 它新生的嘴唇和眼睛
> 让我给它们着色……①

  他需要石头和动物,也需要人和爱,来获得宇宙处处是祖国的感悟,来获得抵御恐惧的安慰和自信。

  在题为《没有上帝》(*Sans Dieu*)②的诗篇里,我们可以感觉到诗人的焦虑,因为他已经知道另一种生活、另一趟旅行是什么,他至少知道在冰冷的太空如何开始跌落,如何遭受磨难,而当时引路的只有两只盲狗:

> 饿瘦的长颈鹿
> 星星的追捧者啊,
> 在纷披杂乱的草丛中
> 牛群在寻找无限。
>
> 猎兔狗,你们以为
> 可以飞跑抓住它,
> 根茎却知道
> 它深藏底下
>
> 你们于我有何变化?
> 而我完了
> 活着,没有其他依靠
> 除了夜晚的沙子。

然而,大地很遥远……

> 离我很近的天空折磨我骗我,
> 它夺走我的两只冻僵而落在后面的狗,
> 我听见它们的虚弱的静止不动的叫喊,

---

① ② 《天体运动》(第一版),第 164、88 页。

星星集合一处给我伸过链条。
是否应该谦卑地递给它们我的双手？
一个声音想让人相信夏日
为我人性的疲惫描绘公园的一张长凳。
天空始终在那儿挖掘它的道路，
十字镐的挥动在我胸膛里发出回声
天啊！降低了的天空，我用手触摸你
我弓身钻入上天的矿藏里。

除非上帝存在着……若如此，那就是一个不满足的、不完整的、没有能力对活人和死人实施不确定之权力的上帝。一个人们可以向他祈祷但不相信他的上帝，就像诗人在其最近一部著作《世界寓言》（*Fable du Monde*）①开头所作的那样。是人性意识、对人类遭受威胁的视觉、对灾难的恐惧使他重新找回对神的感觉和对基督教三德之第一美德（贝基语）希望的需要，否则对平凡希望本身的需要。因为见不着、寻不着的未知嘟哝说，太迟了，他无能为力了，作为人类的大哥，他也要求人们怜惜他。

絮佩维耶尔若干年以来似乎进入了一个冬眠时期。我想说他对于宇宙探索心怀疑窦，不再在海洋或星际空间任其想象力翱翔腾飞。他坚信一切都出自其内心，或至少在其心中产生反响，因此他隐居在黑夜和白昼之间，在狗和狼之间，试图驯服、听诊其被禁的内心潜能，即器官，"被遗弃在它们布满血污的牲口棚里的牲畜"②，它们随时准备在无限——"滚烫柔和……的江河"③的压力下忍受痛苦。神奇在这里和脱离肉体的精神所玩弄的仙境毫无相似之处。相反，絮佩维耶尔邀请我们怀着战战兢兢的亲和意识与神秘的悲剧感进入我们的躯体，渗入我们的血液，与我们的世间画面相吻合，觉悟到我们真正的归属。

他是（人们不知如何指称的）感觉诗人、（不可界定的）气氛诗人，他的语言非常精炼，越来越朴实，越来越直接和简约。让别人去搞什么使读者窒息、魂不守舍的语言炼丹术的奇迹吧！絮佩维耶尔的诗旁敲侧

---

① 主要见《向未知祈祷与上帝之忧郁》（*Prière à l'inconnu et Tristesse de Dieu*）。
② 《世界寓言》，迦利玛出版社，第67页。
③ 《无辜的苦役犯》，第18页。

击,富于暗示性,升华到稍稍超过散文而已,丝毫不突兀,但却带着一种凝重,一种流畅,一种无可比拟的谦和,慢慢地在夕阳里组成,犹如不含锡汞齐的镜子里一幅灰色的画面。谁能说我们完整的生命不在此诗中得到反映,我们散落四处的灵魂清醒的那一刻不会想象它在不疾不徐道出的几句话中抓住了它存在的影子?

> 当时间的马儿停在我的门口
> 我总犹豫着不愿看它们畅饮
> 既然它们以我的血解渴。
> 它们转身望着我露出感激的眼神
> 当它们脸盘变得丰满,我却逾越虚弱
> 我是如此疲惫,如此孤独和令人失望
> 一个转瞬即逝的夜晚使我的眼皮沉重
> 我突然必须恢复内力
> 为了干渴的套车来到之日
> 我还活着,还能够止渴。①

法格、茹沃、圣-琼-佩斯、絮佩维耶尔"追溯至诗的想象力之源头";他们透过表象捕捉精神,将精神投入探险活动,其通灵的潜能显现在现代狂想的自由空间的心脏地带。然而他们中任何人都不愿意"无目的的写作",不愿意屈从于称为超现实主义特征的心理消耗的需要,这种需要通过自动写作来体现。如果说他们相信这个新发现,他们却不反对加以利用,使之符合他们所构思的作品的方向。不言而喻,圣-琼-佩斯必须另当别论,他在构思具有客观意图的史诗《阿纳巴斯》时,显然其最微小的动作都是经过深思熟虑的。但是,他们所有人固然都任自己被一种超理性的精神所牵引,他们却都集合在清醒的意识所在之处。他们之所以同意自我忘却,只是为了重新找回自己,至少在一个明亮的夜晚隐约看见自身,而他们的诗篇在此时刻汲取它本身最美好的部分。此时此刻,人产生掌握着自身、决定着自身命运的幻觉。

---

① 《时间的马儿》,选自《未知的朋友》(*Amis inconnus*),迦利玛出版社,1934,第 10 页。

诗歌的现代神话

　　超现实主义在发出淹没年青文学的全部土壤的威胁之后,却给人留下了这样一种印象:它是一股找不到自己的道路的力量,仿佛某种完全落空的重大的希望。与此同时,事情按照惯常的方式继续其进程。费尔南·格雷戈先生不希望人们解除他忠于浪漫主义的誓言,阿尔芒·戈多瓦(Armand Godoy)先生积极发挥由让·罗亚耶尔先生捍卫的音乐主义的学说,诺埃尔·德拉乌塞(Noël de la Houssaye)先生不断以龙沙的方式编撰品达体的颂歌,皮埃尔·德诺拉克(Pierre de Nolhac)在其晚年还发表巴纳斯人文主义的诗篇,儒勒·罗曼的诗律和风格迷倒了如加布里埃尔·奥迪西奥(Gabriel Audisio)或路易·布罗吉埃(Louis Brauquier)那样特立独行的人,阿波利奈尔四处撒播的种子仍在成熟之中,始终存在着一些或"右"或"左"的荒诞派……原则上,法国从16世纪到20世纪的所有诗人应该都有一些崇拜者和信徒,最不相同的传统,形形色色的叛逆和无政府主义一样,在我们如此自由主义的时代里都各有代表——还能持续多久?——所有观念、所有信仰都同时共存并快速扩散。

　　不过,如果我们只限于审视近期诗歌活跃的部分,那就不能不进行一种先期的区分,以便在一片混乱中理出头绪来。一方面一些艺术家出于对美的信仰,努力创造;在另一个极端,和兰波一样坚信"美的观念已经不新鲜了"的鄙视艺术者使诗歌活动从属于超越诗歌的目的。在这两个极端之间,人们设想存在着中庸之道,而且不言而喻,并非所有的艺术家都喜爱同一个上帝;但是他们接受阿波利奈尔声称早已忘却的"古老的诗句的游戏",即俗套和束缚,因而也就明确地反对灵感自由的拥戴者,后者梦想着把传统惯例减少到最低限度或干脆取消。

　　传统主义者之中,大概最吸引人和最现代的当属罗曼主义(而不是罗曼学派）和马拉美主义的后继者。在20世纪，古典派恰好同时也是象征主义者。在高雅派的审美观和诞生自爱伦·坡和波德莱尔、最近由瓦莱里所界定的纯诗的审美观之间打开了几条路线，在这些道路上人们轻而易举地从一个时代过渡到另一个时代。在这里，大获成功的是一种博学的、高雅的诗，这种诗运用形象化的方言，语汇和句法处处体现了古风，是一种超越时间的共同语言，相当接近于安德烈·戴利夫先生蓄意称之为死亡语言的一种。某种非常古老而又高贵的文化在这里和思想或者思想的影子，和感情、感觉在玩游戏，它倾向于根据它们的审美功效、从中浮现的魅力而不是它们本身来评价它们。包括瓦莱里在内的若干人对于它们的真实性心存疑窦，他们对于诗游戏的俗套和规则的依据更是深表怀疑。不过，没有约定俗成，一切——社会、人、人的世界——都会崩溃，而诗则沦落到结结巴巴的幼稚阶段。需要一些束缚"以对抗思想无时无刻的消逝"①。在把这些诗人称作亚历山大派诗人时，我不过重复了亨利·沙邦杰先生所选择的修饰语，他及他的朋友们都承认他们的这种从属关系并引以为荣。② 所有人即便不相信思想的无所不能，至少相信它的力量，相信它孕育永恒的形式的效能。

　　不妨运用一个简单的对比，可以说他们的对立面在自然面前玷污艺术（技术、自觉的和有意识的活动）。这个自然不能像在布瓦洛时代一样可与理智相比拟，也不能像在19世纪30年代一样等同于情感，甚至不能与想象力相提并论，而是按照最革命的人的意愿，把它与思维相比拟，这是梦幻般的、自发的、被预断为"真诚"的思维。"神圣的目标"如波德莱尔所表明的那样始终是"诗歌创作的必然"。只不过，问题已无关本意上的创作：一切都在于感觉到一种神秘莫测的存在，对这个存在是无法界定的。在抛弃骗人的艺术、嘲弄自以为高于自然——自然做好它做的事——的人的同时，这些诗人对于精神的直接数据的价值给予浪漫主义的信任。

　　于是人们目前见证了两种观念——即诗的形式和诗的本质的观念——分离开来的后果，而它们曾经长时间混淆一起。曾经有过一段时间，那时有韵律的话语就是诗，同时还必须以若干"大胆的修辞"作为点缀；接着是形象支配一切，最后补充以音色铿锵的游戏……对于现代

---

① 见瓦莱里的《关于阿多尼》（*Au sujet d'Adonis*）。
② 见《拉丁世界》（*Latinité*）刊物第一卷（1929年1月）。

评论家来说,诗是"一种无以言喻的状态,为它效力同时又背叛它的是运用语言的方式"①,要进入这种状态,需要通过内心的、几乎神秘主义的体验。至于诗,它是一种 X 心理现象,它只能在驾驭得好的脑子里才会发生;如果愿意的话,也可以认为是一种访问。由此可见,它不会存在于任何形式之中。它竭力在诗句、节奏、意象里避免任何形式的凝结,旨在更好地暗示一种易蒸发的、飘忽的、不可捉摸的本质的印象。抛弃一项常规就意味着避免了一次背叛,人们已经看到一些作家试图与语言,即最后一个,也是"最糟糕的常规"决裂。

这里的弊病就在于,诗境的愉悦感因为追求纯而又纯,于是趋于轻视节奏,轻视旋律的装饰音和叠韵,并越来越推迟一首诗的完美的声律协调、复杂的和谐所唤醒的高雅的快感。这样的诗宛如一艘船被驾驭着,一种有规律的生命的呼吸使它跌宕起伏。对这样一首诗可以这样说——我想到了瓦莱里、缪塞利和图雷的一些诗句:

> 在那儿只有秩序和美,
> 奢华,宁静和快感。

诗的魔力数世纪以来因某些节奏元素的再现和回归而有增无减,诗句正以此为代价产生其魔力(*carmina*)。事实上,只有少数几个人有能力在没有任何外力的支持下推动一首诗,并且在没有断裂和死点的情况下使得暗中组织思想的活的法则感性化。

此外,为了远离形式,人们依靠别的更不确定、更支离破碎的形式。试图摆脱词语的欺骗性是徒然的,除非通过其他词语或者沉默。由于竭力寻求始终不完整的诗流的释放,人们所冒的危险是看着它消失在无所限制之中。

现代诗充斥卷帙浩繁的各类诗集,这还不够,还需要在所有文学体裁中发掘它。一些人加入行列,宣称他们将殚精竭虑使现代诗以他们的生活为源泉,在烧掉了所有的书籍之后去亲身实践。

诗正在成为一种泛科学的特殊领域的认知手段,有这种看法的不仅仅是兰波的信徒。在最坚决的怀疑主义者身上,可以猜测出他们对于声称自给自足的文学的本能的厌恶。而除了超越娱乐或使"灵魂"升

---

① 根据让·波岚的说法(《交流》,1930)。

华的传统功能之外,还可以设想什么样的目的呢?分配给诗的目标,除了真和伪之外,如果不是预感,甚至领会某种现实,或者现实在思想半明半暗的域面上和在某些语言的偶然性上的投射,又会是什么呢?事情的演化让人觉得,似乎这个现实是一种绝对精神,外部世界和内心世界的现象都消失在这个精神里,因为人处于这两个世界之中,准确地说是在它们的交接点上,而诗人的使命是克服这种二元论,或至少朝这方面努力,在内心深处培育里与外、里外"感应"、里外最终化成"黑暗和深沉的统一体"的形而上学的同一性的感觉。

　　这里没有任何真正新鲜的东西。"这大概是所有艺术的基本特征,并非只是诗,"让·普兰先生说,"它震撼我们,同时又使我们脱离自然和现实,然而脱离的程度又不足以使我们在全身心地投入艺术的同时形成进入一种更为真实更为贴切的现实里的感觉"。① 但是,现代诗人极度夸大了这种脱离。凡是公共舆论认为显而易见的不持异议的东西,他们都忽然看到了问题;一切在他们眼里都带上随意性,他们把这种"更真切的现实"——在他们之前被那么多人梦想为一种模糊的"理想"或被他们作为一种"精神生命"或一种"彼世",或一个失去的天堂来追寻——变成一种神秘的存在,这种存在与他们日常的生活混为一体,独具魅力而且如奇迹般令人惊愕。对一些人来说,诗归根结底并非别的,只是对这种存在的模糊的感觉,只是一种奇异的、其形式始终出人意料的一种邀请,邀请人们去怀疑表象,去质疑最平凡的现象和物体的含义,去蔑视次要原因,去使整个生活进入到在真空上方盘旋的神奇事物的范围中。

　　至于想要知道这个绝对精神的假设是否可以接受,或者它就像泰斯特先生所猜测的不过是"我们可怜的物质放射的光辉",这是哲学家的事。若暂时接受它,剩下的就是去发现它在何种程度上是可与思想——更准确地说是和语言——相比拟的。亨利·布安卡雷(Henri Poincaré)先生在谈到事物的本性时说:"如果有什么上帝知道它的话,他也找不到字眼来表达它。"但是有形象……一些互不协调、互相摧毁的形象,它们顺应生活中的种种变化,跟随着思想最轻微的幻影所勾勒的曲线,难道它们不会阻止精神固定不变,并始终把精神引向必须抓住的这个东西,毫不动摇地向它暗示这个东西,即无法表述的,不可言喻的存在吗?神秘主义者一般来说赋予形象这个能量。若干诗人有意走

---

① 《交流》,1930。

得远一点儿,直至相信词语可以超越符号,可以超过对存在的本质的参与,相信绝对在他们的作品里得到了体现。无论如何,问题始终存在着,仍然没有答案。

在人按其用途营造的世界里,人感觉身居家中,安全可靠,受着理性、道德、社会、警察的保护;安全地置身于城市之中,天空里再也看不到鸟雀飞翔;安全地置身于房屋、卧室、方便舒适的观念之中,可以在事先勾画好的被称之为他的自由的道路上闲庭信步,把包围着他的惯例俗套视之为不可或缺的真理。这种可能性是多么令人愉悦。在这个人们以为是真实然而却是虚构的世界上,在这个抛向太空的星球上,(没任何人料到!)一个诗人出现了。这是个动乱的鼓动者、混乱的制造者,要做另一种人首先对他来说将十分困难。他的第一个使命就是使人晕头转向,不知所措。世界原本无意义,这便是他将逐一揭示的理念。在科学意识到其拟人性质的时刻,在哲学,至少在法国,可能壮着胆子自我界定为一种科学,为了把一系列问题视为子虚乌有而排开的时刻,而与此同时工业文明正梦想着将主导物理学的严谨的法则引入精神世界,在这样的时刻,诗人的任务将是动摇人心,使人在面对其生命和世界时失去心智,并使人与无理性持久接触。

"我有时会忽然失去关于我的生活的全部线索,坐在宇宙的某个角落,在一杯热气腾腾的浓咖啡旁,在磨光的金属块前面,在来来去去的温柔高大的女人之间,我自问,从哪条疯狂的小路我最终落到这个桥拱下,他们命名为上天的这座桥到底是什么?这个时刻,一切都从我记忆中消逝,巨大的裂缝出现在世界宫殿;这个时刻,我情愿为它牺牲我的全部生命,如果它愿意以此微不足道的代价延续下去……"[①]一切都似乎正在消逝的这一分钟属于诗,应该使其记忆永世长存。然而,实际上整个生命,更是全部诗歌,甚至涉及最单纯最普通的物品的诗——"一块手绢就足以使全世界起来造反",阿波利奈尔如是说——从此脱离轴心,渐渐被拉入一个新的引力体系。思维的反常形态、梦幻、欲望、伴随着我们的"清晰"思想的模糊不清,这一切不时以如此怪异的方式变得生动鲜明,并形成一种神话。这则神话之构思是如此动人如此复杂,以至于人们不再犹豫地赋予它一层含义,突然从中看到一种话语。于是似乎在毫无设防地投身于这片混乱之中时,人们将进入事物的本质

---

① L. 阿拉贡:《诗浪》(*Une vague de rêves*)的开头(《交流》,1925,第 2 期)。

的核心,"现今化"地全部反映到精神里。

让我们把诗人自然感觉事物的天赋称之为形而上的感受性,这种感觉并非根据逻辑所区分的事物之间的关系,而是根据通过想象发现的它们之间的本质和心灵的相似性——而把诗人通过神秘的触角领会事件的潜能称之为心灵感觉(如果可以这么说的话),这些事件是在未达到意识思维,甚至未达到情感生活的高级形态的精神深处策划的。布吕内基耶尔(Brunetière)曾经给予诗歌的定义今天才拥有其完满的含义:触动心灵的通过形象来自我表达的形而上学。

不过,打破束缚人的框框,鼓动人们起来反抗显而易见,到处打开深渊,这并不够。该由诗人,就像该由上帝一样,来填满深渊,来激励,来撒播暂时但非凡的安宁的种子。这是炽热的安宁,在这安宁里头,灵魂的全部发条拉到极限,这个灵魂并非静止不动,也不呆板枯燥。有史以来伟大诗人所取得的最卓越的胜利莫过于使读者离开他的生活,超越时间,并使他进入欲罢不能、心荡神移的状态中。在一切真正的诗歌里,总会浮现一个"神圣行动"的轮廓。现代派在这一方面的处境比较不妙,因为他们对现实的表象的否认比起他们对现实的精神和神秘的存在的肯定来得更为激烈。最新成员甚至(出于真诚!他们声称道)拒绝以谎言为代价在一部作品里为了取得统一的效果融入来自延续时间里不同心境和不同时刻的元素。于是剩下的就是等待,或者准备非凡时刻的至幸的诞生。在此时刻,生命的全部力量终于集中在独一无二的发祥地周围,在其四射的光辉之外,世界上任何东西不复存在。

如此,时代首先属于昙花一现的神奇,转瞬即逝的情调,幽灵般的画面,诗歌的孤岛,跃然白纸之上,轻灵如泡沫,与普通语言毫无共同之处,一如上天的声音与下界的所有声音泾渭分明。有人①说,这是永恒的现时之诗歌,其源泉喷射在这样一个点上,那里,人在抹去了脸上个人的烙印之后,融入将生命的全部奥秘集中在其深处的现时之中。关于这种无名时刻的抒情诗,向我们提供了最令人满意的概念的或许是像茹沃和方式不同的艾吕雅这样的诗人。在此不知其名的时刻,心灵向自身呈现的是其孤寂、其容光焕发的赤裸,可能是天使也可能是魔鬼的面目。

---

① 譬如可参见 Carlo Suarès 的《心理喜剧》(*La Comédie psychologique*),J. Corti 出版社。

人在其中超越自我的这种炽热的平静始终受着生命运动的威胁,受着超越人并把人拽入绵延的事物的进程的威胁。我说的不是为麻痹我们而组成表象的虚妄背景的日常事物,而是那些扰乱人心的事件、真实的力量,它们暴露在一劳永逸地让自己迷失方向的人面前。史诗抒情方式应结合这些普遍节奏,必要时对于这些要求面包或先知的现代民众的呼声发出共鸣。然而,已经不是描述性音乐和历史叙事的时代了。史诗般的历险是在神奇的层面上,在不同于白天或黑夜的亮光的另一种光源下发生的,正是这些历险孕育了使世界与人类绵延不绝的痛苦的起源。

读一读克洛代尔、罗曼及其学派的某些著作,圣-琼-佩斯的《阿纳巴斯》,阿波利奈尔、萨尔蒙、桑德拉斯、法格的许多诗篇,他们唯一共同的特点就是我们从中看到一股史诗的潜流。诚然,不时显现的窘迫,尤其是在那些与新象征主义特别是超现实主义结盟的所有诗人身上表现的窘迫阻挡了这类诗的发展,妨碍它实实在在地成为史诗:被不确定的形式所吸引,始终准备淹没在黑暗中并回到死亡的静止不动,梦幻的缠绕,都迫使诗人脱离任何戏剧性并维持在无意识的流沙岸地带,远离生活的重大变化。然而,兰波的榜样、洛特雷亚蒙的榜样证明,人整个投身其中的史诗式悲剧在人的心灵本身上演。于是冲力、生命冲动应来自内心,并延伸为一种诗的节奏,一如特里斯坦·查拉那首与任何故事和主题都不沾边的《近似人》($l'Homme\ aprroximatif$)那样。

不过,不管是进入生活深处还是超越生活,不管是接受还是否认延续,首要条件是自我忘却,打破自我的界限,超越个人抒情向前迈进。

"我的诗拥有人们赋予它的含义……声称任何一首诗都有一种真正的、唯一的、符合或类似于作者的某个思想的含义来相对应,这是违反诗的性质的错误,这种错误对诗来说甚至是致命的……"① 通过此项声明以及其他同类性质的声明,保尔·瓦莱里——出于风雅,还是出于对隐姓埋名的喜好,以便确保他本人的退隐?这无关紧要——他喜欢表明他的诗文确切地说不愿意有任何含义。于是人们发现艺术的最后信奉者(尽管他们对于艺术的形而上或神秘的目的时时心怀疑窦)对于诗的观念并不比人们所想象的多么不同于"通灵者"。他们之间最大的争执在于方法,前者努力校正精神的数据,后者之所以同意对自己有所

---

① 1930 年 1 月 1 日《新法兰西杂志》。

约束,只是为了更可靠地进入投身于隐匿的力量的时刻。对前者和后者来说,虽然程度不同,但诗都趋于成为别的东西,而不是一种表达方式,或多或少忠实于通过归纳推理所想象的内心模式、或多或少忠实于人的一生所处的特殊环境的表达方式。万不得已,可以把诗看成是为自身存在的"物体",和它的创造者、创造者的情感或心态没有沟通,它是一种自主的物体,从一个未知的星球降落的陨石,"下界一方宁静的石块,因一场不知名的灾难而陨落"。

没有意义,或者至少没有任何可以准确表达的含义,写出来只是为了在十个读者中引起同样数量的不同质的诗的遐想,这就是堪与自然景观相比拟的诗。这自然景观一开始也是默默无言的,只有当我们对它进行诠释、我们在它与我们的心灵之间投入一个类比网络时,它才与我们交流。皮埃尔·利维蒂是很好地体现了自由灵感的拥戴者的意见的,他的下述说法并非悖论:"如今这已是既成事实,问题已不在于通过对某个社会新闻或多或少的悲天悯人的叙述来感动人心,而是要像夜晚,星星闪烁的天空,平静壮观悲情的海洋,或者阳光下的云彩所上演的伟大的哑剧那样尽可能广泛地、尽可能纯朴地去感动人心。"①在这种情况下,"纯朴地",在不明确以诗人个人为参照、通过直接达到深层的易感性的途径的情况下,意味着记忆和预感深处的宝藏,远离对读者的智力施展的任何影响。人们几乎可以说是"以音乐的方式"——这是非物质非感性的、根本上多义和多功能的音乐。

人们可以想象得到,追求这种超越心智之纯净的诗人将碰到什么障碍。他只能使得词汇没有含义,至少它们不能像卫星那样在它们后面拖着一束理念、一轮模糊的迷信的光晕。语言为想说话给人听的人效劳的时间太长了。"多可怕的错误!"安德烈·布雷东说道,然而这个错误业已延续了数百年。尽管未来主义者或超现实主义者处心积虑地要使逻辑失望,而去打破习惯性的组合,他们却很少能够完全阻止读者陷入邪恶的游戏:试图理解。

此外,要求一首诗就像阳光下的一片天空、一堵墙、一朵云彩那样在我们身上起作用,这难道不是误解了一切文学的固有特性?人们有时把诗歌定义为权力工具。作为这样一种权力工具,它给我们以束缚,正如杜·贝莱(Du Bellay)运用内涵丰富的语言所说的:"抓住我们情感的缰绳,凭其兴趣把我们拉到这儿,拉到那儿。"面对着自然,不管我

---

① 《毛手套》,第 41 页。

们多么毅然决然地投身于它,我们仍然更加自由,我们赋予自然的魅力实际上是我们内心思绪的反映,这些魅力驱动着滋养着我们生活的梦幻,自然只是给梦幻加上色彩而已。但是,诗篇以一股明白无误的力量向我们渗透,震撼我们整个身心,在此过程中我们的智能本身也得到了满足。

不管说诗歌的使命是针对人的内心深处暗示一个非理性的世界的存在,还是说诗歌的高贵和纯洁来自杰拉·聂瓦尔所说的"超自然主义"的遐想状态,这些说法并不表明诗歌应放弃通过可理解的语言来感动人。最伟大的诗人懂得这样做,他们只需在选择词语时的"若干误会"就可以在这些词语上浓缩比分析工作所能发现的更多的东西,并将它们吸引到他们的影响范围内。一首诗如果完全不被物质世界所理解,如果没有任何意识地带,它就可能只与我们擦肩而过,一如用我们全然不懂的语言做的演讲。经验告诉我们:未知感只有通过已知才能传播,而神奇本身也只有在它给予我们新奇感之后才能感动我们。

歌德在埃克曼(Eckermann)面前称赞法国浪漫派如德国浪漫主义者那样不远离大自然的时代已一去不复返了。象征主义者尤其是超现实主义者打破了内心世界和外部世界之间的平衡,而向前者倾斜。歌德指出的危险今日仍然存在于法国,因为如果说诗歌的源泉存在于精神之中,那么,外部大自然就是渴望通过分析以外的途径认识自我的人借以接近目标的最可靠的道路。自然是精神的储藏所,是它看得见感觉得到的符号场,是波德莱尔所想象的一切相似物的汇总。我们的梦本身可能与我们的苏醒价值相等。真正的诗歌并非产生于感觉,不过却需要感觉去浇灌记忆的隐秘的土地。全副身心必须在与整个宇宙交流的过程中参与表面上最脱离物质的诗歌的自然形成。

非人性化的诱惑也在威胁着它。对多愁善感的抒情诗的浪漫主义概念想必艰难地苟延残喘,而把诗歌和一切非诗歌区别开来的需要回应了不久前获取的无限宝贵的意识,即对于诗歌的本质的意识。"太久了,"阿波利奈尔说,"法国人只把美作为某种信息去喜欢"。然而,人们可能担心,一旦被压抑在无意识里、梦里、自由想象里,或是沦落到如只有唯一一朵花的倒影的一汪冰冷的水面,从神秘或预神秘的凝视中诞生,诗歌就会因它放弃的一切而衰弱下去。在属于诗神的改变宇宙和认证宇宙的能力中,包含不摈弃任何东西的情况下诗意地审视人与生命的能力,包含渗透到人与生命中,直至这个卑劣的物质变轻并神秘地蜕变的能力。克洛代尔的著作在不止一处,儒勒·罗曼的《颂歌》,阿波利奈尔、法格的某些诗篇都向我们提供了这方面的证据。为何在越来越远的阴影中、在沉默中发现某种超现实的雏形的希望总要更经常地伴随着精神的预先放弃?精神并没有能力直面眼前的现实并使之透明而富于含义。

不过或许我们已来到了这个时刻,在此时刻,人倦于徒劳无功地自我寻找而希望重新置身于行动之中,并借此掩盖他的全部犹豫不定;在此时刻,我们甚至最无私的工作和快乐需要更新,到达曲线终点的运动渴望改变方向。怎么会去怀疑诗的最自由的步骤与事件的进程之间存在着某种关系?人们看到一百五十年间和解的尝试屡遭失败,现代世界与拒绝这个世界的人之间的冲突延续不断而且越来越严重。后者怀着以另一个世界取代这个世界的希望,这另一个世界就像是他们欲望的模糊的合成,是更为真实的世界,它前来一时半刻缓解对于绝对的渴望,这种渴望有时并不自知而且迷失在稀奇古怪的历险之中……至于最近的较前更为激烈更为有意识的这类求索,路易·阿拉贡1924年就已经预见到它的命运:"看来这一次也一样,我的朋友们,我们为影子而放弃猎物,看来我们是徒劳无益地探询深渊……而周而复始的是这个大失败……"[①]

我刚刚指出其若干基本特点——还有其他特征,而其花样因照明的不同而不同——的这个诗歌,让我们把它看成一则神话而不是一个历史现实。不止一部著作启发了这种观念,没有任何一部是正面地体现轻盈的梦想、把不带手杖的朝圣者引向天涯海角的海市蜃楼的;让我们把这个诗歌看成时代的一个信号,即从前的人认为能读到他们时代的命运的信号。有一些评论重申这种诗在我们今天的时代影响很小,其地位在整个文学上微不足道。这样的评论是对明显的事实视而不见:诗人从浪漫主义时代以来,特别是从1912年至1927年期间,多次承担了船首守护者的职能。读者不多,这是真的,有时候诗人也使他们望而却步,不过是诗人记录下大气中最微小的变化,也是他做出将让其他人模仿和(在被阅读和获得奖励的作品里)发挥的举动,是他第一个发出被期待的话语。

---

① 《梦浪》。

结　　语

　　在即将结束的五年期间,我没有看到出现一部推翻事物平衡并放射光辉的新作品,也没有看到诗的运动改变了方向,清楚地预示不久将有新的变化。一方面,诞生了一些诗集,一些稀罕的丛书,一些其生存颇具英雄色彩的小刊物,《格律》(*Mesures*)、《赫耳墨斯》(*Hermès*)和《世界树》(*Yggdrasill*)等杂志发表了一些神秘主义文本或外国诗人的作品。另一方面,出现一些注释性和学说性的书籍和文章,有过对于欧洲和法国一个半世纪以来诗的理念、诗的经历、诗的行为的觉醒的讨论。或许人们所写的诗比不上人们对诗的梦想那么多,也比不上人们对诗严肃认真的思考那么多。从某种意义上说,或根据惯常的标准来说,这是不祥的信号。但是,期望有朝一日,在这个理性的国家,这么多来自五湖四海的智慧一起相会,为的是给予诗应有之地位,即第一位。这将是一件好事。如果说大部分年轻作家把道德、个人和集体的道德放在首位,并寻找人与人之间的共同准则,那么他们就是折服于诗歌的无上尊严;诗人于他们是促进和解、赋予生命某种意义的人。

　　超现实主义,由大小诗人、新旧诗人(新诗人不多)以及来自文学、政治、形而上学的混合源泉的造反和丑闻的传统所代表,在 1939 年春引发了一场抗议行动,把良知、高尚情趣、善良感情和优秀的法国人……连成一体。有人说这是一场不折不扣的合谋的运动,旨在反对一般的"现代艺术"。的确如此,当今的超现实主义,我指的是迟来者的超现实主义,不管它想谋求正统和符合规范并成为近期展览的样品,或者相反,希望摆脱教条,它都以太多的忠诚耕耘《被诅咒》的诗歌的遗产。它置身于黑色幽默和常态否定中,试图使思维混乱和解构现实的方法臻于完善。从超验性意义上说,这是一场具有讽刺意味的游戏,是预先设置的骗局,它使人感到困惑并使物体恢复其怪异的特征。然而在这儿诞生的诗篇难道真的如安德烈·布雷东所欢呼的体现了"扭曲的美"吗？它们所揭示的——如果除去勒内·夏尔(René Char)和吉赛尔·普拉西诺(Gisèle Prassinos)最好的诗作不谈——不如说是诗的某种习性。它们以或者是苍白无力或者是奢华艳丽的方式，表现了荒谬的修辞在堆砌华丽词藻的可能性方面可以达到何种程度。

不过，若把超现实主义的经验作为一种"可怕的错误"而抛弃，回到被认为可靠的立场上来，那也不啻是巨大的损失。即使想要丢弃，那也是枉然。"呼唤无意识"受到了可笑的指责，然而它却净化并加深了我们对诗的感悟。这是些难于忘怀的事情。大有裨益而又危险的知识，它不能被窒息，就像时间不能倒转一样。未来的轨迹，人们将在超现实主义之外发现。人们不会结束探索，而对于诗人也不存在恩赐的避风港。花园里花朵的无害种植与精神和诗歌运动之间的关系十分遥远。

占据头排位置的新人（相对新）——我指的是开发他们自己的资产，自己的"产业"的人——之中有亨利·米铄(Henri Michaux)。很少有比他的内心演变更真实的了。"梦"（取其广泛含义）的原生质本身组成他的诗篇的原材料，人们从中体会到母亲-水的味道，正是这些母亲-水赋予生命其全部滋味。一种特别个性化的攻击和防卫的游戏，语言的规则在这些游戏里有时被思想的爆发、变形的坚定意志所推翻。这是令人想起卡夫卡的变形，这一切构成他的诗篇的特点。然而在此我对"诗"这个词的使用却犹豫不决。几乎不假思索地将原生态的元素组成作品，使用一种未加修饰的粗糙的语言——一个人与其生存肉搏的直接反映——能否引起诗情画意并确保其持续性？我恐怕我们面对的只是某种诗的原材料。在这本书里我还对布莱兹·桑德拉斯以及现代社会的诗人们表达了同样的怀疑，后者包括了"未来主义"，它的作为似乎首先在于借用所有现代诗人的感觉的模式。迈向其他地域的亨利·米铄的作品的实质在于内心的探索。然而，和他一起等待净化的时刻或在音乐世界里仅仅解脱的尝试，原来也是一场空。

特定的绝对的奇异感，这就是帕特里斯·德拉杜尔杜班(Patrice de La Tour du Pin)的《追求快乐》(*Quête de la joie*)的首要功效。和《城市》里的人物库沃尔(Coeuvre)一样，他确实是能够说出下列一番话的人：

……我徘徊在马路上，

> 捡拾石头和木块,行走,
> 思索;进入森林,傍晚到来之前
> 绝不出来。
> 如果有人是我的朋友,我只是一个
> 暧昧的朋友。

多么强烈的土地感,多么新鲜的恐惧感,渗透在充满魔力的词语之中,一如有时阅读维吉尔时的感觉!如何抗拒《九月的孩子》(*Enfants de Septembre*)一诗中慑人魂魄的魅力:

> 树林被低低的雾霭所覆盖
> 荒无人烟,浸泡着雨水,万籁俱寂:
> 北国之风呼啸不止,从那儿经过
> 逃向别的星空的野孩子
> 借助飞鸟,傍晚在高高的太空
> 我感到它们翅膀穿过夜空时嘶嘶作响
> 当它们低飞以寻找小溪涧
> 或许它们全天埋藏那里,
> 野生水鸟那得不到回应的呼喊
> 悲悲切切,在这鸟群纷纷逃离的沼泽上。
>
> 惊觉我的卧室已经解冻,
> 拂晓我出发去林中狩猎……

不过,在此之后的诗篇始终邀请我们寻找某种奥秘的钥匙。"魅力"仿佛巧妙的春药在诗里进行配制。我深知,追求未知的善,通过禁欲和连续不断的考验获得净化,中世纪手工业行会假基督徒的行为,凡此种种是"克尔特式的"主题,适宜于改变"荒芜且没有传奇的沼泽"的面貌,并激起读者的好感。帕特里斯·德拉杜尔杜班在小布列塔尼的一个小荒原上逐步构建他的作品,这部著作在那儿有其合法地位,并让人更清楚地看到他和大不列颠某些诗人的默契。人们宁愿对此兴高采烈,不带着任何私下盘算,不因看到他蛰居一个充满神秘感的、由于入会仪式被禁止入内的地区而感到遗憾。真正的诗歌较少想到要躲躲闪闪,它不屑于任何晦涩难懂,它的神秘并非出于本意和造作,它受到它亘古不变的本性的保护。

　　两股战斗诗的流派近来挖掘了相当深的根基。大事件的萦回缠绕、意识形态的冲突、对未来的救世主降临的等待、西班牙战争、人民阵线的经历,一切都要求这种流派的出现。右边,政治反应和文学反应往往齐头并进,其主要的捍卫者继加斯盖、艾格萨维尔·德马家龙、莫拉斯之后,如今是皮埃尔·帕斯卡尔(Pierre Pascal)。他的颂歌,他的赞歌,他的讽刺诗,作为罗马和巴黎的荣誉的证据,统一在对阿尔比翁(Albion)①和民主的一成不变的仇恨中,这些表达可以感动抱有成见的读者。可是战役沉重的轰隆声和像是借自《法萨卢斯》(*Pharsale*)②的修辞手法使得诗意只是偶尔一闪而过。至于人民的指路人兼诗人的赫赫雄心最终沦落为一种贫乏单调的鹦鹉学舌。不过让我们保持信心,希望欧洲的状况不久将给帕斯卡尔先生带来某种新的伟大思想的启迪。

　　另一边,做法比较多样化,而且在审美和政治之间并非必定协调一致。引人注目的是,保尔·艾吕雅和皮埃尔-让·茹沃的诗以其鹏程万里的翅翼在其所经之处照亮并超越了历史事实。皮埃尔·莫朗日(Pierre Morhange)的唯物主义(取马克思赋予此词的十分微妙的含义)的诗表现了撕心裂肺的暴力,它们也传达了受虐待者的厌恶感。愤懑是这些诗的原动力,因而它们极少达到高雅的境界。这是这种"悲惨主义"偏爱的表达方式,即让·舒伦贝格(Jean Schlumberger)最近在论及《黑血》(*Sang noir*)和《黑夜尽头的旅行》(*Voyage au bout de la nuit*)时所谈到的"悲惨主义"。雅克·普雷维尔(Jacques Prévert)的作品讽刺和否定依然更加自由,没那么密集,但讥讽性更为浓烈,这种讽刺和否定与勒内·克莱尔(René Clair)热衷于责难的奇思怪想十分相似。后者是十分"稀罕"的诗人——我是这样来形容雅克·普雷维尔的,这种说法也适合于勒内·克莱尔——他为电影剧本写的对话不能抹去对于《巴黎-法兰西的化妆晚会》(*Dinêr de têtes à Paris-France*)的某些记忆。人们想以希望、社会乌托邦、梦想之颂歌或干脆情感之抒

---

　　①　指英国。——译者注。

　　②　公元前48年,凯撒在希腊法萨卢斯击败庞培的罗马共和国军队,取得罗马内战的决定性胜利,史称法萨卢斯战役。罗马诗人卢卡努斯以此为题写了著名史诗《法萨卢斯》(*Pharsale*)。——译者注。

发来对抗虚无主义和攻击性，后一种特性在阿拉贡或本亚敏·佩雷（Benjamin Péret）那里所表现出来的尖酸刻毒没有任何人可以比得上。然而，认为存在着革命的观念的大部分法国诗人在叛逆感和向社会发出的谴责中获得了充分的满足，以至于这个满足本身就足以指引或是迷失他们的生活和诗歌的方向。在一个新的共同体中，重新找回的温柔使"善意的人们"感受幸福的魅力的时代已一去不复返。尽管如此，伊拉利·沃龙察（Ilarie Voronca），用法语写作的罗马尼亚诗人，在一个白天的烟雾永不消散的拂晓几乎单枪匹马地吟诵着一首天真烂漫的歌儿；他把他清白的手强加给与他人和解的人，他宣布了诗歌的好消息。

　　批评家和哲学家的新作首先阐明的是现代派，尤其是浪漫主义以来的现代派有所发展的诗歌的观念。阿尔贝·贝甘的《浪漫主义灵魂与梦想》（l'Ame romantique et le rêve）给我们带来了数量可观的文本和珍贵的评论，而对于雷翁·布伦斯韦格（Léon Brunschvicg）的《西方哲学里意识的推进》（Progrès de la conscience dans la philosophie occidentale）一书，满可以撰写一本书作为对比和补充。实际上这本书的草稿已经由雅克·马里坦（jacques Maritain）完成，而且颇具匠心。当理性意识与客体分离并在它注视之下通过与日俱增的抽象发掘世界之时，诗人则通过基于情感要求的相反的步骤，努力去感知或预感浓重而非理性的阴霾——或者说这样的一种存在——这种阴霾是超越智力的认知而存在的。作为超越这两股运动的手段，存在一种新的体验现实的可能性，在那里科学和诗可能在某种程度上相互和解，这不就是英国的怀特黑德（Whitehead）、法国的加斯通·巴什拉（Gaston Bachelard）所设想的吗？后者使理性恢复"其不安分和攻击性功能"的意图，以及他对于"可能与超现实主义相联系"（因为感性和理性两者都找回了它们的"流动性"）的超理性的呼唤，都表明了使对立的做法相互靠拢的愿望。至于诗人朝最强烈的精神具体性的推进，时而是通过投身于隐秘的力量，时而是通过自觉自愿的修行来实现。第一位清楚地阐明了诗人和神秘主义者身上的这种消极的声音和这条积极的道路的大概是罗兰·德勒内维尔（Roland de Renéville）。也许他不应该让人以为诗人和神秘主义者一样，出于本性，都注定要认知这个声音和这条道路的。我认为，对于所有大家，在无意识中传播的经验和提高到极致的关注的经验互相替换并互相支持。至少我就是如此诠释波德莱尔在《赤裸的心》开篇那段谜一般的说明的:"自我的蒸发和集中;全在那儿了。"或许唯有这两个对立(但它们的目的趋于融会在一起)的运动的日常实践和交替可以实现真正有效的精神征服。

然而,还需要以我们的诗人身上觉醒的不幸为题写另外一本书。阿尔贝·贝甘指出了现代诗的一个悖论:(现代诗)更加了解自己之后,它看到它的深层本质不宜于被认识;它层层剥离外壳,却除了在终于实现自我的欲望中去把握自己之外,别无他法,然而这个追求永远不会达到终点,因为它永远不会终结。对于现代诗人存在这样的危险:诗人的行动怀着像古时占星家那样通过语言对世界产生影响的目的,由于他看到了这些行动的"原始"根源,他可能会因这些揭示使他的生命的平衡受到威胁,甚至会损害他最根本的的活动,从前神圣如今渐渐世俗化的活动。

在雅克·马里坦(Jacques Maritain)和马塞尔·德克特(Marcel de Corte)的命题中,下面一个在我看来至关重要:诗的"认知"只通过诗的"经验"并在这个经验中获得——这就是诗人和神秘主义者的区别之一——诗人是创造者,他制作的物品所用的原料是语言,其创作意图即是指引并统一他的能量的原动力。(只是诗人由于带着制造智能以外的其他能力全身心投入,不可避免地违反他的目标,他孕育一种小宇宙的生命,这个生命自然而然地趋于通过类推法,根据他的模糊感觉或预感复制大"世界"。)从这个观点出发,人们得以更好地识别现代人被怎样一种诱惑所困扰:想即刻企及绝对,通过几乎和神秘主义者的经验混同的经验,把它定格在某种意象或象征里。波德莱尔就这样谈论把天堂一下子搬走。但是,诗的"认知"或者说所谓诗的"认知"与经验相伴随,前者与后者不可分离;而这里所涉及的经验是创造者的行为的经验。拒绝顺从人类"操作"的必要性,蔑视有待实施的工程,难道不是以某种绝望的急躁使自己注定被阴影和幽灵所包围吗?

罗朗·德勒内维尔的著作虽然在许多方面令人赞赏,我却要谴责这本书,因为它一丝不苟地把诗的行为和对绝对的即刻占有等同看待的倾向合法化了。

这本书从审视大量的神秘主义和形而上学诗人——从让·德拉克鲁瓦到诺瓦利、爱伦·坡、波德莱尔、兰波,尤其是马拉美——的作品开始,它给诗人以特权。这种特权是马拉美曾经模糊地预感到的,它交给诗人带来关于地球的俄耳甫斯式的解释的使命。它不无道理地确信真正的知识要求在主体与客体之间打破一切界限,真正的知识是占有和完全存在。因此他作出结论说,精神认识宇宙,它即是此宇宙;精神认识神,它即是此神;诗人的使命就是回归绝对,他的语言就是圣言,对现实发生作用,直至改变现实,战胜现实。掌握钥匙就是打开象牙大门或者盗取神授之火。最伟大的诗人在追求这种诗-全知时大概是朝向这个东方的。然而我认为这种欲望恰恰是不可能的欲望,而这类诗的悲剧就在于此。此类诗表现了人类的最高索求,但它所得到的答复只来自它本身,它永远不知道伟大的希望是否兑现或者遭到挫折。诗-认知和克洛代尔在《城市》里谈到的"不会被遵守的承诺"一样。因此,我欣赏罗朗·德勒内维尔勇敢作出断言,同时又不接受他的信条。我甚至有时会埋怨他急切推出了在我看来只能是希望或是遗憾、预感或是怀旧、梦幻或是憧憬的东西。我埋怨他造出了其外形确定不变的建筑,所用材料只作为问题而存在,这个问题没有被提出来,而是在脑海深处被体验过。

　　假如超现实主义要被克服并超越,而这正是我的想法,那么只能以这样一种诗为方向,即对任何时代来说都是最深刻的也是最具个性的诗。它揭示了命运的最真实的一面。它时而是藏而不露的话语,深埋在生与死的交点附近,它是"生命和呼吸的某些节奏,这些节奏对人来说比他最内在的情感还要内在,因为它们是他的抑郁和他的激奋、他的遗憾和他的希望的活生生的成规……"(贝格森);它时而是最简单的话语,通过一个手势或一个目光表露出来,但却涵盖了整个生命。诚然,诗有时会"从源泉流淌而出",条件是诗人必须已经向前迈进直至到达泉水聚集的地域。

　　像勒内·铎马尔(René Daumal)那样的诗人,或哲学家让·华尔(Jean Wahl),像更加挑剔的安德烈·贝利维尔(André Bellivier),或者伊万·格尔(Ivan Goll),此人从精致细腻的《马来情歌》(*Chansons malaises*)过渡到《无地之让》(*Jean sans Terre*)的苦涩炽热的沉思,像让·勒鲁埃(Jean Le Louet),此人逐步转向一种更为明显的表达方式,或者像让·瓦涅(Jean Vagne),他如今写作就像对我说话,不管他们之间有多大的距离,我觉得他们给诗歌勾勒出尚不十分确定的不同的面貌。不过,我不知道他们所有人的语言是否始终而且完全是适合的语言。他们普遍缺乏的是质朴。在他们身上有太多悬而未决的先决问题。他们没完没了地进行讨论,而且使用一种哲学家的语汇;他们对心理障碍的意识往往造成障碍,因而不利于催生流畅和优雅这两种美丽而稀罕的品质。(不过我还记得雅奈特·德雷汤-塔蒂夫(*Yanette Delétang-Tardif*),他的语汇如海泡石般丰满美丽。)

因此,本雅明·封丹(Benjamin Fondane)最近的抗议(在他的《伪美学论》(*Faux traité d'esthétique*))在某种程度上是有道理的。诗不是形而上学。它首先是一首歌。因为它是世界的青春,它歌唱世界上最古老的现实,树木、小鸟、云朵、星星。它是一种本能的自然延续。我希望人们不要忽略从维庸到魏尔伦,到阿波利奈尔的这条理想路线,不要低估了于勒·絮佩维耶尔活生生的榜样,也不要低估费德里格·嘉琪雅·罗卡(Federico Garcia Lorca)作品中异乎寻常的(如此珍稀的)民间手法和最新颖的诗情画意的结合。正如提耶利·莫尔尼埃(Thierry Maulnier)所说,诗不仅仅是文学的精髓,它首先是一种生活和存在的方式,这种方式可能经过了人工的培育,但根本上是自然天成的。

附言(1939年秋)。——等待灾难,灾难渐渐成熟,每一个时刻在消逝,一如沙漏毫不容情地流向九月的头几天……刚刚逝去的往昔如此彻底地完结了,从此与新的时光隔绝。如何回顾这个往昔而不看着它消失在不可挽回的"战前"? 人们再也不知道铁和血里面何种阴暗的耕作在悄悄地准备着。然而眼下已经看到了一丝希望,一个诗人的最美好的诗句,这个诗人我过去曾试图喜爱他,但却没有成功。新法兰西杂志十月号给我带来奥迪贝蒂(Audiberti)的《警惕》(*Vigilance*):

○○○○○○○○○○○○○
如今人成了战争的人
一如从前的灵肉之人

○○○○○○○○○○○○○
如今法令终于宣布了,
至少在人间射击场上,
处处响起回应
人们再也不能怀疑和撒谎

○○○○○○○○○○○○○
如今恐惧和羞耻的一声呐喊
承受着这个世界,在那儿一切都被理解
征服我们的大范围打击

把艺术、大麦和米一扫而光，

让我们再次欣赏山丘的
形态，蹒跚着振飞的句子，
一如入睡前看书的人，
让我们看着大海和地面连成一片。

假如人类必须活下去并相信存在欢愉，而且对希望锲而不舍——如同"迷失在森林中的猎人的呼唤"——同时去寻找美满，难道不是诗人将永远伴随其右，带来使人生存和平息欲念的纯净之水吗？